Studienführer Consulting

Volker Nissen · Bruno Klauk (Hrsg.)

Studienführer Consulting

Studienangebote in Deutschland,
Österreich und der Schweiz

Herausgeber

Prof. Dr. Volker Nissen
Technische Universität Ilmenau
Ilmenau
Deutschland

Prof. Dr. Bruno Klauk
Hochschule Harz (FH)
Wernigerode
Deutschland

ISBN 978-3-8349-4465-8
DOI 10.1007/978-3-8349-4466-5

ISBN 978-3-8349-4466-5 (eBook)

Die Deutsche Nationalbibliothek verzeichnet diese Publikation in der Deutschen Nationalbibliografie; detaillierte bibliografische Daten sind im Internet über http://dnb.d-nb.de abrufbar.

Springer Gabler
© Springer Fachmedien Wiesbaden 2012
Dieses Werk einschließlich aller seiner Teile ist urheberrechtlich geschützt. Jede Verwertung, die nicht ausdrücklich vom Urheberrechtsgesetz zugelassen ist, bedarf der vorherigen Zustimmung des Verlags. Das gilt insbesondere für Vervielfältigungen, Bearbeitungen, Übersetzungen, Mikroverfilmungen und die Einspeicherung und Verarbeitung in elektronischen Systemen.

Die Wiedergabe von Gebrauchsnamen, Handelsnamen, Warenbezeichnungen usw. in diesem Werk berechtigt auch ohne besondere Kennzeichnung nicht zu der Annahme, dass solche Namen im Sinne der Warenzeichen- und Markenschutz-Gesetzgebung als frei zu betrachten wären und daher von jedermann benutzt werden dürften.

Lektorat: Ulrike Vetter, Irene Buttkus

Gedruckt auf säurefreiem und chlorfrei gebleichtem Papier.

Springer Gabler ist eine Marke von Springer DE. Springer DE ist Teil der Fachverlagsgruppe Springer Science+Business Media
www.springer-gabler.de

Vorwort der Herausgeber

Wie kaum eine andere Branche verzeichnete die Unternehmensberatung in den letzten Dekaden ein überaus dynamisches Wachstum. Sie durchdringt viele Themenbereiche im Umfeld betrieblicher Fragestellungen zu Strategie, Organisation, Personal und Informationsverarbeitung.

Unternehmensberatung (auch: Consulting) soll hier verstanden werden als professionelle Dienstleistung, die durch eine oder mehrere, im allgemeinen fachlich dazu befähigte und von den beratenen Klienten hierarchisch unabhängige Person(en) zeitlich befristet sowie meist gegen Entgelt erbracht wird und zum Ziel hat, betriebswirtschaftliche Probleme des beauftragenden Unternehmens interaktiv mit den Klienten zu definieren, strukturieren und analysieren, sowie Problemlösungen zu erarbeiten, und auf Wunsch ihre Umsetzung gemeinsam mit Vertretern des Klienten zu planen und im Unternehmen zu realisieren.

Zwischen der Beratungspraxis und den Managementwissenschaften gibt es viele Berührungspunkte. So haben viele Managementkonzepte ihren Ursprung in der Beratungspraxis und wurden dann von der Wissenschaft aufgegriffen. Die Managementwissenschaften definieren sich selbst als angewandte Forschung, welche Angebote für die Lösung praktischer Probleme bereitstellen. Diese Nähe legt eine fruchtbare wechselseitige Auseinandersetzung zwischen der Beratungspraxis und einer wissenschaftlichen Forschungsdisziplin „Consulting Research" nahe.

Trotz der großen praktischen Bedeutung von Unternehmensberatung wird der Branche in der deutschsprachigen Forschung und Lehre noch zu wenig Aufmerksamkeit zuteil. Dies steht im Widerspruch zur Attraktivität der Beratung als Arbeitgeber für Hochschulabsolventen.

Der vorliegende Studienführer zum Thema Consulting vermittelt Studierenden und Studieninteressierten einen umfassenden Überblick über Studienmöglichkeiten zum Thema Consulting im deutschsprachigen Raum. Neben vollwertigen Studiengängen werden darin auch Hochschulen berücksichtigt, die nur eine Vertiefungsrichtung zum Consulting im Rahmen anderer Studiengänge anbieten. Daneben führen Fachaufsätze ausgewiesener Experten in die verschiedenen Beratungsfelder ein und bieten damit weitere Orientierungshilfe.

Dieser Studienführer ist eine Initiative der Gesellschaft für Consulting Research (GCR) e.V. in Kooperation mit dem Arbeitskreis IV-Beratung der Gesellschaft für Informatik (GI) e.V. Beide Organisationen bemühen sich um eine stärkere Wahrnehmung der Unternehmensberatung in Forschung und Lehre sowie um einen intensiven Austausch zwischen Beratungsforschern und Beratungspraxis. Die Daten zu den Studienmöglichkeiten beruhen zu einem erheblichen Teil auf Angaben der betreffenden Hochschulen, die wir im Rahmen einer Umfrage erhoben haben. Eine Gewähr für Vollständigkeit und Richtigkeit kann nicht übernommen werden.

Für konstruktive Hinweise zur Verbesserung und Weiterentwicklung dieses Studienführers sind wir dankbar. Sie erreichen uns per E-Mail an volker.nissen@tu-ilmenau.de oder bklauk@hs-harz.de. Weitere Informationen zum Thema Consulting Research finden Sie auf http://www.tu-ilmenau.de/wid/forschung/consulting-research/ sowie in der unten angegebenen Literatur.

Abschließend danken wir Herrn Frank Termer und Herrn Christoph Franke für die Unterstützung bei Datenerhebung und Gestaltung dieses Studienführers. Frau Ulrike Vetter vom Verlag Springer Gabler danken wir für die Übernahme des Lektorats und die gute Zusammenarbeit.

Ilmenau und Wernigerode, im Mai 2012
VOLKER NISSEN
BRUNO KLAUK

Literatur Nissen, V. (Hrsg.): Consulting Research. Unternehmensberatung aus wissenschaftlicher Perspektive, Reihe Gabler Edition Wissenschaft, Wiesbaden: DUV, 2007.

Inhaltsverzeichnis

Teil I	Überblick der Beratungsfelder	1
1	**Strategieberatung**	3
	Michael Mohe	
	1.1 Einleitung	3
	1.2 Was ist Strategie?	4
	1.3 Konturen der Strategieberatung	4
	1.4 Literaturverzeichnis	9
2	**Organisations- und Prozessberatung**	11
	Thomas Deelmann	
	2.1 Einleitung	11
	2.2 Abgrenzung und Markt für Organisations- und Prozessberatung	12
	2.3 Ausgewählte Aspekte der Organisations- und Prozessberatung	13
	2.4 Skizzenhafte Vorstellung ausgewählter Beratungen	19
	2.5 Anregungen für Studium und Studiumsinhalte	22
	2.6 Literaturverzeichnis	24
3	**Informationsverarbeitungsorientierte Unternehmensberatung (IV-Beratung)**	27
	Volker Nissen	
	3.1 Was ist IV-Beratung?	27
	3.2 Typische Aufgabenstellungen der IV-Beratung	29
	3.3 Kategorisierung der Aufgabenstellungen nach Komplexität	31
	3.4 Berufsprofile der IV-Beratung	32
	3.5 Vorgehensmodelle in der IV-Beratung	34
	3.6 Wissenschaftliche Forschung zur IV-Beratung	34
	3.7 Literaturverzeichnis	35

4	**HR-Consulting**	37
	Bruno Klauk	
	4.1 HR-Beratung	37
	4.2 Standardthemen der HR-Beratung	38
	4.3 Übergreifende Schlüsselthemen der HR-Beratung	47
	4.4 Websites ausgewählter HR-Beratungen	48
	4.5 Literaturverzeichnis	48

Teil II Übersicht der Studienmöglichkeiten 49

5	**Die Hochschulstandorte im Überblick**	51
6	**Die Studiengänge des Studienführers im Überblick**	57

Teil III Die Hochschulen im Detail – Studiengänge 59

7	**Carl von Ossietzky Universität Oldenburg in Kooperation mit der Hochschule Emden/Leer**	61
	7.1 Allgemeines	61
	7.2 Consulting: Strukturdaten für Masterprogramm	68
	7.3 Master-Programm Consulting	73
8	**Donau-Universität Krems**	81
	8.1 Allgemeines	81
	8.2 Consulting: Strukturdaten für Masterprogramm	84
	8.3 Master-Programm Consulting	91
9	**Duale Hochschule Baden-Württemberg Villingen-Schwenningen**	101
	9.1 Allgemeines	101
	9.2 Consulting: Strukturdaten für Bachelorprogramm	103
	9.3 Bachelor-Programm Consulting	105
10	**Fachhochschule Ludwigshafen am Rhein**	113
	10.1 Allgemeines	113
	10.2 Consulting: Strukturdaten für Masterprogramm	115
	10.3 Master-Programm Consulting	120
11	**Fachhochschule Nordschweiz**	127
	11.1 Allgemeines	127
	11.2 Consulting: Strukturdaten für Masterprogramm	129
	11.3 Master-Programm Consulting	134

12	**Fachhochschule Wiener Neustadt für Wirtschaft und Technik GesmbH**	141
	12.1 Allgemeines	141
	12.2 Consulting: Strukturdaten für Bachelor- und Masterprogramm	144
	12.3 Bachelor-Programm Consulting (Wirtschaftsberatung)	151
	12.4 Bachelor-Programm Consulting (Business Consultancy International)	158
	12.5 Master-Programm Consulting (Business Consultancy International)	164
	12.6 Master-Programm Consulting (Wirtschaftsberatung und Unternehmensführung)	170
13	**Hochschule für Wirtschaft und Umwelt Nürtingen-Geislingen**	177
	13.1 Allgemeines	177
	13.2 Consulting: Strukturdaten für Masterprogramm	180
	13.3 Master-Programm Consulting (Prozessmanagement)	186
	13.4 Master-Programm Consulting (Unternehmensrestrukturierung und Insolvenzmanagement)	192
14	**Hochschule für Wirtschaft Zürich**	199
	14.1 Allgemeines	199
	14.2 Consulting: Strukturdaten für Masterprogramm	201
	14.3 Master-Programm Consulting	203
15	**Hochschule Kempten**	209
	15.1 Allgemeines	209
	15.2 Consulting: Strukturdaten für Masterprogramm	211
	15.3 Master-Programm Consulting	215
16	**Hochschule Pforzheim University**	223
	16.1 Allgemeines	223
	16.2 Consulting: Strukturdaten für Masterprogramm	225
	16.3 Master-Programm Consulting	229
17	**Hochschule Wismar**	235
	17.1 Allgemeines	235
	17.2 Consulting: Strukturdaten für Bachelor- und Masterprogramm	238
	17.3 Bachelor-Programm Consulting (Bachelor BW)	242
	17.4 Master-Programm Consulting (MTBC)	248
	17.5 Master-Programm Consulting (MBC)	252
Teil IV	**Die Hochschulen im Detail – Vertiefungsrichtungen**	257
18	**Cologne Business School**	259
	18.1 Allgemeines	259
	18.2 Informationen zum Studiengang	260
	18.3 Informationen zur Vertiefungsrichtung	263

19	**Duale Hochschule Baden-Württemberg Ravensburg**	269
	19.1 Allgemeines	269
	19.2 Informationen zum Studiengang	270
	19.3 Informationen zur Vertiefungsrichtung	273
20	**Fachhochschule Hannover – University of Applied Science & Arts Hannover**	277
	20.1 Allgemeines	277
	20.2 Informationen zum Studiengang	278
	20.3 Informationen zur Vertiefungsrichtung	281
21	**International School of Management Dortmund**	285
	21.1 Allgemeines	285
	21.2 Informationen zum Studiengang	287
	21.3 Informationen zur Vertiefungsrichtung	290
22	**Technische Universität Ilmenau**	293
	22.1 Allgemeines	293
	22.2 Informationen zum Studiengang	294
	22.3 Informationen zur Vertiefungsrichtung	297

Sachverzeichnis 301

Über die Autoren

Dr. Thomas Deelmann lehrt Corporate Management und Consulting an der BiTS – Business and Information Technology School, einer staatlich anerkannten Privaten Hochschule in Iserlohn. Zu seinen Forschungsinteressen gehören Management- und IT-Beratung, IT-Management, Business-IT-Alignment sowie das Zusammenspiel von Geschäftsmodellen und Strategien. Zusätzlich ist er Vice President für Strategy Development bei T-Systems. Die Großkundensparte der Deutschen Telekom AG betreibt auf Basis einer weltumspannenden Infrastruktur aus Rechenzentren und Netzen Informations- und Kommunikationstechnik (engl. kurz ICT) für multinationale Konzerne und öffentliche Institutionen. Vorher hatte er verschiedene Managementaufgaben im Konzern Deutsche Telekom inne, war Unternehmensberater bei einem der weltweit größten Beratungsunternehmen und hat an den Universitäten Chemnitz und Mainz geforscht.

Bildrechte: Dr. Thomas Deelmann

Prof. Dr. phil. Bruno Klauk, Dipl.-Psych. Dipl.-Arb.wiss., Jg. 1964, hat nach über 10-jähriger Tätigkeit im Personalwesen und in der Unternehmensberatung (überwiegend im ThyssenKrupp-Konzern und bei Andersen Consulting, heute Accenture) seit 2001 eine Professur für BWL, insbesondere Unternehmensführung, Personal und Organisation an der Hochschule Harz (FH) in Wernigerode inne. Er gründete den ersten akkreditierten Bachelor-Studiengang „Business Psychology" im deutschsprachigen Raum an einer privaten FH. Von 2004 bis 2008 war er Präsidiumsmitglied der Gesellschaft für angewandte Wirtschaftspsychologie (www.gwps.org). Der passionierte Motorradfahrer, Skifahrer und Fitnesssportler ist Herausgeber zahlreicher Bücher, unter anderen des „Studienführers Wirtschaftspsychologie".

Bildrechte: Prof. Dr. phil. Bruno Klauk

Prof. Dr. Michael Mohe ist Professor für Betriebswirtschaftslehre am Campus Minden der Fachhochschule Bielefeld. Zuvor war er Juniorprofessor für Business Consulting an der Universität Oldenburg und verwaltete die Professur für Unternehmensführung an der Hochschule Emden-Leer. Er verfügt über praktische Erfahrungen in der internen, externen und Meta-Beratung. Außerdem ist er Gründungsmitglied der wissenschaftlichen Gesellschaft für Consulting Research e.V., die er als 2. Vorsitzender begleitet hat. Seine Forschungsschwerpunkte liegen im Bereich wissensintensive Dienstleistungen sowie in der Organisations- und Personalentwicklung.

Bildrechte: Prof. Dr. Michael Mohe

Prof. Dr. Volker Nissen ist seit 2005 Professor für Wirtschaftsinformatik (Schwerpunkt Dienstleistungsunternehmen) an der Technischen Universität Ilmenau. Zuvor war er viele Jahre in der IT-nahen Unternehmensberatung tätig, unter anderem innerhalb der IDS-Scheer Gruppe. Er bearbeitete dabei ein weites Spektrum von Beratungsthemen in unterschiedlichen Branchen, wobei Schwerpunkte in den Bereichen Unternehmenssoftware, Logistik, Qualitäts- und Prozessmanagement lagen. Zuletzt war er als Director bei der Firma DHC Dr. Herterich & Consultants GmbH, Saarbrücken, tätig. Seine Forschungsschwerpunkte an der TU Ilmenau liegen anwendungsseitig bei Professional Services (insbesondere Consulting Research) sowie in den Themen IT-Management, eMobility, Simulation und Modellierung. Professor Nissen ist Co-Sprecher des Arbeitskreises IV-Beratung in der Gesellschaft für Informatik e.V. und Vorsitzender der Gesellschaft für Consulting Research e.V.

Bildrechte: Prof. Dr. Volker Nissen

Teil I
Überblick der Beratungsfelder

Strategieberatung

Michael Mohe

> **Zusammenfassung**
>
> Der folgende Beitrag gibt einen Überblick über das Feld der Strategieberatung. Dafür wird im Einzelnen auf die Verbreitung der Strategieberatung, Geschäftsmodelle, Rekrutierung sowie Arbeitskultur und Karriere eingegangen.

1.1 Einleitung

„Wie können wir neue Märkte erschließen?" „Lohnt sich ein Engagement in China – oder doch besser in Mittel- und Osteuropa expandieren?" „Wie sieht unser Geschäftsmodell in fünf Jahren aus?"

Diese und ähnliche Fragen stellen sich zahlreiche Unternehmen – und lassen sich bei der Suche nach Antworten häufig von Strategieberatungen unterstützen. Zugleich stellt ein Einstieg in eine Strategieberatung für viele Hochschulabsolventen und Hochschulabsolventinnen[1] eine äußerst attraktive Karriereoption dar.

Der vorliegende Beitrag stellt das Modell der Strategieberatung etwas genauer vor. Nach einem kurzen Exkurs zum Thema „Strategie" wird versucht, das Feld der Strategieberatung zu konturieren. Hierfür wird insbesondere auf die Verbreitung der Strategieberatung, Geschäftsmodelle, Rekrutierung sowie Arbeitskultur und Karriere eingegangen.

---

[1] Aus Gründen der sprachlichen Vereinfachung wird im Folgenden nur die männliche Form verwendet.

M. Mohe (✉)
Fachhochschule Bielefeld, Campus Minden, Fachbereich Technik
Ringstraße 94, 32427 Minden, Deutschland
E-Mail: michael.mohe@fh-bielefeld.de

1.2 Was ist Strategie?

Strategieberater beraten Unternehmen in strategischen Fragen – aber was meint das genau? Über eine Definition von dem, was nun „Strategie" oder „strategisch" meint, wird seit langem gestritten. Eine häufig verbreitete Definition stammt von dem kanadischen Managementforscher Henry Mintzberg [Mi87]. Folgt man Mintzberg, dann ergeben sich fünf Möglichkeiten – die sogenannten „Five P's" –, Strategie zu interpretieren:

- plan (Strategie als ein Plan für zukünftige Aktionen)
- pattern (Strategie als ein Handlungsmuster, das zurückblickend realisiert wurde)
- position (Strategie als Position, Positionierung im Markt)
- perspective (Strategie als Perspektive, interne Sichtweise, Vision, Kultur)
- ploy (Strategie als Winkelzug, List, Manöver, taktische Maßnahmen)

Mintzberg weist ferner darauf hin, dass alle fünf P's nebeneinander existieren. Übertragen auf die Strategieberatung bedeutet dies: Die Strategieberatung versucht Probleme zu lösen, die sich in all diesen fünf Dimensionen widerspiegeln.

1.3 Konturen der Strategieberatung

1.3.1 Verbreitung der Strategieberatung

Die Strategieberatung hat ihren historischen Ursprung in den USA. Persönlichkeiten wie Arthur D. Little, McKinsey oder A.T. Kearney gründeten in den 1920/30er Jahren hier ihre Beratungsunternehmen (siehe für einen allgemeinen Überblick z. B. [Mo03, S. 41]). In Deutschland gab es seinerzeit nichts Vergleichbares. Dies änderte sich erst in den 1950/60er Jahren. Treiber der Entwicklung waren große US-amerikanische Konzerne, die im Zuge ihrer europäischen Expansion „ihre" Strategieberatungen mitnehmen (in der Literatur wird dieses Phänomen auch als „client following" bezeichnet; siehe weiterführend [MBS10]). Nach und nach etablierten sich die großen US-amerikanischen Beratungshäuser in Europa, gründeten eigene Niederlassungen und berieten zunehmend auch europäische Klientenunternehmen in ihren neuen Märkten.

Die wohl bekannteste Strategieberatung deutschen Ursprungs, Roland Berger Strategy Consultants, gründete sich im Jahr 1967 vergleichsweise spät. Heute hat sich die Strategieberatung im deutschen Markt längst etabliert. Sie ist neben Feldern wie der IT-Beratung oder der Organisationsberatung eines von mehreren Segmenten im Beratungsmarkt. Gemäß der jährlichen Erhebung des Bundesverbandes Deutscher Unternehmensberater [BDU09] entfällt auf die Strategieberatung ein Marktanteil von 23,7 %, was einem Umsatzvolumen von rund 4,17 Mrd. Euro entspricht.

1.3.2 Geschäftsmodelle der Strategieberatung

Will man die Strategieberatung näher betrachten, lohnt sich ein Blick auf einzelne strategische Beratungssegmente. Einen Vorschlag hierfür hat Wohlgemuth [Wo95] für den Schweizer Beratungsmarkt unterbreitet. Demnach lassen sich anhand der Kriterien „durchschnittliches Honorarvolumen pro Berater" und „durchschnittliches Projektvolumen" vier Anbietersegmente auf dem Beratungsmarkt unterscheiden: Boutique, Premium, Basis und Systeme. Abb. 1.1 zeigt das Segmentierungsportfolio und liefert ergänzende Charakteristika und Marktinformationen der einzelnen Segmente mit.

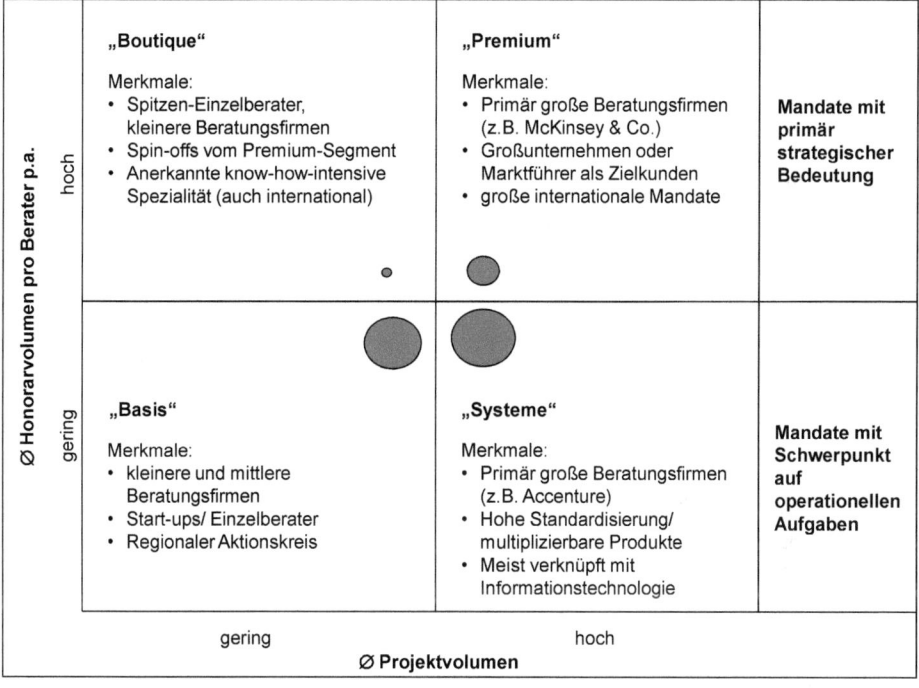

Bildrechte: [Wo95, S. 23]

Abb. 1.1 Geschäftsmodelle in der Unternehmensberatung, in enger Anlehnung an [Wo95, S. 23]

Folgt man Wohlgemuth weiter, dann lassen sich für die Strategieberatung zwei unterschiedliche Geschäftsmodelle erkennen. Dabei handelt es sich zum einen um Einzelberater, die häufig über eine langjährige Beratungserfahrung verfügen. Zum anderen – und für die Zielgruppe dieses Buchs interessanter – dürften größere Beratungshäuser sein, die in der Regel weltweit vertreten sind. Tab. 1.1 gibt einen Überblick über die TOP 20 Beratungsunternehmen im deutschen Markt.

Tab. 1.1 Managementberatungen in Deutschland, [Lü11], (gekürzt)

	Unternehmen	Umsatz in Deutschland in Mio. Euro		Mitarbeiter zahl in Deutschland		Gesamtumsatz[*)] in Mio. Euro	
		2010	2009	2010	2009	2010	2009
1	McKinsey & Company Inc., Düsseldorf[**) 1)]	>500,0	>500,0	2.300	2.300	–	–
2	The Boston Consulting Group GmbH, Düsseldorf/München[**) 2)]	444,0	418,0	1.620	1.540	–	–
3	Roland Berger Strategy Consultants GmbH, München[**)]	406,0	390,0	800	800	678,0	616,0
4	Oliver Wyman Group, München[**)]	255,0	232,0	700	600	–	–
5	Booz & Company GmbH, Düsseldorf[**)]	245,0	260,0	560	595	–	–
6	Steria Mummert Consulting AG, Hamburg	236,0	234,0	1.668	1.655	–	–
7	A.T. Kearney GmbH, Düsseldorf	221,0	196,0	587	554	–	–
8	Capgemini Consulting, Berlin [3)]	214,0	202,0	830	845	–	–
9	Deloitte Consulting, Hannover [4)]	211,0	253,0	1.037	1.108	–	–
10	Bain & Company Germany Inc., München[**)]	210,0	193,0	500	440	–	–
11	BearingPoint GmbH, Frankfurt am Main	207,0	196,0	1.200	1.288	–	–
12	IBM Global Business Services, Ehningen[**) 3)]	203,0	k. A.	1.200	k. A.	–	–
13	Accenture GmbH, Kronberg[**) 3)]	201,0	k. A.	650	k. A.	–	–
14	Zeb/Rolfes.Schierenbeck. Associates GmbH, Münster	100,1	84,6	604	595	124,0	102,0
15	Towers Watson GmbH, Frankfurt am Main[**) 5)]	100,0	53,0	750	340	–	–
16	Mercer Deutschland GmbH, Frankfurt am Main[**)]	76,0	71,1	590	585	–	–

Tab. 1.1 Fortsetzung Managementberatungen in Deutschland

Unternehmen	Umsatz in Deutschland in Mio. Euro		Mitarbeiter zahl in Deutschland		Gesamtumsatz[*] in Mio. Euro	
	2010	2009	2010	2009	2010	2009
17 Management Engineers GmbH & Co. KG, Düsseldorf[**]	70,0	70,0	125	130	80,0	78,0
18 Simon, Kucher & Partners GmbH, Bonn[**]	63,2	62,1	300	310	105,4	88,7
19 Arthur D. Little GmbH, Frankfurt am Main	60,5	67,5	185	215	–	–
20 Horváth AG (Horváth & Partners-Gruppe), Stuttgart	55,6	57,1	250	255	80,1	84,3

© Lünendonk GmbH, Kaufbeuren 2011 – Stand 26.05.2011

Neue Struktur – keine Vergleiche mit dem Vorjahr möglich!
[*] Nur Unternehmen mit Hauptsitz bzw. der Mehrheit ihres Grund- und Stammkapitals in Deutschland
[**] Umsatz- und/oder Mitarbeiterzahlen teilweise geschätzt.
k. A. = keine Angabe
[1] Umsatz > 500 Mio. Euro
[2] inklusive der verrechneten Kosten für Professional-Expert-Teams
[3] Umsätze mit Managementberatung in Deutschland ohne IT-Beratung und Systemintegration
[4] Umsätze mit Managementberatung in Deutschland
[5] 01/2010 Fusion von Towers Perrin und Watson Wyatt
Droege International Group ist wegen der Erweiterung des Geschäftsmodells (Advisory & Capital) nicht mehr vertreten.
Aufnahmekriterium für diese Liste: Mehr als 60 Prozent des Umsatzes werden mit klassischer Unternehmensberatung wie Strategie, Organisation, Führung, Marketing erzielt.
Die Rangfolge der Übersicht basiert auf kontrollierten Selbstauskünften der Unternehmen und Schätzungen der Lünendonk GmbH über in Deutschland bzw. von Deutschland aus bilanzierte/ erwirtschaftete Umsätze.

Nissen und Kinne [NK07] haben in einem Forschungsbericht wesentliche Merkmale der Strategieberatung erfasst und sie zum Vergleich der informationsverarbeitungsorientierten Beratung gegenübergestellt. Tab. 3.1 verdeutlicht die wesentlichen Unterschiede.

1.3.3 Rekrutierung

Ein Einstieg in eine der großen Strategieberatungen mag für viele Hochschulabsolventen eine reizvolle Option sein; tatsächlich ist es allerdings ein keinesfalls einfacher Weg bis zur Unterschrift auf dem Arbeitsvertrag. Da Strategieberatungen sehr auf ihre Reputation bedacht sind, werden in der Regel nur Absolventen eingestellt, die über ein herausragendes Profil verfügen. So heißt es beispielsweise bei Roland Berger Strategy Consultants:

„Wir gehen davon aus, dass Sie einen sehr guten Studienabschluss haben. Sie sprechen so selbstverständlich Englisch, dass Sie nicht eigens "fließend" davor setzen müssen. Eine zweite Fremdsprache bringen Sie als ein zusätzliches Plus mit. Ihre Auslandsaufenthalte haben Ihnen neue Perspektiven eröffnet. Und anspruchsvolle Praktika haben Ihnen strategisches, analytisches Arbeiten nahe gebracht. Sie begegnen Ihrer Umwelt mit Empathie und ohne Vorurteile. Und Ihr Ehrgeiz hindert Sie nicht, sich aufgeschlossen und produktiv ins Team einzubringen." [RB11a]

Etwas überraschend mag sein, dass ein betriebswirtschaftlicher Studienhintergrund nicht unbedingt eine zwingende Voraussetzung darstellt. Auch dies lässt sich beispielhaft anhand der Beratungsfirma Roland Berger illustrieren:

„Absolventen aller Fachrichtungen sind uns willkommen. Ob Sie Biologie, Informatik, Maschinenbau oder Wirtschaftswissenschaften studiert haben – wichtig ist, dass Sie es mit Leidenschaft getan haben und Neugier auf betriebswirtschaftliche Fragestellungen mitbringen." [RB11b]

1.3.4 Arbeitskultur und Karriere

Wer den Einstieg in eine der großen Strategieberatungen geschafft hat, wird möglicherweise auf eine Kultur des „Work hard, play-hard" stoßen [DK84]. Dies meint, dass sich Arbeitstage selten an sogenannten „nine-to-five"-Modellen orientieren, sondern auch schon mal bis in die Nacht gehen können. Berater sind überwiegend direkt bei den Unternehmen, die sie beraten, vor Ort im Einsatz. Damit verbunden sind häufige Reisetätigkeiten und auch zahlreiche Nächte abseits des eigenen Zuhauses: „Eine 60-Stunden-Woche und ein Leben aus dem Koffer können in bestimmten Projektzeiten zum Normalfall werden" [Fr11].

Dies impliziert mithin, dass Aspekte wie Work-Life-Balance, Familie(nplanung), Freunde etc. nicht mehr unbedingt im Vordergrund stehen (siehe ausführlicher zur Work-Life-Balance in der Unternehmensberatung [Ka10]). Im Gegenzug werden diese Verzichtsleistungen außergewöhnlich gut honoriert (siehe für eine Übersicht [PM08]).

Die Kultur des „Work hard, play-hard" meint weiter, dass der Sprung auf die nächste Karrierestufe ebenfalls strikt reglementiert ist. Häufig ist hier die Rede von „Up-or-out"- oder „Grow-or-go"-Regeln. Beide Regeln meinen dasselbe: Berater können sich durch Leistungen empfehlen und in der Hierarchie vom Junior Consultant zum Partner aufsteigen (siehe dazu auch [dV95] sowie [Ib00]). Die Alternative hierzu ist der Ausstieg des Beraters aus dem Beratungsunternehmen, der dann nicht selten zur Anstellung bei einem ehemaligen Klientenunternehmen führt. In der Tat sehen viele Berater eine Tätigkeit in der Strategieberatung als ein gutes Sprungbrett, um schneller eine Top-Position in Unternehmen besetzen zu können (siehe LS09).

1.4 Literaturverzeichnis

[BDU09]   Bundesverband Deutscher Unternehmensberater e.V.: Facts & Figures zum Beratermarkt 2009/2010.

[DK84]   Deal, T. E.; Kennedy, A.A.: Corporate Cultures: the rites and rituals of corporate life. Reading, Mass. [u. a.], Addison-Wesley, 1984.

[dV95]   De Vries, M.: „Up or Out" in Partnerships: Karriere- und Organisationsprinzipien als Strukturen zur Selbsterhaltung von Beratungsgesellschaften. In: Soziale Systeme, 1. Jg., H. 1, 1995, S. 119–128.

[Fr11]   Friedenberger, T.: Einstieg in die Strategieberatung: Die Königsdisziplin. [Download unter: http://www.staufenbiel.de/branchen/consulting/dossier-strategieberatung/einstieg-in-die-strategieberatung-die-koenigsdisziplin.html, letzter Zugriff: 28.06.2011]

[Ib00]   Ibarra, H.: Beratungsfirmen: Partner werden, das ist schwer. In: Harvard Business Manager, H. 5, 2000, S. 78–92.

[Ka10]   Kaiser, S.; Ringlstetter, M.; Reindl, C.; Stolz, M.: Die Wirkung von Work-Life Balance Initiativen auf das Mitarbeitercommitment: Eine empirische Untersuchung in der Unternehmensberatungsbranche. In: Zeitschrift für Personalforschung, 24 (3), 2010, S. 231–265.

[LS09]   Ludowig, K.; Sonnet, C.: Sprungbrett Unternehmensberatung. Handelsblatt, 06.07.2009, [Download unter: http://www.handelsblatt.com/karriere/nachrichten/sprungbrett-unternehmensberatung/3213654.html?p3213654=all, letzter Zugriff: 28.06.2011]

[Lü11]   Lünendonk: Managementberatungen in Deutschland, [Download unter http://www.luenendonk.de/management_beratung.php, letzte Zugriff: 28.06.2011]

[MBS10]   Mohe, M.; Birkner, S.; Sieweke, J.: Follow-your-Customer: Was sagen die Kunden? Der Betriebswirt, 3/2010, S. 12–16.

[Mi87]   Mintzberg, H.: The Strategy Concept I: Five Ps for Strategy. In: California Management Review, Fall 1987, S. 11–24.

[Mo03]   Mohe, M.: Klientenprofessionalisierung: Strategien und Perspektiven eines professionellen Umgangs mit Unternehmensberatung, Metropolis-Verlag, Marburg, 2003.

[NK07]   Nissen, V.; Kinne, S.: Systematische Gegenüberstellung von Strategieberatung und IV-Beratung. – 1. Aufl. – Ilmenau : Techn. Univ., Fachgebiet Wirtschaftsinformatik für Dienstleistungen, 2007. – III, 29 S. = 129 KB, Text. – (Forschungsberichte zur Unternehmensberatung), [Download unter: http://www.db-thueringen.de/servlets/DerivateServlet/Derivate-12599/FUB-2007-03.pdf, letzter Zugriff 28.06.2011]

[PM08]   Personalmarkt: Einstieg Unternehmensberatung. [Download unter: http://www.e-fellows. net/show/detail.php/11785, letzter Zugriff: 28.06.2011]

[RB11a]   Roland Berger Strategy Consultants: Was wir von Ihnen erwarten. [Download unter: http://karriere.rolandberger.com/warum-sie/studium-und-praxis/qualifikation, letzter Zugriff: 28.06.2011]

[RB11b]   Roland Berger Strategy Consultants: Alles ist möglich. [Download unter: http://karriere.rolandberger.com/warum-sie/studium-und-praxis/faecherkanon, letzter Zugriff: 28.06.2011]

[Wo95]   Wohlgemuth, A. C.: Professionelle Unternehmensberatung: Eine zukunftsorientierte Dienstleistung. In: Wohlgemuth, A.C./Treichler, C. (Hrsg.): Unternehmensberatung und Management: die Partnerschaft zum Erfolg. Zürich, 1995, S. 11–38.

Organisations- und Prozessberatung

Thomas Deelmann

> **Zusammenfassung**
>
> Die Arbeit in einer Unternehmensberatung und insbesondere im Bereich der Organisations- und Prozessberatung stellt für viele Studienabsolventen eine interessante Perspektive dar. Studieninteressierten will der Beitrag einen Einblick in dieses Tätigkeitsfeld geben. Er beschreibt zunächst den Markt, dann ausgewählte Aspekte der Organisations- und Prozessberatung und schließlich einige Anbieter, die das Spektrum möglicher Arbeitgeber und Arbeitsfelder aufdecken. Abschließend werden noch Anregungen und Aspekte für die Gestaltung eines entsprechenden Studiengangs gegeben und damit im Umkehrschluss Hilfestellungen für die Auswahl eines solchen gereicht.

2.1 Einleitung

Die Tätigkeit in einer Unternehmensberatung (kurz: Beratung) ist seit einiger Zeit ein sehr attraktives Arbeitsfeld für Berufseinsteiger[2]. Ein entsprechender Berufswunsch entpuppt sich jedoch bei genauerer Betrachtung als hinreichend komplex in der Umsetzung. Grund hierfür sind nicht nur verschiedene Vorurteile, denen begegnet werden

---

[2] Dieser Beitrag verzichtet auf Grund der einfacheren Handhabung und Lesbarkeit auf die weiblichen Endungen von Berufsbezeichnungen. Selbstverständlich sind immer beide Geschlechter gemeint.

T. Deelmann (✉)
T-Systems International GmbH, Corporate Strategy – Strategy Development
Friedrich-Ebert-Allee 140, 53113 Bonn, Deutschland
E-Mail: thomas.deelmann@t-systems.com

muss, z. B. die an- und wahrgenommene Arroganz von Beratern, das Ratgeberverhältnis von Youngsters auf Beratungs- gegenüber „alten Hasen" auf Kundenseite oder das vermeintliche Jet Set-Leben in wechselnden Hotels und mit Vielflieger-Kundenkarten von diversen Fluggesellschaften. Ebenfalls nur schwer zu durchschauen ist die Vielzahl von Beratungsangeboten, die im Markt anzutreffen sind und sich durch ihren Ansatz, ihr Beratungsfeld, ihre Tätigkeitsschwerpunkte oder Sonstiges unterscheiden. Selbst ein geübter Branchenbeobachter hat hin und wieder Schwierigkeiten, den Überblick zu behalten – dem Berufseinsteiger und erstmalig Interessierten fällt es noch schwerer, sich einen geordneten Einblick zu beschaffen.

Ziel des vorliegenden Beitrags ist es, Studieninteressierten und Berufseinsteigern einen Überblick und ersten inhaltlichen Einstieg in das Feld der Organisations- und Prozessberatung zu bieten.

Nach diesem einleitenden Abschnitt wird zunächst das Beratungsfeld Organisations- und Prozessberatung hinsichtlich der Inhalte und des Marktvolumens abgegrenzt, bevor im dritten Abschnitt ausgewählte Inhalte der Organisations- und Prozessberatung vorgestellt werden. Dies beginnt bei einem typischen Karrierepfad in der Beratung, geht über verschiedene anwendbare Beratungsansätze und Rollen, die ein Berater einnehmen kann und endet bei der Vorstellung von möglichen Aufgabenstellungen und typischerweise genutzten „Tools". Im vierten Abschnitt werden verschiedene Anbieter aus diesem Beratungsfeld skizzenhaft vorgestellt, um dem interessierten Leser ein Gefühl für die Spannbreite von möglichen zukünftigen Arbeitgebern zu vermitteln. Der Beitrag endet im fünften Abschnitt mit einigen Hinweisen auf Inhalte, die ein entsprechender Studiengang oder eine Studienvertiefung aufweisen kann, um die Vorbereitung auf eine Tätigkeit in der Organisations- und Prozessberatung zu unterstützen.

2.2 Abgrenzung und Markt für Organisations- und Prozessberatung

Die Berufsbezeichnung „Unternehmensberater" ist in Deutschland nicht geschützt, jeder kann sich als ein solcher ausweisen und seine Arbeitsleistung anbieten. Grundsätzlich kann unter Beratung „ein professioneller, vertraglich beauftragter Dienstleistungs- und Transformationsprozess der intervenierenden Begleitung durch ein Beratungssystem bei der Analyse, Beschreibung und Lösung eines Problems des Klientensystems – im Sinne einer Arbeit an Entscheidungsprämissen – mit dem Ziel der Transformation verstanden" [De06, S. 6] werden. Da der Oberbegriff nicht geschützt ist und frei genutzt werden kann, ist auch eine einheitliche detailliertere Unterscheidung nicht möglich. Unterschiedliche Beratungsunternehmen bezeichnen de facto identische Angebote verschieden und vice versa.

Mit dieser Ausgangssituation sind Akteure konfrontiert, die einen Marktüberblick schaffen wollen. Die Herausgeber des vorliegenden Studienführers haben das Gesamtfeld in Strategie-, Organisations- und Prozess-, HR- sowie IT-Beratung unterschieden und lehnen sich hierbei an die Klassifikation des Bundesverbandes Deutscher Unternehmensberater BDU e.V. an. [Bu11, S. 8]

Auf europäischer Ebene bietet die European Federation of Management Consultancies Associations (FEACO) einen Überblick und unterscheidet den Markt für Managementberatung in: Consulting, (IT-)Entwicklungs- und Integrationsleistungen, Outsourcing sowie Sonstige Leistungen. Consulting wiederum wird in Business Consulting und Information Technology Consulting unterschieden. Business Consulting umfasst dabei ein weites Feld, dass von Strategischer Planung, Mergers & Aquisitions und Vertrieb über Unternehmenskommunikation und Finanzberatung bis hin zu Change Management und Projektmanagement reicht. [PMK10, S. 11]

In Deutschland sind die jährlichen Auflistungen des Marktforschungsunternehmens Lünendonk über die umsatzstärksten Beratungsunternehmen weit verbreitet. Lünendonk unterscheidet den Beratungsmarkt in Managementberatung, d. h. traditionelle Unternehmensberatung auf den Gebieten Strategie, Organisation, Führung und Marketing, sowie IT-Beratung, d. h. IT-Beratung i. e. S., Individual-Software-Entwicklung und Systemintegration. [Lü11a], [Lü11b]

Die gerade vorgestellten Klassifikationen umfassen häufig ähnliche Untergruppen, unterscheiden sich jedoch in Nuancen bzw. lassen sich nur schwer vergleichen, da eine Offenlegung der zu Grunde liegenden Definition nicht in allen Fällen vorliegt. Ersichtlich wird jedoch, dass es zwischen der Unterstützung im Umfeld der Unternehmensstrategie (Strategieberatung) und bei der informationstechnischen Implementierung von getroffenen Entscheidungen (IT-Beratung) einen großen Bereich der operativen Umsetzung gibt, der Anknüpfungspunkte mit beiden Nachbarbereichen hat – die Organisations- und Prozessberatung.

Der Gesamtumsatz der deutschen Unternehmensberatungsbranche betrug laut BDU in 2010 ca. 18,9 Mrd. Euro. [Bu11, S. 4] Der Bereich der Organisations- und Prozessberatung hat hier mit 43 % den größten Anteil und ist gegenüber dem Vorjahreszeitraum um 7,6 % gewachsen. [Bu11, S. 8] Die Anbieterunternehmen schauen positiv in die Zukunft und erwarten für 2011 ein Umsatzplus von circa 7% im Jahresvergleich. [Bu11, S. 12] Insbesondere die größeren Unternehmensberatungen in Deutschland gehen davon aus, dass zukünftig verschiedene Beratungsarten zunehmend vernetzt angeboten werden. [Bu11, S. 16] Hiervon sollten insbesondere die Anbieter von Prozess- und Organisationsberatung auf Grund der oben skizzierten Schnittstellenfunktion profitieren.

2.3 Ausgewählte Aspekte der Organisations- und Prozessberatung

2.3.1 Beratungsansätze

Bei der Organisations- und Prozessberatung kann der Berater dem Kunden gegenüber auf verschiedene methodische Ansätze zurückgreifen, die wesentlich die Vorgehensweisen in Projekten bestimmen. Idealtypisch werden vier Ansätze unterschieden ([Wa99], ähnlich [BW08, S. 16–19], [HR88]):

Gutachterliche Beratungstätigkeit: Sie dient relativ interaktivitätsarm vornehmlich dem Wissenstransfer und der Erkenntnisvermittlung. Eine Organisation wird als ein Mittel zur Realisierung eines oder mehrerer Geschäftszwecke verstanden. Der Berater nimmt in einem Projekt die Rolle eines neutralen Sachverständigen ein. Hierbei übernimmt er häufig die Aufgabe, notwendige Informationen zu beschaffen und aktiv Alternativen aufzuzeigen. Die Vorgehensweise ist geeignet, wissenschaftliche Erkenntnisse in das Kundenunternehmen zu transferieren. Als nachteilig wird der Umstand betrachtet, dass die durch das Beratungsprojekt betroffenen Personen an der Erstellung der Empfehlungen nicht oder nur wenig beteiligt werden. Auch wird die Beratung an der Umsetzung ihrer Empfehlungen regelmäßig nicht beteiligt.

Expertenberatung: Dem Organisationsverständnis der Expertenberatung folgend, kann eine Organisation als ein offenes, zielgerichtetes, soziotechnisches System betrachtet werden. In diesem System wird im Gegensatz zur gutachterlichen Beratungstätigkeit von Führungskräften und Beratern gemeinsam ein Problemlösungsprozess initiiert. Ein Organisationsvorschlag wird durch diese beiden erstellt und gemeinsam festgelegt. Wie bei der gutachterlichen Beratungstätigkeit ist auch hier die Beteiligung der Betroffenen, in der Regel sind dies die Mitarbeiter, nicht oder nur zu einem geringen Grade gegeben.

Organisationsentwicklung: Der durch die Organisationsentwicklung verfolgte Beratungsansatz unterscheidet sich von den beiden vorgenannten durch eine stärkere Einbindung der Betroffenen. Eine Organisation wird hierbei als eine Koalition von Menschen betrachtet. Der Berater zieht sich teilweise zurück und fungiert als Experte für die Initiierung des Lernens der Organisation bzw. der einzelnen Beteiligten. Er dient ihnen als Reflexionsinstanz und als Coach bei den Lernprozessen. Seine Rolle versucht der Berater umzusetzen, indem er organisatorische Verhaltensmuster z. B. durch Reflexion oder Spiegelung abbildet. Dieser eher passive Beratungsansatz stößt an Grenzen, da das Kernelement des Ansatzes, die Reflexion, nicht delegiert werden kann und sie nicht hinreichend für eine tatsächliche Weiterentwicklung der Organisation ist.

Systemische Beratung: Bei der systemischen Beratung agiert der Berater als sog. „Beobachter zweiter Ordnung". Während der Berater beim Ansatz der Organisationsentwicklung selber reflektiert, unterstützt der systemische Berater den Kunden bei seiner Selbstreflexion. Wichtig ist, dass er ein anderes Beobachtungsschema als der Klient aufweist. Er hilft dem Kunden bei der Erarbeitung einer neuen Problemsicht und macht ihn auf sogenannte latente Strukturen aufmerksam. Die Organisation wird bei diesem Beratungsansatz als operativ geschlossenes und informationell offenes Entscheidungssystem interpretiert. Die Kernidee der systemischen Beratung wird auch gleichzeitig als ihre größte Schwachstelle gesehen: Es wird explizit auf eine Beeinflussung, Veränderung oder Entwicklung des Kunden und der Kundenorganisation verzichtet.

In der (wissenschaftlichen) Literatur scheinen die Ansätze der Organisationsentwicklung und systemischen Beratung zu dominieren, in der Praxis hingegen scheinen die meisten Berater dem Ansatz der gutachterlichen Beratung und noch stärker, der Expertenberatung zu folgen. Bei den nachfolgenden Ausführungen wird dieser Umstand berücksichtigt.

2.3.2 Karrierepfade in der Organisations- und Prozessberatung

Die Expertenberatung wird organisatorisch sowohl von so genannten Einzelberatern, als auch von großen, international agierenden Beratungskonzernen praktiziert. Entsprechend der Anzahl von beteiligten Beratern haben sich verschiedene Organisationsmodelle etabliert. Während beim Einzelberater die Organisationsform mit einer Hierarchiestufe schnell definiert ist, folgen größere Unternehmen regelmäßig einem Partnerschaftsmodell, bei dem die Partner auf der obersten Hierarchiestufe Projekte akquirieren und steuern, Projektmanager diese im Tagesgeschäft verantworten und Consultants Analyse- und Rechercheaufgaben übernehmen. Weitere Detaillierungen, wie z. B. die Unterscheidung in Junior Consultants und Senior Consultants sind üblich. Kraus [Kr05, S. 72–73] stellt unterschiedlichen Senioritätsgraden ihre typischen Funktionsbeschreibungen gegenüber (siehe Tab. 2.1).

Die Verweildauer in unterschiedlichen Karrierestufen variiert von Beratung zu Beratung, die gerade genannten scheinen jedoch als erste Indikation für Studieninteressierte geeignet. Inhaltlich erfolgt regelmäßig in den ersten Jahren (grob gesagt in der Zeit vom Junior Consultant bis zum Project Manager) eine Spezialisierung, später dann (auf der Partner-Ebene) wieder eine Generalisierung der Tätigkeiten.

Auch die einzelnen Bezeichnungen der Senioritätsgrade variieren stark. So wird die oben als „Junior Consultant" bezeichnete Funktion auch – neben anderen – als „Analyst" „Business Analyst" oder „Consultant" beschrieben.

Nicht unüblich in Beratungen ist das Verfolgen eines „Up-or-Out"- oder „Grow-or-Go"-Ansatzes in der Personalentwicklung. Hierhinter verbirgt sich ein stetiges internes Auswahlverfahren, in dem sich individuelle Berater ständig verbessern und die nächste Karrierestufe erklimmen oder aber das Unternehmen verlassen. Für die Beratung führt dieses Selektionsverfahren zu einer pyramidalen Personalstruktur und – wenn das „Out" bzw. „Go" nicht als Stigma gesehen wird – zu einem verzweigten Netzwerk von Alumni, welches wiederum in der Zukunft für die Akquisition von Beratungsaufträgen genutzt werden kann. Für die Berater, die in Unternehmen eintreten, in denen diese Mechanismen vorhanden sind, gehören die Auswahlverfahren und stetigen Evaluationen zum Berufsbild und können für den oftmals selbst gewünschten Wechsel von der Beratung in die Industrie genutzt werden.

Tab. 2.1 Funktionsmerkmale verschiedener Senioritätsgrade im Karrierepfad Beratung

Beraterlevel/ Senioritätsgrad	Funktionsbeschreibung (typische Merkmale)
Junior Consultant	Eigenverantwortliche Erledigung übertragener Projektarbeiten, insbesondere in der Dokumentation Ausgeprägte analytische Fähigkeiten Hervorragende EDV-Kenntnisse Geübt im Umgang mit Beratungstools und -methodiken Abgeschlossenes Studium oder vergleichbarer Abschluss Sozialkompetenz (Kommunikationsfähigkeit, Teamfähigkeit, Flexibilität)
Senior Consultant	Bearbeitet eigenverantwortlich Projektmodule Führt Arbeitsteam effektiv Ausgeprägte analytische Fähigkeiten Hervorragende EDV-Kenntnisse Sicherer Umgang mit Beratungstools und -methodiken Erstellt Präsentationen und präsentiert überzeugend Moderiert Workshops professionell Hohe Sozialkompetenz Mindestens drei Jahre Berufserfahrung (postgradual)
Project Manager	Erfahrung in der Leitung von mittleren und kleinen Projekten Verfügt über projektrelevantes Spezialwissen Ausgeprägte analytische Fähigkeiten Entwickelt selbständig Lösungskonzepte Hohe Sozialkompetenz Mindestens fünf Jahre Berufserfahrung, davon mindestens ein Jahr in einer Führungsposition (postgradual)
Junior Partner	Erfahrung in der Leitung von großen Beratungsaufträgen mit hoher Komplexität Erfahrung in der Leitung bzw. Steuerung des Projektteams Verfügt über themenübergreifendes sowie branchen-spezifisches Spezialwissen Verfügt über projektrelevante Spezialkenntnisse im Umfeld des zu beratenden Unternehmens Mindestens sieben Jahre Berufserfahrung (postgradual) Ansprechpartner bei Problemen im Projektteam
Senior Partner	Zentraler Entscheider und Mitglied der Leitungsebene auf Seiten der Unternehmensberatung Einsatz i. d. R. nur punktuell in den Projekten bzw. projektbegleitend Erfahrung in der Leitung von großen Beratungsaufträgen mit hoher Komplexität und strategischer Bedeutung Verfügt über themenübergreifendes sowie branchen-spezifisches Spezialwissen Verfügt über Spezialkenntnisse im organisatorischen und strategischen Umfeld des zu beratenden Unternehmens Mindestens zehn Jahre Berufserfahrung (postgradual) Ansprechpartner bei grundsätzlichen Problemen in der Zusammenarbeit zwischen Beratung und Kunde

In der persönlichen Karriereplanung ist bei vielen Beratern im Laufe der Zeit ein Wechsel auf die „andere Seite", d. h. direkt zum Kunden oder zumindest in die Kundenbranche vorgesehen. Für den Wechsel wird durch den Berater oftmals ein Zeitraum kurz nach einer erfolgten Beförderung angestrebt. Gründe hierfür sind zum einen in der „Optik" des Lebenslaufs zu sehen und zum andern signalisiert es, dass man als erfolgreicher Berater den Wechsel zum Kunden eigengetrieben vollzogen hat.

Klar artikulierte Zeiträume zwischen zwei Beförderungen, z. B. in zwei Jahren vom Senior Consultant zum Project Manager, geben dem Berater eine wichtige Hilfestellung für die eigene Leistungseinschätzung. Wenn eine Beförderung typischerweise nach zwei Jahren erfolgt und der Berater auch nach zweieinhalb oder drei Jahren nicht berücksichtigt wurde, dann ist dies meist ein deutliches Zeichen, dass eine persönliche Weiterentwicklung außerhalb der Beratung erfolgen sollte; eine Beförderung nach eineinhalb Jahren hingegen zeigt, dass die Beratung mit der Leistung des Beraters sehr zufrieden ist. Möglichkeiten zur Reflektion über Leistung geben nicht nur die regelmäßigen Beförderungsrunden, sondern auch die oftmals nach jedem Kundeneinsatz durchgeführten Projektbeurteilungen.

Im Beratungsalltag werden die oben genannten Beratungsfunktionen noch vom so genannten „Back Office" unterstützt. Hier finden sich unter anderem Sekretariats-, Grafik-, Recherche-, Reisebüro- und auch IT-Management-Funktionen.

2.3.3 Rollenmodelle

Ein Berater nimmt neben einer inhaltlichen Fokussierung und der Entwicklung auf der Karriereleiter zusätzlich noch verschiedene „Rollen" gegenüber dem Kunden ein. Eine Übersicht liefert von den Eichen [Ei05]:

Der Konzeptlieferant ist eine Art Werkzeughändler. Dies schließt nicht aus, dass er selber Werkzeuge ersinnt oder bestehende verformt. Damit die Konzepte zu den Problemen passen, untersucht er die Umgebung nach Chancen und Risiken, und die Organisation auf Stärken und Schwächen. Der Konzeptlieferant geht überlegt und berechnend vor. Für ihn kommt immer das Denken vor dem Handeln. Je mehr Unternehmen ehemalige „Konzeptlieferanten" einstellen, desto schwieriger wird es für ihn.

Der Umsetzer stellt sein Handeln über das Denken. Nicht, dass er etwas gegen Konzepte hätte, aber sie sind für ihn nur Mittel zum Zweck. Deshalb hat er auch nichts dagegen, wenn das Konzept vom Kunden kommt. Den Mehrwert verbindet er nicht mit Visionen, sondern allein mit Taten. Er hat einen hohen Aktivitätsgrad und läuft zur Hochform auf, wenn sich alles mechanisch ineinander fügt. Bürokratische Organisationen brauchen ihn. An ihren standardisierten Abläufen würde der Konzeptlieferant abprallen.

Früher war ein Mentor Prinzenerzieher und Hauslehrer, heute verbindet man mit ihm einen erfahrenen Ratgeber und Helfer. Er nimmt jene bei der Hand, dies sich im Gestrüpp von Wettbewerb, Markt, und Technologien nicht zurechtfinden. Im Gegensatz zu einem Coach, der sich auf eine oder zwei wichtige Fähigkeiten konzentriert, besticht der Mentor durch das breite Spektrum seiner Kompetenzen. Sein Mehrwert entsteht aus intensiver Beobachtung, tiefem Zuhören und gemeinsamer Reflexion. Damit tritt er nicht in Konkurrenz zum Unternehmen und seiner Problemlösungsfähigkeit, sondern ergänzt diese.

Legitimator: Es gibt in Organisationen immer wieder Ideen, die weder auf fremden Konzepten beruhen noch der Umsetzung durch andere bedürfen. Ein eitles Prestigeprojekt, das den Sprung zur Größe verheißt oder eine Konsolidierungsmaßnahme ist bisweilen kaum gegen die Interessen der Stakeholder durchzusetzen. Noch dazu, wenn man als Argument nicht mehr als einen „guten Riecher" zu bieten hat. Hier springt der Legitimator ein und leiht dem Projekt seinen guten Ruf. Doch er lebt riskant: Geht das Projekt in die Binsen oder kommt gleich der ganze Berufsstand ins Gerede, bleibt sein Ruf davon nicht unberührt.

Als Übersetzer wird der Berater zum Brückenbauer zwischen Wissenschaft und Praxis. Er versucht hinter den vielen, kaum vergleichbaren Einzelproblemen seiner Kunden Gemeinsamkeiten zu finden, die sich auf wissenschaftliche Fragestellungen zurückführen lassen. Die Rolle des Übersetzers schließt alle anderen Rollen mit ein. Er kann irritieren, spiegeln oder umsetzen, er kann als Mentor oder Legitimator agieren, und er kann schließlich sein Übersetzungswissen in Konzepte einfließen lassen, um sie gegen Imitation zu schützen.

Bei jeder impliziten Übernahme einer Rolle muss sich der Berater fragen, was konkret erwartet wird, ob sich die neue Rolle mit einer in der Vergangenheit bereits eingenommenen verträgt, wie gefragt diese am Markt ist und ob die Qualifikationen hierzu ausreichen bzw. ob eine Weiterqualifikation erfolgen sollte.

2.3.4 Expertise, Aufgabenstellung und Werkzeuge

Im Abschnitt über die unterschiedlichen Karrierestufen wurden bereits kurz Spezialisierung und Generalisierung genannt. Der notwendige Aufbau von Expertise kann sich grundsätzlich auf zwei Wegen vollziehen: Vertikal und horizontal.

Von vertikaler Expertise wird bei Beratern gesprochen, wenn Know-how in Bezug auf eine Branche oder einen Teilbereich hieraus aufgebaut wird. Der individuelle Berater entscheidet sich z. B. beim Eintritt in das Beratungsunternehmen, dass er gerne für den High-Tech-Sektor arbeiten möchte. Soweit die Projektsituation dies hergibt, erhält er Projekteinsätze in diesem Feld und baut sukzessive seine Kompetenzen hier auf. Mit einiger Berufserfahrung kennt er die Branche „rauf und runter" und kann mit Kundenmitarbeitern aller Hierarchieebenen seiner Zielbranche umfassend über aktuelle Entwicklungen, Herausforderungen und Möglichkeiten diskutieren.

Auf der anderen Seite ist von horizontaler Expertise die Rede, wenn Know-how in einer bestimmten betrieblichen Funktion aufgebaut wird. Dieses Know-how kann dann in verschiedenen Unternehmen unterschiedlicher Branchen, jedoch immer nur in Fachbereichen des gleichen Typs, angebracht werde.

Zur Bearbeitung von Projektaufgabenstellungen nutzen Berater „Tools" oder Werkzeuge bzw. greifen auf ihre „Toolbox" zurück. Beispiele sind hier Benchmarks (für den detaillierten Vergleich verschiedener Organisationen im Hinblick auf die Bewältigung einer Aufgabenstellung), Innovationsworkshops (um neuartige Lösungen zu generieren) oder das Erstellen von Business Plänen (zur detaillierten Beschreibung des Vorgehens beim Aufbau eines neuen Geschäfts). Die vorgestellten Werkzeuge sind nicht nur für vertikale oder horizontale Aufgabenstellungen nutzbar, ein Austausch ist durchaus möglich. Ebenso gibt es Werkzeuge und Arbeitsansätze, die übergreifend und in fast allen Projekten eingesetzt werden, wie z. B. Projektmanagement bzw. Übernahme von Aufgaben des „Project Management Office", das so genannte Change Management, mit dem Kundenmitarbeitern die notwendigen Veränderungen nähergebracht und sie hierbei eingebunden werden sollen oder das Management von Aufbauorganisation und Geschäftsprozessen.

Beratungsunternehmen reflektieren die horizontale und vertikale Expertise ihrer Mitarbeiter bzw. die entsprechende Nachfrage ihrer Kunden dadurch, dass sie eine Matrixorganisation aufbauen, in der Branchen und Funktionen die beiden primären Gestaltungsparameter bilden.

2.4 Skizzenhafte Vorstellung ausgewählter Beratungen

2.4.1 Einleitendes zur Auswahl

Der deutsche Beratungsmarkt besteht auf der Seite der Anbieter aus geschätzten 14.000 Unternehmensberatungen mit ungefähr 87.000 Beratern. Ungefähr die Hälfte der Beratungen verfügt über einen Jahresumsatz von bis zu 250.000 €, was auf Einzelberater schließen lässt, und nur 65 Beratungen weisen einen Umsatz von mehr als 45 Mio. € aus. [Bu11, S. 5] Eine repräsentative Auswahl zu erstellen und die Anbieter vorzustellen, erscheint im Rahmen des vorliegenden Beitrags nur schwer möglich. Die nachfolgende Auswahl wurde dennoch nicht willkürlich getroffen; vielmehr soll ein breites Spektrum an Beratern vorgestellt werden, um die Spannweite von möglichen Einstiegspunkten nach einem Studium aufzuzeigen. Diese Spannbreite reicht von KPMG, die als Wirtschaftsprüfungsunternehmen bekannt ist, jedoch auch viele Berater hat und auf Grund der Größe des Unternehmensverbundes als „Beratungskonzern" bezeichnet werden könnte, über Detecon, die Beratungstochter eines Konzerns, IDS Scheer/Software AG, einem mittelgroßen Berater mit starker methodischer Ausrichtung bis hin zu einer exemplarisch vorgestellten Einzelberaterin.

2.4.2 KPMG

KPMG übt sein Geschäft in den drei Bereichen Audit, Tax und Advisory aus. Während sich die Bereiche Audit und Tax im Umfeld der Wirtschaftsprüfung und steuerberatenden Tätigkeit ansiedeln, sind im Geschäftsbereich Advisory die unternehmensberaterischen Aktivitäten angesiedelt. Der Fokus kann hier als ‚prüfungsnah' bezeichnet werden und umfasst betriebswirtschaftliche, regulatorische und transaktionsorientierte Fragestellungen. [KP11a]

In Deutschland beschäftigt KPMG circa 1.800 Berater, die an 24 Standorten arbeiten und hat in 2009 circa 1,25 Mrd. € Umsatz erzielt. [KP11b] Weltweit beschäftigt KPMG in seinen Mitgliedsfirmen circa 24.000 Berater [KP11f] und ist in 50 Ländern weltweit vertreten. [KP11a]

KPMG kann auf eine lange Historie zurückschauen. Gegründet wurde sie 1890 als „Deutsch-Amerikanische Treuhand-Gesellschaft" mit dem Ziel, deutsche Kapitalanlagen in Nordamerika zu schützen. Die aus der Wirtschaftsprüfung vorhandenen Einsichten in betriebliche Abläufe von Kundenunternehmen wurden im Zeitverlauf verstärkt für unternehmensberaterische Tätigkeiten genutzt und der Geschäftsbereich Beratung ausgebaut. Im Zeitverlauf wurden verschiedene Fusionen mit anderen Prüfungsgesellschaften durchgeführt, in 2002 der Beratungsarm „KPMG Consulting" abgespalten bzw. externalisiert und seitdem stetig neu wieder im Bereich Advisory aufgebaut. [KP11c]

Das Unternehmen ist in Deutschland selbständig, jedoch Teil eines weltweiten Netzwerks. So soll auf der einen Seite eine regionale Präsenz und auf der anderen Seite ein globales Netzwerk aufrechterhalten werden, in dem einheitliche Standards bei der Arbeitsweise gesetzt werden. ([KP11d], [KP11e])

Berufsanfänger können bei KPMG als Trainee Advisory im Beratungsbereich der KPMG beginnen oder im Bachelor-Start-up-Programm den Bereich Audit und den Bereich Tax oder Advisory kennenlernen und nach 18 Monaten fest in den Bereich der Wahl einsteigen. ([KP11f], [KP11g])

2.4.3 Detecon

Detecon International GmbH ist eine ICT-Management-Beratung und schlägt damit ausgehend von operativen Organisations- und Prozessaufgaben die Brücke von fachstrategischen Fragestellungen rund um Informations- und Kommunikationstechnologie (ICT) bis hin zur Planung und Umsetzung hochkomplexer, technologischer ICT-Architekturen und -Anwendungen ([De11a], [De11b]). Die heutige Detecon ist Teil des Konzerns Deutsche Telekom und ist 2002 aus der Fusion der beiden Beratungsunternehmen Diebold (gegründet 1954) und DETECON (gegründet 1977) hervorgegangen. Detecon erwirtschaftete in 2010 mit circa 1.000 Mitarbeitern 185 Mio. € Umsatz. Detecon hat Standorte in 11 Ländern in Nordamerika, Europa, Asien und Afrika und verfügt in Deutschland über vier Büros. [De11c]

Das Unternehmen hat sich neben der internationalen Aufstellung auch nach Branchen und Fachthemen organisiert und verfügt über die für Beratungsunternehmen „klassische" Organisationsstruktur einer Matrix. Kundenschwerpunkte liegen in der Telekommunikations- und Digital Media-Branche, im öffentlichen Sektor sowie im Enterprise & Services-Umfeld, welches wiederum die Automobilbranche, Finanzdienstleister, High Tech, Einzelhandel, Transport- und Versorgungsunternehmen umfasst. [De11d] Inhaltliche Schwerpunkte setzt Detecon im Bereich des IT- und Telekommunikationstechnologie-Managements, bei Strategie und Marketing, sowie im Bereich Operations, in dem Fragestellungen zur Optimierung von Prozessen, (Re-)Organisationsmaßnahmen, Supply Chain Management oder Transformations- und HR-Management bearbeitet werden. [De11e]

Hochschulabsolventen steigen als Business Analyst bei Detecon ein [De11f] und haben die Gelegenheit mit Hilfe von praktischer Beratungserfahrung und begleitenden Trainings [De11g] die verschiedenen Karrierestufen zu durchlaufen. Detecon verfügt über fünf Karrierestufen, ähnlich, wie sie bereits oben in Abschn. 2.3.2 vorgestellt wurden: Nach dem Berufseinstieg als Business Analyst kann ein Aufstieg zum Consultant, zum Senior Consultant und Managing Consultant und schließlich auf das Partner-Level erfolgen. [De11h]

2.4.4 IDS Scheer/Software AG

Die IDS Scheer AG wurde 1984 als Ausgründung aus dem Institut für Wirtschaftsinformatik der Universität des Saarlandes in Saarbrücken etabliert ([ID11a], [ID11b]) und ist vertikal auf das Management von Geschäftsprozessen fokussiert. Hierbei erzielten circa 2.500 Mitarbeiter [So09] in 2008 einen Umsatz von circa 400 Mio. € mit Software, Lösungen und Dienstleistungen für das Geschäftsprozessmanagement [ID11b]. In 2009 wurde die IDS Scheer durch die Software AG übernommen. [So09]

Die Beratungsangebote der IDS Scheer liegen in der Integration und Verknüpfung von Business und IT [ID11c], indem beispielsweise mit dem ARIS Value Engineering-Ansatz eine Brücke „zwischen der Unternehmensstrategie, den daraus resultierenden Prozessen, den zur Unterstützung notwendigen IT-Lösungen und der Kontrolle des laufenden Betriebs" [ID11d] gebaut wird. Geschäftsprozesse können unterschieden werden in allgemeine, z. B. in den Bereichen Personalmanagement oder Buchhaltung, und branchenspezifische, z. B. für die Produktion in der Chemieindustrie oder die Versorgungswirtschaft. Dieser Logik folgend hat die IDS Scheer eine Lösungskompetenz in verschiedenen Branchen aufgebaut. [ID11e]

Ausgehend von der betriebswirtschaftlichen und informationstechnischen Beratung in den Bereichen Geschäftsprozessmanagement und -optimierung [ID11f] hat sich die Expertise in verschiedene Richtungen ausgedehnt: Zur Strategie-Beratung mit einem Management Consulting-Angebot [ID11g], zur herstellerunabhängigen Technologieberatung mit IT-Consulting [ID11c] und mit dem Angebot, herstellerspezifische IT-Lösungen zu implementieren (SAP Consulting, [ID11h]).

Hochschulabsolventen können in Industriesektoren, z. B. Utilities oder Consumer Goods/Retail oder in Technologiebereichen, z. B. IDS Scheer Technologies [ID11i] einsteigen und in industrieübergreifenden Teams in den genannten Fachgebieten arbeiten. Die Übernahme durch die Software AG eröffnet weitere Karrieremöglichkeiten. Das Aufstiegsverfahren bietet verschiedene Möglichkeiten als Themenverantwortlicher, im Vertrieb oder im Projektmanagement. [ID11j]

2.4.5 Reiss

Die Unternehmensberaterin Manuela Reiss ist als „Freelancerin des Jahres 2009" ausgezeichnet worden. Der Schwerpunkt ihrer Tätigkeit liegt im Bereich Projektmanagement, das Angebot wird auch auf Englisch-Seminare und Coachings ausgebaut. (oV10) Frau Reiss ist als Unternehmensberaterin, Autorin und Trainerin aktiv und bietet diese Leistungen seit einigen Jahren „aus einer Hand" an. [Re11]

Das genannte Beispiel soll hier exemplarisch für die große Zahl von freiberuflichen Beratern stehen, die als Einzelperson oder mit einem sehr kleinen Team bzw. Partnerschaft einen quantitativ großen Teil der Organisations- und Prozessberater in Deutschland bilden und einen „wichtigen Wirtschaftsfaktor" (oV10, S. 35) darstellen. Das Tätigkeitsspektrum hierbei ist in seiner Gesamtheit äußerst vielfältig, auch wenn der einzelne Berater regelmäßig einen Schwerpunkt herausstellt, der ggf. mit angrenzenden Tätigkeitsfeldern kombiniert wird und Synergien erbringt.

Für Hochschulabsolventen ist der Weg in die Selbständigkeit als freiberuflicher Berater zwar nicht der so genannte „Mainstream", aber auch nicht ungewöhnlich. So kann eine freiberufliche Beratungsaktivität bereits während des Studiums beginnen, ggf. unter dem Dach einer studentischen Unternehmensberatung, wenn zumeist kleinere Unternehmen aus dem lokalen und regionalen Umfeld der Hochschule zu spezifischen Themenstellungen beraten werden. Öfter aber als Studienabsolventen wählen berufserfahrene Praktiker und Berater die freiberufliche Tätigkeit, z. B. aus privaten Gründen oder um mehr unternehmerische Freiheiten ausüben zu können.

2.5 Anregungen für Studium und Studiumsinhalte

Mit Blick auf die Vielfalt der gerade dargestellten Auswahl von Aspekten der Organisations- und Prozessberatung auf der einen Seite und den unterschiedlichen Anforderungen von sowohl Beratungskonzernen, als auch Kleinstberatungsunternehmen auf der anderen Seite ist es schwer, allgemeingültige Empfehlungen für den Aufbau und die Inhalte eines solchen Studiengangs oder eines (Wahlpflicht-)Moduls zur Vorbereitung auf ebendieses Beratungsfeld auszusprechen.

Unbeschadet dessen sollen an Stelle eines Fazits im Folgenden einige Anregungen gegeben werden, mit deren Hilfe Studieninteressierte die zur Auswahl stehenden Studiengänge oder -schwerpunkte betrachten und die sie als einen Baustein für eine Abwägung von Alternativen nutzen können.

Zunächst erscheint es notwendig herauszustellen, dass es sich bei der Zusammenstellung von Studieninhalten regelmäßig um einen Kompromiss handeln muss: Für eine Kleinstberatung mag es von Vorteil sein, wenn ein Studienabsolvent möglichst umfangreich in Methoden und Techniken der Unternehmensberatung geschult ist; für einen Beratungskonzern, der über ein umfangreiches internes Schulungskonzept verfügt, mögen einige Basiskenntnisse vollkommen ausreichend sein, da alles Notwendige im Rahmen von unternehmensinternen Schulungen trainiert wird. Wichtig erscheint es jedoch, nicht nur Beratungsmethoden oder nicht nur das Beratungsgeschäftsmodell singulär zu vermitteln, sondern auch die „Gegenseite", also den Klienten und das Zusammenspiel beider Parteien darzustellen.

Als Ziele für ein Studienfach zum Thema Organisations- und Prozessberatung können die folgenden exemplarisch genannt werden: Detailkenntnisse zum Beratungsprozess und zu ausgewählten Phasen entwickeln; die Interdependenzen von Beratung und Kunde auf wissenschaftlicher Basis kennen und an der Praxis reflektieren; den Beratungsmarkt, die Grundzüge einer Beratungsbetriebslehre sowie des Beratungsmanagements auf Kundenseite kennen; und schließlich die Anforderungen an die Person und die Möglichkeiten der Karriere als Berater kennen. Eine Skizze zu den Inhalten könnte in vier Blöcke aufgeteilt werden und wie folgt aussehen:

Beratungsforschung und Praxisrelevanz: Als erweiterte Einführung wird zunächst ein Überblick zum Thema gegeben. Folgende Themen werden vorgestellt: Gesellschaftliche Rolle und Relevanz der Unternehmensberatung, Beratungsinhalte, Beratungsansätze, Beratungsteilnehmer, Beratungsphasen, Stand der Forschung, Aktuelle Entwicklungen in der Praxis.

Beratungsmarkt: Es werden die Spezifika des Beratungsmarktes insgesamt und interessanter Teilmärkte herausgearbeitet und vorgestellt (z. B. über Größe, Entwicklungen, nationale und internationale Tendenzen).

Consulting as a Business: Es werden typische Mechanismen der Unternehmensberatung im Sinne einer Beratungsbetriebslehre erarbeitet und vorgestellt, z. B.: Geschäftsmodelle und Strategien, Beratungsprozess, Beraterauswahl und Karrieremodell, Marketingplan, Vertrieb, Finanzplan, Wissens- bzw. Dokumentenmanagement, Rechtsform für Beratungsunternehmen, Rollen des Beraters, Nicht-Beratungstätigkeiten in einer Beratung, Beratersprache bzw. „Consulting Englisch".

Beratermanagement aus Kundenperspektive: Der professionelle Umgang mit Beratern, Beratungsprojekten und Beratungsunternehmen ist für Klienten wichtig. Erfolgsfaktoren werden erarbeitet und vorgestellt, z. B.: Beraterauswahl, Beraterbewertung und Projektbewertung, Wissensmanagement, Make or Buy-Entscheidung, ein Exkurs zur Internen Beratung, Rollen des Beraters.

Die genannten Themen wurden für das Themenfeld Organisations- und Prozessberatung konsolidiert, können aber mit Abwandlungen auch für andere Beratungsfelder genutzt werden. Der Inhalt kann im Umfang selbstverständlich gestreckt oder gestaucht werden, auch Auslassungen und Ergänzungen sind möglich. Bei einer Veranstaltung im Umfang von zwei Semesterwochenstunden können Studierenden im Masterstudium mit hinreichenden Vorkenntnissen in den Wirtschaftswissenschaften circa 75 % des oben skizzierten Inhalts vermittelt werden, soweit eine Gruppengröße von circa 30 Studierenden unterstellt wird. Bei kleineren oder größeren Gruppen mögen sich Veränderungen einstellen. Als didaktische Methode kann sowohl die Vorlesung, als auch eine seminaristische Vorgehensweise mit der eigenverantwortlichen Inhaltserarbeitung in Form von Hausarbeiten und der Präsentation der Ergebnisse herangezogen werden.

2.6 Literaturverzeichnis

[Bu11]   Bundesverband Deutscher Unternehmensberater BDU e. V.: Facts & Figures zum Beratermarkt 2010/2011. Bonn, 2011.

[BW08]   Bamberger, I.; Wrona, T.: Konzeption der strategischen Unternehmensberatung. In (Bamberger, I. Hrsg.): Strategische Unternehmensberatung: Konzeptionen – Prozesse – Methoden. 5. Aufl., Gabler Verlag, Wiesbaden, 2008, S. 1–47.

[De06]   Deelmann, T.; Huchler, A.; Jansen, St. A.; Petmecky, A.: Internal Corporate Consulting – Thesen, Tests und Theorien zur Zukunft der Internen Beratung. In: zu|schnitt 005, Diskussionspapiere der Zeppelin University, Friedrichshafen 2006.

[De11a] Detecon International GmbH: Das Unternehmen – We make ICT strategies work. Bonn, 2011.

[De11b] Detecon: Unternehmensprofil. Online unter: http://www.detecon.com/de/ueber_detecon/unternehmensprofil.html, letzter Abruf am: 21.06.2011.

[De11c] Detecon International GmbH: Daten & Fakten. Bonn, 2011.

[De11d] Detecon: Nach Branchen. Online unter: http://www.detecon.com/de/leistungen/nach_branchen.html, letzter Abruf am: 21.06.2011.

[De11e] Detecon: Nach Expertise. Online unter: http://www.detecon.com/de/leistungen/nach_themen.html, letzter Abruf am: 21.06.2011.

[De11f] Detecon: Ihr Einstieg. Online unter: http://www.detecon.com/de/karriere/ihr-einstieg.html, letzter Abruf am: 21.06.2011.

[De11g] Detecon: Personalentwicklung & Training. Online unter: http://www.detecon.com/de/karriere//einstieg/training.html, letzter Abruf am: 21.06.2011.

[De11h] Detecon: Career Concept. Online unter: http://www.detecon.com/de/karriere/einstieg/concept.html, letzter Abruf am: 21.06.2011.

[Ei05]   Eichen, Stephan, F. von den: Der Berater und seine Rollen – Höhere Klientenzufriedenheit durch erwartungszentrierte Beratung. In (Seidl, D.; Kirsch, W.; Linder, M. Hrsg.): Grenzen der Strategieberatung. Haupt Verlag, Bern, 2005, S. 369–382.

[HR88]   Hafner, K.; Reineke, R.-D.: Unternehmensführung und Unternehmensberatung. Arbeitspapier Nr. 44, Wiss. Gesellschaft f. Marketing u. Unternehmensführung, 1988, S. 63–65.

[ID11a] IDS Scheer AG: Business Process Excellence seit über 20 Jahren. Online unter: http://www.ids-scheer.com/de/Ueber_uns/102318.html, letzter Abruf am: 21.06.2011.

[ID11b] IDS Scheer AG: IDS Scheer Gruppe. Online unter: http://www.ids-scheer.com/de/Ueber_uns/IDS_Scheer_Gruppe_/102158.html, letzter Abruf am: 21.06.2011.

[ID11c] IDS Scheer AG: IT Consulting. Online unter: http://www.ids-scheer.com/de/Consulting/IT_Consulting/100981.html, letzter Abruf am: 21.06.2011.

[ID11d] IDS Scheer AG: Consulting. Online unter: http://www.ids-scheer.com/de/Consulting/102105.html, letzter Abruf am: 21.06.2011.

[ID11e] IDS Scheer AG: Branchen. Online unter: http://www.ids-scheer.com/de/Consulting/Branchen/102184.html, letzter Abruf am: 21.06.2011.

[ID11f] IDS Scheer AG: Business Process Consulting. Online unter: http://www.ids-scheer.com/de/Consulting/Business_Process_Consulting/100977.html, letzter Abruf am: 21.06.2011.

[ID11g] IDS Scheer AG: Business Process Excellence durch Management Consulting. Online unter: http://www.ids-scheer.com/de/Consulting/Management_Consulting/102000.html, letzter Abruf am: 21.06.2011.

[ID11h] IDS Scheer AG: SAP Consulting. Online unter: http://www.ids-scheer.com/de/Consulting/SAP_Consulting/100978.html, letzter Abruf am: 21.06.2011.

[ID11i] IDS Scheer AG: Wir suchen Sie. Online unter: http://www.ids-scheer.com/de/Karriere/Arbeiten_bei_IDS_Scheer/Wir_suchen_Sie_/99570.html, letzter Abruf am: 23.06.2011.

[ID11j] IDS Scheer AG: Karrierechance. Online unter: http://www.ids-scheer.com/de/Karriere/Arbeiten_bei_IDS_Scheer/Karrierechance/99453.html, letzter Abruf am: 23.06.2011.

[KP11a] KPMG: Wer wir sind – KPMG im Überblick. Online unter: http://www.kpmg.de/WerWirSind/1022.htm?print=1, letzter Abruf am: 21.06.2011.

[KP11b] KPMG: 360° KPMG in Deutschland 2010. Berlin, 2011

[KP11c] KPMG: Performance – Geschichte. Online unter: http://www.kpmg.de/WerWirSind/1232.htm?print=1, letzter Abruf am: 21.06.2011.

[KP11d] KPMG: Wer wir sind – KPMG im Überblick: Unser Geschäft. Online unter: http://www.kpmg.de/WerWirSind/1037.htm?print=1, letzter Abruf am: 21.06.2011.

[KP11e] KPMG: Wer wir sind – KPMG im Überblick: Beratungsansatz. Online unter: http://www.kpmg.de/WerWirSind/1287.htm?print=1, letzter Abruf am: 21.06.2011.

[KP11f] KPMG: Willkommen im Team – Trainee Advisory. Online unter: http://www.kpmg.de/careers/6891.html, letzter Abruf am: 21.06.2011.

[KP11g] KPMG: Willkommen im Team – Bachelor Start-up. Online unter: http://www.kpmg.de/careers/7820.html, letzter Abruf am: 21.06.2011.

[Kr05] Kraus, A.: Der Einkauf als Intermediär zwischen Berater und Beratenem. In: Petmecky, A.; Deelmann, T. (Hrsg.): Arbeiten mit Managementberatern – Bausteine für eine erfolgreiche Zusammenarbeit. Springer Verlag, Berlin, 2005.

[Lü11a] Lünendonk GmbH: TOP 25 der Managementberatungs-Unternehmen in Deutschland 2010. Kaufbeuren, 2011.

[Lü11b] Lünendonk GmbH: TOP 25 IT-Beratungs- und Systemintegrations-Unternehmen in Deutschland 2010. Kaufbeuren, 2011.

[oV10] o.V.: Der Wettbewerb – Die IT-Freelancer 2009. IT Freelancer Magazin, 02/2010, S. 35–36.

[PMK10] Poór, J.; Milovecz, Á.; Király, Á.: Survey of the European Management Consultancy 2009/2010. FEACO – European Federation of Management Consultancies Association, Brüssel, 2010.

[Re11]   Reiss, M.: Consultingleistungen aus einer Hand. Online unter: http://www.manuela-reiss.de, letzter Abruf am 21.06.2011.

[So09]   Software AG: Software AG Announces IDS Scheer AG Takeover Offer. Online unter: http://www.softwareag.com/corporate/Press/pressreleases/20090714_SoftwareAGannouncesIDSScheerAGtakeoveroffer_page.asp, letzter Abruf am 21.06.2011.

[Wa99]   Walger, G.: Idealtypen der Unternehmensberatung. In (Walger, G. Hrsg.): Formen der Unternehmensberatung. Systemische Unternehmensberatung, Organisationsentwicklung, Expertenberatung und Gutachterliche Beratungstätigkeit in Theorie und Praxis. 2. Aufl., Schmidt, Köln, 1999, S. 1–18.

3 Informationsverarbeitungsorientierte Unternehmensberatung (IV-Beratung)

Volker Nissen

3.1 Was ist IV-Beratung?

Unternehmensberatung betrifft im Kern die Unterstützung von Beratungsklienten bei der Bearbeitung betriebswirtschaftlich motivierter Fragestellungen. Dabei können unterschiedliche Aspekte im Klientenunternehmen untersucht werden, wie z. B. Strategiethemen, Organisation und Geschäftsprozesse, Informationsverarbeitung oder personalbezogene Fragestellungen. Entsprechend existieren unterschiedliche Beratungsschwerpunkte, insbesondere (gemäß Klassifikation des BDU[1]):

- Strategieberatung,
- Organisationsberatung,
- IT-Beratung,
- Personal- und HR-Beratung.

Die IT-Beratung hatte im Jahre 2011 laut BDU einen Anteil von 22,4 % am Gesamtvolumen von 20,6 Mrd. € des deutschen Beratungsmarktes und verzeichnete dabei eine Wachstumsrate von 10,3 % gegenüber dem Vorjahr [BDU12].

In diesem Beitrag soll jedoch anstelle von „IT-Beratung" von „Informationsverarbeitungsorientierter Unternehmensberatung" (kurz: IV-Beratung) gesprochen werden, da die Verkürzung auf IT (= Informationstechnik) irreführend erscheint.

---

[1] BDU = Bund Deutscher Unternehmensberater e. V.

Volker Nissen (✉)
Technische Universität Ilmenau, Institut für Wirtschaftsinformatik
Fachgebiet Wirtschaftsinformatik für Dienstleistungen
Postfach 10 05 65, 98684 Ilmenau, Deutschland
E-Mail: volker.nissen@tu-ilmenau.de

Tab. 3.1 Merkmale von Strategieberatung und IV-Beratung [Niki08,102]

Kriterium	Strategieberatung	IV-Beratung
Ziele, Aufgabe	Dauerhafte Sicherung des Unternehmenserfolges und Wettbewerbsvorteils; Analysieren, Planen und Konzipieren	Verbesserung des Einsatzes von Informationsverarbeitung; Schwerpunkt Umsetzen
Auftraggeber	Top Management; mittlere und große Unternehmen	Fachbereiche, IT-Abteilung; alle Unternehmensgrößen
Enge Branchenspezialisierung	Eher selten	Häufig
Eigentumsverhältnisse	Partnerschaft	Kapitalgesellschaft
Organisation	Matrix	Matrix
Projekttypen	Brain, Grey Hair	Grey Hair, Procedure
Leverage	Gering	Hoch
Wissensschwerpunkt	Methodisches Wissen	Branchen- und IT-bezogenes Fachwissen
Tagessätze	Hoch	Deutlich geringer
Gehälter	Hoch	Deutlich geringer
Fixpreisprojekte	Nein	Teilweise
Erfolgsabhängige Projektpreise	Nein	Teilweise
Marken, Beratungsprodukte	Vor allem bei großen Beratungsfirmen seit langer Zeit etabliert	Noch eher selten
Möglichkeiten der Standardisierung	Eingeschränkt	Ja
Konjunkturabhängig	Nein	Ja
Strategische Partner	Teils wichtig (Umsetzung)	Sehr wichtig (z. B. Hard-/Software)
Bestandskundengeschäftsanteil	Sehr hoch	Sehr hoch
Anteil Folgeaufträge	Hoch	Sehr hoch
∅ Dauer-Kundenbindung	4,8 Jahre	5,5 Jahre
Image-Fokus	Elite	Spezialist, Dienstleistungsqualität
Vorherrschender Marketingtyp	Publizist	Direktvermarkter
Personalrekrutierung	Komplex, aufwendig	Einfacher gehalten
Studienfächer	Sehr gemischt	Vor allem BWL und (Wirtschafts-)Informatik
Karrieresystem	Up-or-Out	Grow-or-Die
Vorstaffing von Projekten	Früher nein, inzwischen teilweise erforderlich	Oft notwendig
Häufiges Vorgehensmodell im Projekt	Hypothesenbasierter Ansatz	Phasenmodell, Template Approach
WM-Strategie	Personalisierung	Kodifizierung

IV-Beratung ist primär operativ ausgerichtet. Im Zentrum der Beratungsthemen stehen Fragen der Informationsverarbeitung von Klienten. Sie schließt organisatorische Aspekte ein, soweit diese stark mit der Informationsverarbeitung zusammenhängen (z. B. die Gestaltung von Geschäftsprozessen). Nicht zum Aufgabenfeld zählen dagegen typische Leistungen von IT Service Providern, also etwa das Hosting von Applikationen oder die Montage von Hardware beim Kunden. Ebenso nicht dazu zählt die Softwareentwicklung, auch wenn diese oft einen nennenswerten Bestandteil der praktischen Geschäftstätigkeit von Beratungsfirmen im IT-Umfeld darstellt [NiKi08,90].

Gemäß Mieschke [Mies04, 7–8] nehmen die Tätigkeitskomponenten „Analysieren", „Planen" und „Konzipieren" bei IV-Beratungen durchschnittlich weniger als ein Drittel (32 %) – gemessen am Umsatz des Beratungshauses – in Anspruch. Die primären Aufgaben der IV-Berater[2] bilden mit 49 % die Umsetzungs- und Implementierungstätigkeiten. Nissen und Kinne [NiKi08] analysieren in umfassender Weise Unterschiede zwischen IV- und Strategieberatung. Tab. 3.1 zeigt hieraus eine Gegenüberstellung der wichtigsten Merkmale der IV-Beratung in Abgrenzung zur Strategieberatung.

3.2 Typische Aufgabenstellungen der IV-Beratung

Beratungsleistungen sind professionelle Dienstleistungen (professional services). Diese sind dadurch charakterisiert, dass sie in hohem Maße auf individuelle Kundenbedürfnisse zugeschnitten sind und in meist enger Zusammenarbeit mit dem Kunden unter Einbringung ausgeprägten Fachwissens und Erfahrung hochqualifizierter Mitarbeiter erbracht werden [MSDK99, 23].

Anhand einer umfassenden Analyse der Internetseiten von 30 etablierten IV-Beratungsunternehmen konnte ein vielfältiges Angebot an IV-bezogenen Beratungsleistungen identifiziert werden. Die am häufigsten genannten Kernaufgaben der IV-Beratung werden nachfolgend kurz dargestellt [Niss10, 596–598].

- **Software-Auswahl:** Das Beratungsfeld der Software-Auswahl umfasst den gesamten Prozess der Auswahl einer für die individuellen Unternehmensziele bestmöglich geeigneten Software – in der Regel Unternehmenssoftware[3]. Die Auswahl des „besten" Software-Anbieters bzw. Vertriebspartners ist neben der Auswahl des Produktes ebenfalls Bestandteil des Aufgabenfeldes. Dieser Aspekt ist darum von großer Bedeutung, weil die sich dem Auswahlprozess anschließende Software-Einführung oft gemeinsam mit diesem Unternehmen durchgeführt wird.

---

[2] Nur aufgrund der besseren Lesbarkeit wird im Text auf die jeweilige Nennung der weiblichen Form verzichtet.
[3] Damit sind vor allem ERP-Systeme und Warenwirtschaftssysteme gemeint [BeVW07, 2].

- **Software-Einführung:** Aus Sicht des Beratungshauses besteht die Aufgabenstellung der Software-Einführung vornehmlich darin, eine betriebliche Standardsoftware „(...) zielorientiert und toolgestützt unter maßgeblicher Beteiligung des Kunden einzuführen mit dem Ziel, einen optimalen Nutzen langfristig zu ermöglichen" [GaLo01, 182]. Hierzu gehören häufig auch Aufgabenstellungen der betrieblichen Reorganisation und Prozessberatung.
- **Informationsarchitekturberatung:** Die Informationsarchitektur bildet als „das grundlegende logische Modell der Informationsinfrastruktur" die Basis für die weiteren Architekturkomponenten und ist dabei „das Ergebnis der (...) unternehmensweit erfassten, evaluierten und gegliederten Informationsnachfrage bzw. der zu ihrer Befriedigung erforderlichen Informationsversorgung (...)" [HeHR04, 319]. In diesem Beratungsfeld werden vielfältige Leistungen angeboten. Sie reichen von der Beratung zur Gestaltung einer Informationsarchitektur über die Unterstützung bei der Festlegung einheitlicher Architekturregeln bis hin zur Optimierung der Architektur einzelner Softwarelösungen.
- **IT-Sicherheitsberatung:** IT-Sicherheit ist für viele Unternehmen seit Jahren ein wichtiges IT-Thema [CapG09, 34]. Um diesbezüglichen Gefahren zu begegnen, ist ein ganzheitliches Informationssicherheitsmanagement durch technische, organisatorische und physische Maßnahmen erforderlich, das ein weites Betätigungsfeld für IV-Unternehmensberater bildet. Hierzu gehören insbesondere die Durchführung von Risiko- bzw. Sicherheitsanalysen zur Feststellung des Bedrohungspotentials sowie Unterstützung bei der Konzeption und Umsetzung von IT-Sicherheitskonzepten.
- **IT-Integrationsberatung:** Die heute in Unternehmen vorherrschenden heterogenen IT-Landschaften erschweren die durchgängige, effiziente Unterstützung von Geschäftsprozessen und führen zu hohen Wartungsaufwänden. Die IT-Integrationsberatung befasst sich mit allen Teilaspekten einer Verbesserung der integrierten Informationsverarbeitung im Klientenunternehmen. Dazu gehören die Prozessintegration in Bezug auf die Automatisierung der Geschäftsprozesse, die Herstellung einer einheitlichen Datenbasis im Rahmen der Datenintegration sowie die homogene Präsentation verschiedener Programme durch die Integration der Benutzerschnittstellen [Mert97, 208]. Ein typisches Beispiel für ein Integrationsprojekt ist der Aufbau eines Unternehmensportals.
- **IV-Strategieberatung:** Die Strategieentwicklung ist eine Teilaufgabe der strategischen IV-Planung [HeHR04, 633-634]. Dabei wird die IV-Strategie aus der Unternehmensstrategie abgeleitet bzw. mit dieser abgestimmt (Business-IV-Alignment), um den Wertbeitrag der IV für das Unternehmen zu erhöhen. Die Aufgabe der Unternehmensberatung ist hierbei die umfassende Unterstützung des Klienten bei der Entwicklung und Umsetzung der IV-Strategie.
- **Beratung zur IV-Organisation:** Dieses Beratungsfeld ist eng mit dem der IV-Strategie verknüpft. Unter Beachtung der strategischen Vorgaben wird die IV-spezifische Aufbau- und Ablauforganisation des Klientenunternehmens entwickelt. Zum einen können die Berater dem Klienten eine Anleitung bei der hierarchischen Einordnung

und internen organisatorischen Gliederung der Organisationseinheit „Informationsverarbeitung" geben. Und zum anderen beschäftigt sich die Beratung mit den „organisatorisch geregelten Prozesse(n) der Beschaffung, der Erstentwicklung, des Betriebs, der Wartung und der Weiterentwicklung der verschiedenen Arten von Systemen" [Seib97a, 42]. Von großer Bedeutung sind Referenzmodelle und Methoden des IT-Servicemanagements, wie etwa ITIL.
- **IV-Outsourcing-Beratung:** IV-Outsourcing bezeichnet die teilweise oder komplette Übertragung von Aufgaben und Ressourcen der Informationsverarbeitung eines Unternehmens an einen oder mehrere rechtlich unabhängige Dienstleister. Hier muss betont werden, dass die Aufgabe der IV-Beratung sich nur auf die Unterstützung der Klienten im Rahmen der Vorbereitung und Durchführung eines Outsourcing-Vorhabens beziehen. IV-Beratung besteht jedoch nicht darin, die Outsourcing-Leistungen selbst zu erbringen. Durch Konzepte wie das Cloud-Computing hat das Thema IV-Outsourcing in letzter Zeit noch einmal erheblich an Bedeutung gewonnen.

3.3 Kategorisierung der Aufgabenstellungen nach Komplexität

David Maister hat eine Kategorisierung von Projekttypen der Unternehmensberatung vorgeschlagen, die inzwischen weite Verbreitung in der beratungsbezogenen Literatur gefunden hat. Er unterscheidet zwischen Brain, Grey Hair und Procedure Projekten [Mais03, 4-5]:

- **Brain Projekte:** Die hier zu lösende Kundenaufgabe ist neu und von extremer Komplexität. Sie erfordert höchstes methodisch-fachliches Wissen und professionelle Fähigkeiten. Als Kernanforderungen solcher Projekte an die Berater werden Kreativität, Innovation und Pionierleistungen bei neuen Ansätzen, Konzepten und Techniken genannt. Der Klient kauft hier von der Beratung vor allem überragende intellektuelle Fähigkeiten ein, um seine Probleme zu lösen. Daher können solche Projekte nur von besonders hoch qualifizierten, intellektuell herausragenden Beratern durchgeführt werden.
- **Grey Hair Projekte:** Diese Projekte verlangen eine individuelle Lösung, sind jedoch in ihren Anforderungen an Kreativität und Innovativität geringer einzuschätzen als Brain Projekte. Die zu lösende Aufgabenstellung ist im Grundsatz bekannt und Lösungsansätze aus anderen Projekten können darauf übertragen werden. Klienten achten bei der Beauftragung eines Beratungsunternehmens vor allem auf nutzbare Erfahrungen und Vorwissen aus früheren Projekten sowie das sich daraus ergebende Urteilsvermögen der Berater.
- **Procedure Projekte:** Der hier zu bearbeitende Problemtyp ist gut bekannt und die einzelnen Lösungsschritte liegen weitgehend fest. Klienten könnten die damit verbundenen Aufgaben oft selbst lösen, haben aber nicht die erforderlichen Ressourcen, um dies mit vergleichbarer Effizienz wie eine Unternehmensberatung zu tun.

Ein Vorschlag, wie die genannten Kernaufgaben der IV-Beratung anhand von Komplexität und Wiederholungscharakter den Kategorien von Maister zugeordnet werden können, ist in Tab. 3.2 dargestellt.

Tab. 3.2 Einordnung von Aufgaben der IV-Beratung in Komplexitätskategorien [Niss10,599]

Beratungsfeld innerhalb der IV-Beratung	Brain Projekte	Grey Hair Projekte	Procedure Projekte
Software-Auswahl	–	–	X
Software-Einführung	–	X	X
Informationsarchitektur	X	X	–
IT-Sicherheit	–	X	X
IT-Integration	–	X	–
IV-Strategie	X	X	–
IV-Organisation	–	X	X
IV-Outsourcing	–	X	–

3.4 Berufsprofile der IV-Beratung

In einer breit angelegten Auswertung von 174 Stellenanzeigen kommt Drews [2012] anhand der dort genannten Anforderungen an Bewerber zu einer Einteilung von sieben Berufsprofilen der IV-Beratung, die nachfolgend geringfügig modifiziert dargestellt sind: Der „**klassische IV-Berater**" ist in der kundenorientierten oder Inhouse-Beratung tätig. Kernaufgaben sind Anforderungsanalyse, Lösungskonzeption sowie die Anpassung von Standardsoftware (Customizing). Der klassische IV-Berater ist Experte für ein bestimmtes Softwareprodukt oder Modul (z. B. ERP-Systeme, CRM-Systeme, BI-Systeme) und mit den technischen Eigenschaften dieser Systeme vertraut. Ergänzend können kleinere Entwicklungsaufgaben, die über das Customizing hinausgehen, Aufgaben des Projektmanagements sowie die Vertriebsunterstützung hinzukommen. Die Aufgabenanteile variieren je nach erreichter Qualifikationsstufe.

Der „**IV-Berater im Professional Service**" hat gegenüber dem klassischen Profil zusätzliche Aufgaben wie die Installation von Hard- und Software, die Durchführung von Tests, die Dokumentation, den Second-/Third-Level-Support, oder auch die Durchführung von Schulungen. Dieser Typus ist ein „Service-Techniker" mit Beratungskompetenz. Dieses Profil ist insbesondere in kleineren Beratungsunternehmen bzw. Unternehmenseinheiten zu finden. Sie arbeiten – soweit vorhanden – mit der internen Entwicklung oder dem externen Softwareanbieter zusammen. Das Aufgabenprofil ist umfangreich und umfasst sehr unterschiedliche Aufgabentypen.

Der **„entwicklungsnahe IV-Berater"** ist gegenüber dem klassischen IV-Berater durch höhere Anteile von Softwareentwicklung gekennzeichnet. Neben der Anforderungsermittlung beim Kunden gehören die Modellierung, die Entwicklung von Lösungskonzepten und -architekturen, das Design, die „tatsächliche" Programmierung sowie Tests und Dokumentation zu den Kernaufgaben. Schulungen, Einführung und Roll-Out, Projektmanagement und Vertriebsunterstützung können als weitere Aufgaben hinzukommen.

Der **„IV-Management-Berater"** ist ein strategisch-konzeptioneller Berater in Fragen der IV und berät die Kunden an den Schnittstellen zwischen IV-Abteilung, Geschäftsführung und Fachabteilungen. Zu den Kernaufgaben gehören die Beratungsthemen IT-Strategie, Unternehmensarchitektur, Business-IT-Alignment, IT-Servicemanagement, IT-Bebauungsplanung, Projektportfoliomanagement und IT-Governance. Die Ausrichtung dieser Beratung umfasst nur am Rande die Einführung bzw. das Customizing ergänzender Softwaretools (z. B. für das Unternehmensarchitekturmanagement). Im Mittelpunkt steht die Optimierung der IT-Organisation im Kundenunternehmen.

Der **„Berater für IT-Infrastruktur"** hat den Fokus auf der Analyse und Optimierung der IT-Infrastruktur des Kunden. Thematisch gehören beispielsweise die Servervirtualisierung, das Desktopmanagement, das Storage-Management oder das Cloud-Computing in dieses Aufgabenprofil. Die Berater arbeiten insbesondere mit der IV-Abteilung des Kunden zusammen, um dessen IT-Infrastruktur zu optimieren. Dafür sind häufig tiefgehende Kenntnisse in den entsprechenden Technologien und Systemen erforderlich. Auch die Konzeption und Realisierung von Outsourcing-Lösungen gehört zu diesem Aufgabenprofil.

Bedingt durch die aktuelle Situation sind viele Unternehmen daran interessiert, die Sicherheit ihrer Systeme überprüfen und verbessern zu lassen. Gleichzeitig entstehen aus dem Bereich Governance, Risk und Compliance (GRC) neue Anforderungen an die IV-Beratung. Der **„Berater für IT-Sicherheit"** bedient diese Themen. Es gibt folglich zwei unterschiedliche Ausrichtungen innerhalb dieses Profils. Die eine ist eher technisch orientiert und umfasst technische Sicherheitsanalysen, Penetrationstests und die Härtung von Systemen (teilweise auch durch eigene Programmierung). Die andere ist eher prozessorientiert und überprüft im Rahmen von Risikoanalysen, Berechtigungsmanagement und IT-Audits die organisatorische Umsetzung von Sicherheitskonzepten oder entwickelt diese weiter.

Der **„fachprozessnahe IV-Berater"** ist an der Schnittstelle zwischen den Fachabteilungen eines Kundenunternehmens und deren IV-Abteilung bzw. externen Dienstleistern tätig. Berater in dieser Funktion sollten sehr gut mit den fachlichen Prozessen vertraut sein und auf deren Grundlage Anforderungen formulieren und Konzepte entwickeln können. Die Anforderungen an das IT-Wissen sind dagegen geringer als beim klassischen IV-Berater und beziehen sich z. B. auf bestimmte fachliche ERP-Module und deren Anpassung.

3.5 Vorgehensmodelle in der IV-Beratung

Da die Gewährleistung einer qualitativ hochwertigen Dienstleistung ein zentraler Wettbewerbsfaktor ist [Bruh08, 3], sollten, laut Mieschke, Beratungsunternehmen Vorgehensmodelle für einzelne Projekttypen bzw. Beratungsthemen mit dem Ziel der Qualitätssteigerung anwenden [Mies04, 105].

Unter einem Vorgehensmodell soll die Folge aller Aktivitäten verstanden werden, die zur Durchführung eines Projektes erforderlich sind [StHa05, 215]. Die Aktivitäten bzw. Aufgaben werden in gegeneinander abgegrenzten Phasen zusammengefasst. Diese enden jeweils mit definierten Meilensteinen, d. h. Entscheidungs- bzw. Genehmigungspunkten bezüglich der definierten Zwischenergebnisse [Seib97b, 431-432]. Vorgehensmodelle dienen einer besseren Prozesskontrolle, indem die Gesamtkomplexität des Projektes reduziert, die Transparenz des Prozesses verbessert und somit eine Überprüfung der Termin-, Kosten-, Qualitäts- und Leistungsziele ermöglicht wird. Außerdem werden die Koordination des Projektteams und die frühzeitige Fehlererkennung erleichtert.

Aufgabenstellungen aus der Kategorie „Procedure Projekt" in Tab. 3.2 erscheinen besonders geeignet, um durch weitgehend standardisierte Vorgehensmodelle die Projektarbeit effizienter zu gestalten. So ist es nicht verwunderlich, dass insbesondere für die Themen Software-Auswahl und -Einführung in der Beratungspraxis zahlreiche Vorgehensmodelle existieren, wie eine Untersuchung von Nissen und Simon [NiSi09] zeigt. Diese Modelle entstammen wesentlich eigenen Projekterfahrungen der jeweiligen Beratungshäuser, wobei oft Anregungen aus externen Quellen, wie beispielsweise Industriestandards und Literaturquellen einfließen. Qualitäts- und Effizienzziele sind die dominierenden Gründe für eine Modellentwicklung gewesen.

Hinsichtlich der Handhabung der Vorgehensmodelle ist festzuhalten, dass gerade größere Firmen stark auf die Anwendung der Modelle in Projekten drängen, diese vollständig intern, jedoch nicht nach außen explizieren und dann im Rahmen des Wissensmanagements breit nutzen. Die Modelle sind nur selten Teil einer formalen Zertifizierung gewesen, werden aber regelmäßig intern evaluiert und weiterentwickelt. Ihre Relevanz für die Projektakquisition wird überwiegend als mäßig eingeschätzt, denn sie erfüllen eher eine Erwartung der Klienten hinsichtlich professioneller Beratung als das sie ein wettbewerbsdifferenzierender Faktor wären [Niss10, 608].

3.6 Wissenschaftliche Forschung zur IV-Beratung

Der Großteil wissenschaftlicher Veröffentlichungen zur Unternehmensberatung, hier als Consulting Research bezeichnet – siehe auch [Niss07], thematisiert Aspekte der Strategie- oder Organisationsberatung. Besonders groß ist das Defizit an wissenschaftlicher Auseinandersetzung hingegen mit Themen der IV-Beratung sowie der Personalberatung i. w. S., obwohl gerade auf die IV-Beratung ein erheblicher Umsatzanteil, nicht nur in

Deutschland entfällt (siehe Abschn. 3.1). In analoger Weise konzentriert sich die Forschung auf große Beratungsfirmen, während die spezifischen Probleme kleiner und mittlerer Beratungsunternehmen vernachlässigt werden. Gleichzeitig entfällt aber etwa die Hälfte des Beratungsumsatzes in Deutschland auf kleine und mittelgroße Beratungsunternehmen [BDU12].

Während speziell für den Bereich der Managementberatung schon internationale Organisationen bestehen, deren deutsche Untergruppen als Interessenvertretung fungieren können, gilt dies gerade für die IV-Beratung nicht im gleichen Maße. Das Thema Consulting Research sollte jedoch nicht in mehrere Beratungsfelder und deren Institutionen zersplittert betrachtet werden. Notwendig ist vielmehr eine übergreifende Sichtweise, um Gemeinsamkeiten, aber auch Unterschiede zwischen den einzelnen Beratungsfeldern wissenschaftlich besser untersuchen und verstehen zu können. Institutionen wie die Gesellschaft für Consulting Research (GCR) e. V. und der Arbeitskreis IV-Beratung in der Gesellschaft für Informatik (GI) e. V. widmen sich in diesem Sinne der Forschung und dem Transfer zwischen Theorie und Praxis der Unternehmensberatung.

3.7 Literaturverzeichnis

[BeVW07] Becker J., Vering O., Winkelmann A.: Unternehmenssoftwareeinführung: eine strategische Entscheidung. In: Becker J., Vering O., Winkelmann A. (Hrsg.): Softwareauswahl und -einführung in Industrie und Handel, Springer, Berlin und Heidelberg, 2007, S. 1–30.

[BDU12] Bundesverband Deutscher Unternehmensberater (Hrsg.): Facts & Figures zum Beratermarkt 2011/12. Marktstudie, Bonn 2012.

[Bruh08] Bruhn M (2008) Qualitätsmanagement für Dienstleistungen – Grundlagen, Konzepte, Methoden. 7. Aufl. Springer, Berlin, 2008.

[CapG09] Capgemini (Hrsg.): Studie IT-Trends 2009, Abruf am 2012-03-20.

[Drew12] Drews, P.: Berufsprofile in der IT-Beratung. Ergebnisse einer Auswertung von Anforderungen und Tätigkeiten in Stellenanzeigen. In: Mattfeld, D.; Robra-Bissantz, S. (Hrsg.): Proceedings der MKWI 2012 (Braunschweig). Gito: Berlin, 2012, S. 357 – 367.

[GaLo01] Gabriel H., Lohnert S.: Implementierung von Standardsoftware-Lösungen. In: Scheer A.-W., Köppen A. (Hrsg): Consulting – Wissen für die Strategie-, Prozess- und IT-Beratung. 2. Aufl. Springer, Berlin, 2001, S. 181–210.

[HeHR04] Heinrich L, Heinzl A, Roithmayr F (2004) Wirtschaftsinformatik-Lexikon. 7. Aufl. Oldenbourg, München, 2004.

[Mais03] Maister, D. H.: Managing the Professional Service Firm. Schuster & Schuster, London, 2003.

[Maye06] Mayer H. O.: Interview und schriftliche Befragung – Entwicklung, Durchführung und Auswertung. 3. Aufl., Oldenbourg, München, 2006.

[Mert97] Mertens P.: Integrierte Informationsverarbeitung. In: Mertens P. (Haupthrsg): Lexikon der Wirtschaftsinformatik. 3. Aufl. Springer, Berlin, 1997, S. 208–209.

[Mies04] Mieschke L.: Strategisches Geschäftsmodell der Informationstechnologieberatung. DUV, Wiesbaden, 2004.

[MSDK1999] Müller-Stewens G., Drolshammer J., Kriegmeier J.: Professional Service Firms – Branchenmerkmale und Gestaltungsfelder des Managements. In: Müller-Stewens G., Drolshammer J., Kriegmeier J. (Hrsg.): Professional Service Firms: Wie sich multinationale Dienstleister positionieren. FAZ-Verlag: Frankfurt/M., 1999, S. 11–153.

[Niss07] Nissen, V.: Consulting Research – eine Einführung. In: Nissen, V. (Hrsg.): Consulting Research. Unternehmensberatung aus wissenschaftlicher Perspektive, Reihe Gabler Edition Wissenschaft, Wiesbaden: DUV, 2007, S. 3–38.

[NiKi08] Nissen V., Kinne S.: IV- und Strategieberatung – eine Gegenüberstellung. In: Loos P., Breitner, M., Deelmann, T. (Hrsg): Proceedings der Teilkonferenz „IT-Beratung" der MKWI 2008. Logos, Berlin, 2008, S. 89–106.

[NiSi09] Nissen V., Simon C.: Kernaufgaben und Vorgehensmodelle in der IV-Beratung. TU Ilmenau, FG Wirtschaftsinformatik für Dienstleistungen. Forschungsberichte zur Unternehmensberatung Nr. 2009-02.

[Niss10] Nissen, V.: Entstehung und Handhabung von Vorgehensmodellen zur Software-Auswahl und Software-Einführung in der IV-Beratung. In: Schumann, M.; Kolbe, L. M.; Breitner, M. H.; Frerichs, A. (Hrsg.): Proceedings MKWI 2010, Göttingen: Universitätsverlag, 2010, S. 595 – 610 (CD).

[Seib97a] Seibt D.: Aufbau- und Ablaufstrukturen der Informationsverarbeitung. In: Mertens P. (Haupthrsg): Lexikon der Wirtschaftsinformatik. 3. Aufl. Springer, Berlin, 1997, S. 42–43.

[Seib97b] Seibt D.: Vorgehensmodell. In: Mertens P. (Haupthrsg): Lexikon der Wirtschaftsinformatik. 3. Aufl. Springer, Berlin, 1997, S. 431–434.

[StHa05] Stahlknecht P., Hasenkamp U.: Einführung in die Wirtschaftsinformatik. 11. Aufl. Springer, Berlin, 2005.

HR-Consulting

Bruno Klauk

> **Zusammenfassung**
>
> Dieser Artikel gibt einen Überblick über die HR-Beratung i. w. S. sowie über die Personalberatung i. e. S. („Personalbeschaffung"). Anhand des „Lebenszyklus" eines Mitarbeiters werden zunächst ausgewählte Standardthemen der HR-Beratung vorgestellt. Am Ende des Beitrags steht die Schilderung exemplarischer übergreifender Schlüsselthemen. Hinweise auf die Websites von größeren Consulting-Unternehmen runden den Artikel ab.

4.1 HR-Beratung

Die Human Resources-Beratung (HR-Beratung) ist das kleinste Beratungsfeld gemäß BDU-Klassifikation. „Nur" rund 10 % des Umsatzes werden in diesem Bereich gemacht, ein Wert, der sich seit Jahren in dieser Größenordnung eingespielt hat. Bei einem Gesamt-Branchenjahresumsatz von ca. 19 Mrd. € (Wert 2010) und ca. 87.000 Beratern bedeutet dies aber immerhin, dass mehrere Tausend Berater knapp 2 Mrd. € Umsatz pro Jahr erwirtschaften [BDU10].

Der Begriff HR-Beratung scheint umfassender zu sein als die Bezeichnung „Personalberatung,". Unter „Personalberatung" werden häufig Consultants verstanden, die sich vor allem dem Thema „Personalbeschaffung" (Executive Search) widmen, also sogenannte Head Hunter. Diese Berater machen einen Großteil der HR-Beratung aus, sind

---

Bruno Klauk (✉)
Hochschule Harz (FH)
Friedrichstraße 57–59, 38855 Wernigerode, Deutschland
E-Mail: bklauk@hs-harz.de

aber nur ein Teil des Human Resource Consultings: Laut Staufenbiel bewegte sich der Umsatz bei ca. 700 Mio. € im Jahr 2003 [ST09], konnte aber in den Folgejahren auf rund 1 Mrd. € zulegen. Knapp 2000 Personalberatungsfirmen bieten derzeit ihre Dienstleistungen an und beschäftigen dabei ca. 4700 Personalberater im engeren Sinne.

Wir verstehen die HR-Beratung in ihrer großen Bedeutung und widmen der Personalbeschaffung ein Unterkapitel (siehe Abschn. 4.2.2). Wir gehen nicht davon aus, alle Themen der HR-Beratung erschöpfend zu behandeln.

4.2 Standardthemen der HR-Beratung

Was macht denn nun ein HR-Berater? Vor allen Dingen beschäftigt er sich mit Themen, die (vermeintlich) gut klingen. Auch und gerade im HR-Bereich wimmelt es von englischsprachigen Begriffen. Diese Begriffe erzeugen eine (im Beraterbereich oft gewollte) semantische Unschärfe: jeder stellt sich irgendetwas, aber nicht unbedingt das Richtige vor. Aus diesem Grund orientieren wir uns in der Gliederung an deutschen Bezeichnungen und folgen dem „Lebenszyklus" („Talent Lifecycle") eines Mitarbeiters von der Personalplanung bis zur Personalfreisetzung. Dabei werden die – englischsprachigen – Trendthemen aber erläutert oder zumindest erwähnt.

4.2.1 Personalplanung

„Planung ist der Versuch, den Zufall durch Irrtum zu ersetzen". Dieses wundervolle Zitat, das Winston Churchill nachgesagt wird, macht das Wesen der Planung sehr deutlich. Und es ist vielleicht ernster zu nehmen, als es auf den ersten Blick klingt. Ein Unternehmen ohne Planung ähnelt einem Schiff, das sich von (zufälligen) Winden auf dem ungestümen Meer der Wirtschaft treiben lässt. Dabei darf man sich nicht wundern, wenn man nicht in die gewünschte Richtung fährt oder gar Schiffbruch erleidet. Wie sagte doch der römische Philosoph Seneca: „Für ein Schiff, das seinen Hafen nicht kennt, gibt es keinen günstigen Wind".

Das Institut der Unternehmensberater (IdU) im BDU hat im Jahr 2007 erstmals „Grundsätze ordnungsgemäßer Planung" aufgestellt:

„Eine plausible, nachvollziehbare und transparente Unternehmensplanung ist für den Erfolg eines Unternehmens elementar wichtig und stellt die Weichen für die weitere wirtschaftliche Entwicklung. Mit der Erarbeitung der Unternehmensplanung werden gesetzliche Erfordernisse erfüllt, die sich unter anderem aus dem AktG, GmbHG, HGB und der InsO ableiten lassen."[1]

---

[1] Aktiengesetz, Gesetz betreffend die Gesellschaften mit beschränkter Haftung, Handelsgesetzbuch, Insolvenzordnung.

Gemäß § 92 des AktG werden Unternehmen dazu verpflichtet, ein Risikofrüherkennungssystem einzurichten. Dies setzt eine Planung zwingend voraus. Nehmen wir als weiteres Beispiel den § 90 Abs. 1 Nr. 1 des AktG: Dieser Paragraph bringt ausdrücklich die Notwendigkeit der Planung auch im HR-Bereich zum Ausdruck. Danach hat der Vorstand dem Aufsichtsrat zu berichten „über die beabsichtigte Geschäftspolitik und andere grundsätzliche Fragen der Unternehmensplanung (insbesondere die Finanz-, Investitions- und Personalplanung)".

Im Personalbereich sind auch und gerade wegen der immer unsichereren Zukunft die Aufwendungen für die Personalplanung gestiegen – Schätzungen zufolge beträgt in Großunternehmen der Planungsaufwand rund um den Faktor Personal inzwischen fast 20 % der Gesamtaufgaben im Personal [KL11]. Kernbereich der Personalplanung ist die sogenannte Bedarfsplanung, also die Beantwortung der Frage, ob in der nächsten Planungsperiode zu wenige oder zu viele Mitarbeiter „an Bord" sind – oder ob das Soll dem Ist entspricht. Eine gültige Abschätzung der einzustellenden bzw. freizusetzenden Mitarbeiter setzt eine Unternehmensstrategie voraus – nicht selten ist eine solche Strategie nicht vorhanden. Hier kann die Strategische Unternehmensberatung unterstützend wirken (siehe Abschn. 1). Bei der Festlegung des Personalanpassungsbedarfes können spezielle Prognosetechniken (z. B. Trendextrapolation, Szenario-Technik, Delphi-Verfahren) bzw. Rechen- und Schätzverfahren (z. B. Rosenkranz-Formel, Abgangs-/Zugangstabellen, umsatzorientierte Verfahren) zum Einsatz kommen. Gerade bei kleinen und mittelständischen Unternehmen sind diese Möglichkeiten oft nicht bekannt, hier wird Personalplanung häufig „aus der Lameng" nur unter Fortschreibung des Ist-Zustands betrieben. Unternehmensberater können hier hilfreiche Impulse geben und die Personalplanung auf eine rationale Grundlage stellen.

▶ **Typische „(D)englischbegriffe" in diesem Zusammenhang:** Personnel Planning, Headcount, Strategic Workforce Planning

4.2.2 Personalbeschaffung

Die Personalbeschaffung ist ein sehr breites Tätigkeitsfeld für HR-Berater, viele Unternehmen haben sich allein darauf spezialisiert. Wie bereits erwähnt, werden diese HR-Berater häufig mit dem Begriff „Personalberater„ gleichgesetzt.

Personalberater sind keine privaten Arbeitsvermittler, sondern handeln im Beratungsauftrag „als verlängerter Arm des Unternehmens". In der Regel werden nur Alleinaufträge angenommen, um „Wettrennen" hinsichtlich der Stellenbesetzung mit anderen Personalberatern zu vermeiden. Warum engagieren Unternehmen (teure) Personalberater, die häufig ein Viertel bis ein Drittel des Jahreseinkommens der zu besetzenden Stelle als Honorar erhalten?

Zum einen kann es sein, dass das Unternehmen einfach nicht über die erforderlichen Kapazitäten verfügt und diese Dienstleistung durch Externe erledigen lässt. Zum anderen kann es sein, dass das suchende Unternehmen nach außen nicht in Erscheinung treten will: Wer schon einmal eine Immobilie verkauft hat, weiß, dass es klug ist, diese

Immobilie nicht zu oft zu inserieren, weil so potenzielle Käufer Hinweise über die Schwierigkeiten beim Verkauf erhalten (und damit den Kaufpreis nach unten „drücken"). Analog dazu ist es klug, ein und dieselbe freie Stelle (Vakanz) nicht zu häufig im Internet bzw. in der Zeitung zu inserieren, weil so Informationen über die Nicht-Besetzbarkeit nach außen dringen und potenzielle Bewerber Hinweise über die Schwierigkeiten bei der Besetzung erhalten (und damit evtl. das Gehalt nach oben „drücken"). Ein weiterer Grund für das Engagement von Personalberatern liegt dann vor, wenn für eine bestimmte Stelle Ersatz gesucht wird – und der Stelleninhaber noch nicht erfahren soll, dass er ausgetauscht werden soll.

Personalberater arbeiten sowohl mit klassischen Suchanzeigen in Print- und Online-Medien, als auch mit der Direktansprache von Kandidaten (in der Regel über das Telefon), dem sogenannten Head Hunting. Rund 40.000 Stellen werden jährlich durch Personalberater besetzt. Zunehmend gewinnen auch elektronische Jobbörsen bzw. die Auswertung von persönlichen Daten in sozialen Netzwerken (Xing, Facebook, GooglePlus) an Bedeutung.

Leider ist der Begriff „Personalberater" nicht geschützt; in der Personalberatungs-Branche gibt es daher durchaus schwarze oder graue Schafe, die etwa mit schützenswerten personenbezogenen Daten nicht sorgsam umgehen oder sich allein vom vermeintlich schnell verdienbaren Geld anziehen lassen. Bei der Auswahl von Personalberatern ist man also gut beraten (sic!), sich Referenzen zeigen zu lassen. Eine Selbstverpflichtung auf die „Grundsätze ordnungsgemäßer Personalberatung" gemäß dem Bundesverband Deutscher Unternehmensberater [BDU 11] sollte genauso selbstverständlich sein wie die Vereinbarung einer kostenlosen Ersatzbeschaffung für den Fall, dass der Kandidat während der Probezeit kündigt bzw. ihm gekündigt werden muss.

HR-Prozesse in einem internationalen Umfeld gestalten
Personalleiter (w/m)
Kennziffer 4711
Unser Mandant zählt weltweit zu den TOP3 Anbietern von hochwertigen Grundmaterialien der Textilindustrie. Im Industriebereich unangefochtener Marktführer hat das Unternehmen eine starke Marktposition in Europa entwickelt und sich strategisch auf die asiatischen Märkte ausgerichtet. Durch eine starke Markenstrategie und die Konzentration aller Kräfte auf anspruchsvolle Industrien und Applikationen konnte das Unternehmen sich als Top-Zulieferer bei weltbekannten Unternehmen in den unterschiedlichsten Branchen positionieren. Man versteht sich als Technologie- und Qualitätsführer, der dem Wettbewerb immer einen Schritt voraus ist. Neben hochmotivierten Mitarbeitern, die immer wieder mit Innovationen Kunden begeistern, ist die weltweite Logistik ein zentraler Erfolgsfaktor.
(…)
Haben wir in Ihnen die richtige Persönlichkeit gefunden, um diese Herausforderung motiviert zu meistern? Bitte senden Sie Ihre aussagekräftigen Bewerbungsunterlagen unter Angabe der Kennziffer 4711 an Müller & Partner Executive Consultants, Fiktivstr. 9, Hamburg, Telefon 9999 - 9999999 oder per E-Mail an …

▶ **Typische „(D)englischbegriffe" in diesem Zusammenhang:** Executive Search, Head Hunting, New Placement, Recruiting

4.2.3 Personalauswahl

Auch an der Personalauswahl sind Personalberater häufig beteiligt. Bei der Personalauswahl gilt es, den bzw. die geeigneten Personen aus dem Kreis der Bewerber herauszufiltern. Dabei kommen neben den klassischen Interviews auch psychologische Testverfahren zum Einsatz. Insofern verwundert es nicht, dass in diesem Tätigkeitsfeld überwiegend Psychologen beschäftigt sind.

Psychologische Testverfahren können grob in Leistungstests und Persönlichkeitstests unterteilt werden. Bei den Leistungstests gibt es eindeutig richtige Lösungen bzw. eine Bestmarke, bei den Persönlichkeitstests nicht: Ein „Mehr" an der Persönlichkeitsvariable „Leistungsorientierung" kann z. B. für eine bestimmte Position besser sein, „richtig/korrekt" ist sie deswegen nicht. Die bekanntesten Leistungstests sind Intelligenztests, bei denen „klassischerweise" die verbale, nummerische, räumliche und gedächtnisbezogene Intelligenz geprüft wird (bei neueren Verfahren kommt z. B. die emotionale oder soziale Intelligenz hinzu). Weitere Leistungstests sind z. B. sogenannte Vigilanztests (Wachsamkeitstests, mit denen etwa die Konzentrationsfähigkeit geprüft wird) oder Wissenstests zu einem Fachgebiet. Werden Leistungs- und Persönlichkeitstest kombiniert und mit weiteren verhaltensorientierten Übungen versehen (z. B. Präsentationen, Gruppendiskussionen etc.), haben wir es mit einem Assessment Center zu tun.

Diese und andere Verfahren verlangen bei der Anwendung und Auswertung ein fundiertes theoretisches Wissen, etwa hinsichtlich wissenschaftlicher Gütekriterien oder bei der Interpretation von Ergebnissen (z. B.: „Was sagt ein IQ-Wert von 110 hinsichtlich der Prognose der Tauglichkeit im Beruf?"). Da dieses Wissen nicht immer im Betrieb vorhanden ist bzw. nur zu bestimmten Zeiten gebraucht wird (etwa bei umfangreichen Einstellungen zu einem bestimmten Zeitpunkt), werden für diese diagnostischen Fragestellungen nicht selten Berater engagiert.

Eine besondere und umfangreiche Form der psychologischen Diagnostik stellt das sogenannte Management Audit (Business Audit) dar: Ausgehend von einem Kompetenzmodell („Welche Kompetenzen brauchen wir für den Markterfolg?") werden vorhandene Fähigkeiten und Leistungspotenziale von Führungskräften im Hinblick auf den (möglichen) Markterfolg eingeschätzt.

▶ **Typische „(D)englischbegriffe" in diesem Zusammenhang:** Business Audit, Personnel Selection, Personality, Management Audit

4.2.4 Personalerhaltung

Wenn etwas knapp ist oder wird, wird es besonders gepflegt und der Wert des Gutes steigt. Eine solche Entwicklung ist seit ein paar Jahren beim Thema „Personal" zu beobachten, was vor allem durch den demografischen Wandel in Deutschland bedingt ist. Der demografische Wandel bedeutet in seinen beiden Hauptdimensionen kurz ausgedrückt: Die Bevölkerungszahl sinkt (Prognosen gehen von einem Rückgang von über 80 Mio. Einwohner auf weniger als 70 Mio. im Jahr 2050 aus)[2] und wir werden älter. Der Renteneintritt hat sich in der Konsequenz schon auf 67 Jahre verschoben und dies wird sicherlich noch nicht das Ende sein (Schätzungen zufolge wird es bei 70 Jahren im Jahr 2050 liegen). Eine Folge sind alternde Belegschaften; die Herausforderungen für das Personalmanagement bestehen darin, Arbeitsbedingungen zu schaffen, die ein Arbeiten jenseits des 60. Lebensjahres zulassen. DER Wachstumsmarkt für die Zukunft ist der „Gesundheitsmarkt", was sich für die Unternehmen etwa im verstärkten Angebot von Vorsorgeuntersuchungen, Gesundheitszirkeln, betrieblichen Sporteinrichtungen, Gesundheitszentren oder Gesundheitsberichten niederschlägt.

Einige HR-Beratungen haben sich auf das Thema „Demografie" spezialisiert. Hier werden durch z. B. Altersstrukturanalysen Ist-Zustände analysiert, Prognosen erstellt und mit der Unternehmensstrategie abgeglichen (eine gewisse Überschneidung mit den Arbeitspaketen unter „Personalplanung" ist offensichtlich). Darüber hinaus werden Arbeitsplätze hinsichtlich ihrer Belastungen und Beanspruchungen analysiert und Vorschläge hinsichtlich ihrer alterns- und altengerechten Gestaltung erarbeitet, etwa unter Nutzung der Erkenntnisse zum Intelligenzverlauf im Alter.[3]

Die sogenannte Urbanisierungstendenz (Wanderungsbewegungen in die Ballungszentren Deutschlands) stellt die dritte Dimension des demografischen Wandels dar, auch hier existieren regionale Unterschiede (z. B. wächst der „Speckgürtel" um Berlin, während das Ruhrgebiet unter einem Rückgang der Population leidet). Diese Bewegungen bleiben auch für Unternehmen nicht folgenlos, etwa bei der Gewinnung von Personal bzw. dem Absatz von Produkten und Dienstleistungen. Diese dritte Dimension wird von den Demografieberatern ebenso beleuchtet. Bei international tätigen Unternehmen kommt noch die vierte Dimension hinzu, nämlich Wanderungen aus dem bzw. ins Ausland (Migration) sowie Bevölkerungsveränderungen in wichtigen internationalen Absatzmärkten oder bei ausländischen Tochtergesellschaften. Ende Oktober 2011 wurde übrigens die Zahl von 7 Mrd. Menschen weltweit erreicht.

Die zunehmende Knappheit des Faktors Arbeit – insbesondere im Fach- und Führungskräftebereich – hat ein weiteres, relativ neues Aufgabenfeld für Berater erschlossen, nämlich das sogenannte Retention Management. Hier geht es darum, Mitarbeiter (Humankapital) dauerhaft an das Unternehmen zu binden und so in der Konsequenz mitar-

---

[2] Übrigens sind nicht alle europäischen Länder von einem Rückgang betroffen, dieser wirkt sich insbesondere in Ost- und Südosteuropa aus; in Frankreich und Großbritannien sagen die Demografieforscher einen Anstieg der Population voraus: voraussichtlich werden dort im Jahr 2050 genauso viele Menschen leben wie im derzeit noch bevölkerungsstärksten Deutschland, nämlich um die 70 Mio.

[3] So geht man davon aus, dass lediglich die sogenannte fluide Intelligenz mit dem Alter sinkt, also die Fähigkeit zum Neulernen von Sachverhalten. Die sogenannte kristalline Intelligenz (Erfahrungswissen) ist so gut wie gar nicht von einem Abbau betroffen, sie kann im Alter sogar noch ansteigen.

beiterseitige Kündigungen und Fluktuation zu minimieren. In der Tat stellen ausscheidende Mitarbeiter oft einen erheblichen Verlust an Know-How dar. Bei mitarbeiterseitigen Kündigungen ist die sogenannte Frühfluktuation besonders ärgerlich, also Kündigungen während der ersten 12 Monate nach der Einstellung. Diese Mitarbeiter haben in der Regel für das Unternehmen mangels betriebsspezifischer Erfahrung noch keinen Nutzen erzielt und nur Geld gekostet (etwa durch Trainings oder durch Personen, die die Neuen eingearbeitet haben und so ihrer eigentlichen Arbeit nicht nachgehen konnten).

Zur Personalerhaltung gehört des Weiteren alles, was die Arbeitsleistung und -motivation der Mitarbeiter erhält und im Idealfall erhöht, also auch z. B. die Beteiligung von Mitarbeitern durch Zirkelarbeit (z. B. Gesundheitszirkel) oder das Betriebliche Vorschlagswesen. Auch regelmäßige Mitarbeiterbefragungen (Surveys) gehören zu diesem Themenkreis.

▶ **Typische „(D)englischbegriffe" in diesem Zusammenhang:** Commitment, Diversity Management, Health Management, Personnel Retention, War for Talents, Work Life Balance, Survey

4.2.5 Personalentwicklung (PE)

Unter „Personalentwicklung" wird die systematische Begleitung zu höherwertigen Tätigkeiten verstanden. Dies bedeutet nicht nur eine Begleitung der Mitarbeiter bei klassischen Aufstiegskarrieren, also dem „Erklimmen" der Hierarchie, sondern zunehmen auch bei sogenannten Spezialisten- oder Projektkarrieren. Bei einer Spezialistenkarriere werden Fertigkeiten („Skills") vertieft; eine Projektkarriere zeichnet sich dadurch aus, dass Projektumfänge und Verantwortlichkeiten im Laufe der Zeit immer größer werden.

HR-Berater können dabei behilflich sein, im Zuge des sogenannten Talent Managements die besonders wichtigen („kritischen") Positionen im Unternehmen zu erkennen und langfristig zu sichern. Oft bedienen Sie sich dabei sogenannte Portfolios (siehe Abb. 4.1). Den Verantwortlichen im Unternehmen kann so verdeutlicht werden, auf welche Stellen sie besonders achten müssen: So stellt der Bereich A in Abb. 4.1 den besonders kritischen Bereich dar; es empfiehlt sich z. B. dafür zu sorgen, dass für alle Stelleninhaber dieses Bereiches Nachfolgeplanungen bestehen (sogenanntes succession management), und zwar sowohl für den Fall des ordentlichen Ausscheidens (Erreichen der Altersgrenze oder ordentliche Kündigung mit Einhalten der Kündigungsfristen) als auch für den Fall des plötzlichen Ausscheidens (etwa durch Unfalltod).

Doch wer ist der geeignete Nachfolgekandidat für welche Position? Welche PE-Maßnahmen (fachliche Schulungen, Seminare zu Arbeitstechniken, Auslandsaufenthalte, Führungsschulungen etc.) sollte wer wann erhalten? Wie kann sichergestellt werden, dass die (teuren) Qualifizierungsmaßnahmen auch dem Unternehmen zugutekommen und nicht der Konkurrenz?

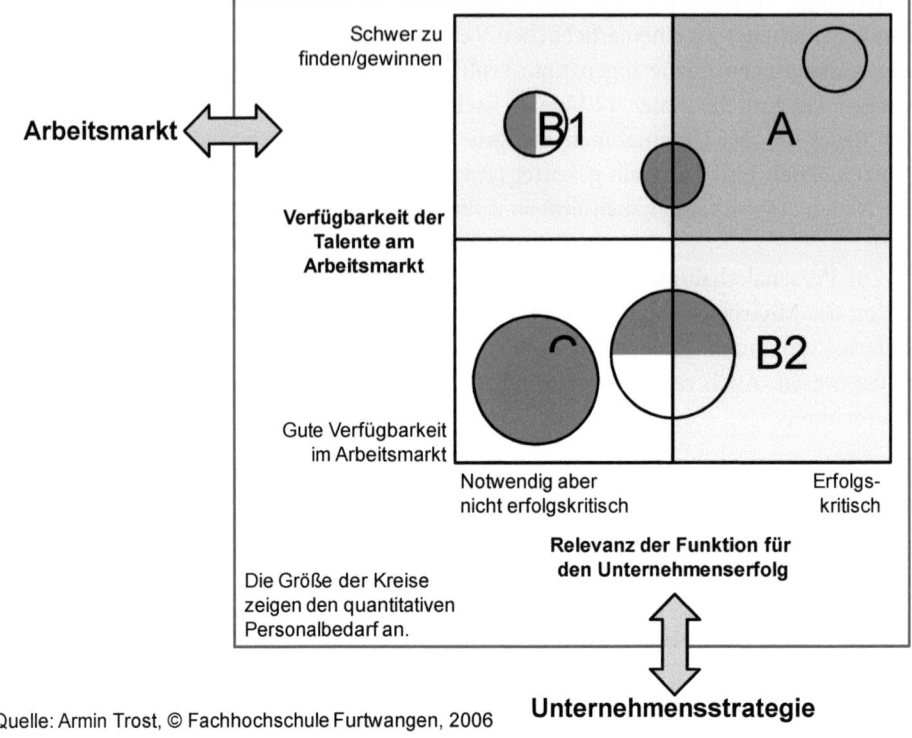

Quelle: Armin Trost, © Fachhochschule Furtwangen, 2006

Bildrechte: [TR06]

Abb. 4.1 Einfaches Portfolio im Bereich „Talent Management" zur Priorisierung von Zielgruppen (die Kreisgröße steht für die Anzahl der jeweiligen Gruppe)

Für diese und andere Fragen setzen HR-Berater z. B. folgende Instrumente ein: Ein sogenanntes Development Center testet das Entwicklungspotenzial eines Kandidaten im Hinblick auf weiterführende Aufgaben. Dabei handelt es sich um eine besondere Form des Assessment Centers (Abschn. 4.2.3), bei denen die Kandidaten mit Übungen betraut werden, wie sie später auch im Führungsalltag vorkommen (z. B. Rollenspiele, die den Umgang mit schwierigen Mitarbeitern simulieren). Development Center werden manchmal auch Lernpotenzial-ACs oder Entwicklungs-ACs genannt. Zuweilen werden Berater auch für die Implementierung des sogenannten Skill-Managements eingesetzt. Hierbei geht es im Wesentlichen um die Abbildung der vorhandenen und potenziellen Fertigkeiten der Mitarbeiter in Datenbanken. Vergleiche zwischen Mitarbeitern bzw. zwischen einzelnen Mitarbeitern und Anforderungen der Stelle werden so deutlich erleichtert; der Personalentwicklungsbedarf wird unmittelbar evident. Bei solchen Fragestellungen, die grundsätzlich die „Gefahr des gläsernen Mitarbeiters" in sich bergen, sind fundierte Rechtskenntnisse des Beraters und eine realistische Einschätzung des praktisch Umsetzbaren unverzichtbar (vor allem mit Blick auf das Betriebsverfassungsgesetz – BetrVG).[4] Dies gilt auch für vertragliche Vereinbarungen, die den Mitarbeiter nach dem Erhalt von Schulungsmaßnahmen einige Zeit an das Unternehmen binden.

▶ **Typische (D)englischbegriffe in diesem Zusammenhang:** Coaching, Development Center, Grading Systems, HR Intelligence, Knowledge Management, Leadership, Performance Management, Talent Management, Team Development, Training, True Performer

4.2.6 Personalverwaltung (einschließlich Entgelte)

Die Personalverwaltung umfasst das Abwickeln administrativer Aufgaben des Personalwesens, z. B. das Einrichten und Unterhalten von Personalinformationssystemen, von Personalakten, von Systemen zur Personalabrechnung etc.

Eine gewisse Schnittstelle besteht hier zur IT-Beratung. Von der unternehmensweiten Einführung einer Software wie z. B. SAP[5] ist auch der Personalbereich betroffen, dessen Daten vor einem unerlaubten Zugriff besonders geschützt werden müssen. In diesem Zusammenhang stellen auch viele Unternehmen von einer klassischen Personalakte in Papierform auf eine elektronische Personalakte um, die z. B. den simultanen Zugriff von mehreren Orten aus erlaubt, gleichzeitig aber andere – beratungsintensive – Arbeitsabläufe notwendig macht (z. B. Scannen statt Abheften von Unterlagen).

Eine nicht zu unterschätzende, aber für die dortigen Beschäftigten eher undankbare Aufgabe ist in diesem Zusammenhang das Entgeltmanagement: Jeder erwartet „selbstverständlich" eine korrekte Abrechnung, aber kein Mitarbeiter der Personalabteilung erhält dafür besonderes Lob. Berater können bei der Einrichtung von fehlertoleranten Abrechnungssystem helfen (z. B. Durchführen von automatischen Plausibilitätsprüfungen). Standard-Abrechnungsarbeiten für „normale" tarifgebundene Arbeitnehmer werden heutzutage auch häufig nach außen verlagert („outgesourct") und in großen – manchmal auch betriebs- bzw. länderübergreifenden – Abrechnungszentren gebündelt (sogenannte „shared services"). Auch hierfür setzt man Berater ein.

---

[4] In der Tat scheint die „realistische Abschätzung des praktisch Machbaren" noch immer eine Schwachstelle von Beratern zu sein. Die hoch motivierten oft jungen Berater kommen in der Regel aus Unternehmensberatungen mit einer hohen Technikaffinität (z. B. länderübergreifende Videokonferenzen, Wissens-Datenbanken, Skype etc.) und ohne Arbeitnehmerinteressenvertretung (Betriebsrat, Personalrat). Einige Dinge, die dort völlig „in Ordnung" sind (z. B. die Speicherung der Fertigkeiten der Mitarbeiter in Datenbanken) sind in vielen „normalen" Unternehmen praktisch nicht machbar. Bei einer Befragung des Instituts für Management Innovation aus dem Jahre 2007 zur Zufriedenheit mit HR-Beratern wünschten sich fast 50 % der Befragten „mehr operative und nicht nur Beratungserfahrung".

[5] Systems, Applications and Products (in Data Processing): Die Abkürzung SAP beschreibt eine sehr erfolgreiche deutsche Unternehmung mit Sitz in Walldorf als auch dessen Produkt. Mit der Software SAP lassen sich fast alle Unternehmensabläufe mit EINER Software abbilden.

Für die meisten Berater spannender sind Projekte zur Einrichtung von Vergütungssystemen im Bereich der Leitenden Angestellten, da hier mehr Freiheitsgrade bestehen (keine tariflichen Vorgaben etc.). Was ist eine gerechte Vergütung für welchen Job? Wie kann man Einkommensunterschiede zwischen einzelnen Führungspositionen rational begründen? Und welche Entgeltkomponenten führen bei den Führungskräften zu einer hohen Leistungsmotivation? Die Leistung der Berater besteht hier zunächst in der unternehmensinternen Bewertung der Arbeitsplätze anhand vorgegebener Standards (z. B. Denkleistung, Wissen, Verantwortung). Darüber hinaus verfügen sie häufig über branchen- und länderspezifische Datenbanken, die externe Vergütungsvergleiche ermöglichen (sogenannte Benchmarks). Besondere Zielvereinbarungs- und Bonussysteme zielen ab auf die Förderung der individuellen Leistungsmotivation, das können z. B. Systeme und Incentives sein, die die Höhe des Zusatzeinkommens am Grad der Zielerreichung messen. „Incentives" sind Anreize materieller oder immaterieller Art, z. B. Geld- und Sachprämien einschließlich Unternehmensbeteiligungen/Aktienoptionen, Dienstwagen oder besondere Reisen bzw. Veranstaltungen.

▶ **Typische (D)englischbegriffe in diesem Zusammenhang:** Benchmarks, Compensation and Benefits, Compensation Management, Employee Self Service, Incentives, Outsourcing, Shared Services, Stock Options

4.2.7 Personalfreisetzung

Wird ein Arbeitsverhältnis außerhalb eines Abgangs in den Ruhestand durch das Unternehmen beendet, liegt potenziell ein Konflikt- bzw. Beratungsfall vor: Wurden die rechtlichen Vorgaben beachtet, z. B. hinsichtlich sogenannter Massenentlassungen gemäß Kündigungsschutzgesetz oder mit Blick auf erforderliche Abmahnungen bei verhaltensbedingten Kündigungen? Wie hoch sollte – auch unter Würdigung des in der Branche Üblichen – eine etwaige Abfindungszahlung sein? Und wie kann ich Mitarbeiter „loswerden", ohne dass sie in der verbleibenden Beschäftigungszeit unmotiviert sind oder gar dem Unternehmen schaden (etwa durch das „frustrationsbedingte" Stehlen von Daten für die Konkurrenz)? Wie können lang gediente Mitarbeiter auch nach dem Ausscheiden dem Unternehmen noch wohlgesinnt bleiben?

Mit diesen und anderen Fragen stehen Berater ratsuchenden Führungskräften zur Seite. Hier setzt manchmal die Dienstleistung „Outplacementberatung" ein. Das Unternehmen macht damit nach innen und nach außen deutlich, dass es an fairen Trennungsprozessen interessiert ist. Gelingt dies, so wirkt es sich positiv auf die Motivation verbleibender Mitarbeiter und auf das Erscheinungsbild des Unternehmens in der Öffentlichkeit aus. Das erhöht nicht nur die Attraktivität im Wettbewerb um Arbeitskräfte, gleichzeitig vermeidet der Einsatz des Beraters langfristige und teure Rechtsstreitigkeiten. Wenn der entlassene Arbeitnehmer mit Hilfe des Beraters schneller eine neue Anstellung findet, verringert sich außerdem die Restlaufzeit von Verträgen (wirkt kostensenkend).

Ein Outplacement kann in Form eines Gruppen-Outplacements (z. B. für alle Mitarbeiter der Personalabrechnung) oder in individueller Form geschehen.

▶ **Typische (D)englischbegriffe in diesem Zusammenhang:** Downsizing, Rightsizing, Outplacement, Smartsourcing

4.3 Übergreifende Schlüsselthemen der HR-Beratung

Eine Reihe von Themen überschreitet den Horizont der Personalarbeit im engeren Sinne und bezieht Grundsatzfragen bzw. strategische Fragen mit ein. Fangen wir mit den zuletzt genannten Personalfreisetzungen an; sie sind häufig eine Folge von Reorganisationen in aufbau- oder ablauftechnischer Hinsicht. Oft ist der Berater nicht nur Ratgeber in operativen Fragen (hier: „Wie setze ich richtig Personal frei?"), sondern auch schon bei strategischen Fragen (hier: „Mache ist das Richtige mit der Personalfreisetzung?").

Das Spannungsfeld „operativ vs. strategisch" berührt das Thema „Wertigkeit des Personalwesens im Vergleich mit anderen strategischen Funktionen". Es ist (leider) noch nicht überall selbstverständlich geworden, dass „HR Management" mehr bedeutet als das Verwalten von Zeit- und Gehaltskonten. Beratung bei der Entwicklung des Personalwesens zum ebenbürtigen Geschäftspartner (Business Partner) ist daher ein noch immer beliebtes Thema.

Unternehmensver- und zukäufe gehören heute zum Geschäftsalltag. Mit diesen Ereignissen ist in aller Regel viel Unsicherheit bei den Mitarbeitern verbunden, vor allem unmittelbar nach einem Zusammenschluss. Im Rahmen einer sogenannten „post merger integration" versuchen Berater nicht nur Betriebsvereinbarungen oder Richtlinien zu harmonisieren, sondern auch Maßnahmen zu entwickeln, die die Motivation der Beschäftigten nachhaltig sicherstellt. Unternehmensberater beteiligen Mitarbeiter an der Ausgestaltung des neuen Unternehmens, etwa durch Open Space-Veranstaltungen, RTSC-Konferenzen[6], Mitarbeiterzirkel oder durch eigens konstruierte Fragenbogen. Im Zuge eines systematischen Veränderungsmanagements (change management) leisten Berater so einen wertvollen Beitrag, die Mitarbeiter bei der Veränderung „mitzunehmen". Ein weiteres Beispiel in diesem Zusammenhang ist die kooperative Entwicklung von Leitlinien (code of conduct) für das neue – fusionierte – Unternehmen.

▶ **Typische (D)englischbegriffe in diesem Zusammenhang:** Change Management, Code of conduct, Human Capital Management, HR Business Partner, HR Business Transformation, HR Business Strategy, Open Space, Post Merger Integration, Real Time Strategic Change

---

[6] Dies sind spezielle Verfahren der Großgruppenmoderation mit mehreren Hundert Teilnehmern.

4.4 Websites ausgewählter HR-Beratungen

Der Interessent für das spannende Feld „HR-Beratung" möge im Studium der folgenden Websites weitere Anregungen finden. Es handelt sich dabei um größere Beratungen, allerdings erhebt der Autor keinen Anspruch auf Vollständigkeit.

a) HR-Beratungen im weiteren Sinne

- Hay Group   www.haygroup.com
- Personnel Decisions International: www.pdinh.com
- Development Dimensions International   www.ddiworld.de
- Egon Zehnder   www.egonzehnder.com

b) HR-Beratungen im engeren Sinne
(Personalberatungen mit Schwerpunkt „Personalbeschaffung")

- Kienbaum Executive Consultants   www.kienbaum.de
- Heads!   www.heads.eu
- Baumann Unternehmensberatung   www.baumann-ag.com
- Deininger Unternehmensberatung   www.deininger.de
- Heidrick & Struggles   www.heidrick.com

4.5 Literaturverzeichnis

[BDU10] Bundesverband Deutscher Unternehmensberater: Facts und Figures zum Beratermarkt, 2010.

[BDU10] Bundesverband Deutscher Unternehmensberater: Grundsätze ordnungsgemäßer Personalberatung, 2011.

[KL11]   Klauk, Bruno: Lehrbrief Personalplanung. Internes Manuskript. Quadriga Akademie, Berlin, 2011.

[ST09]   Staufenbiel, J., Heidelberger, M., Kornherr, L. (Hrsg.): Handbuch der Personalberatung – Konzepte, Prozesse und Visionen. Verlag Franz Vahlen, 2009.

[TR06]   Trost, A.: Vorlesungsunterlagen Personal. Entnommen aus Wikipedia, Stichwort „Talent Management" (Abbildung gemeinfrei).

Teil II

Übersicht der Studienmöglichkeiten

Die Hochschulstandorte im Überblick 5

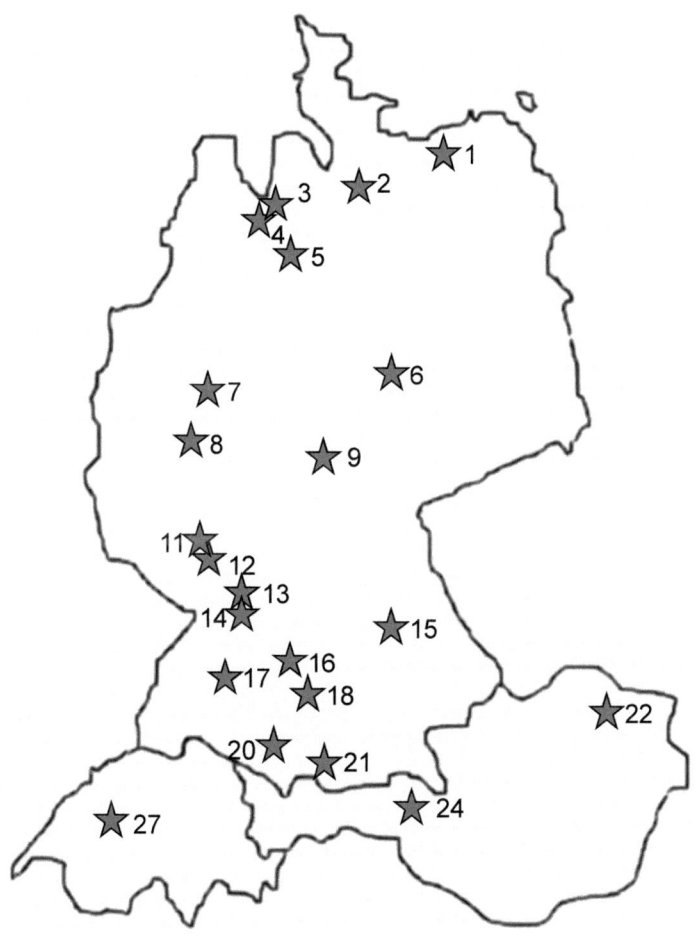

Bildrechte: [Urheberrecht beim Autor]

Tab. 5.1 Hochschulstandorte

Nummer	Hochschule
1	Hochschule Wismar (BA, MA)
2	Universität Hamburg (MA)*
3	Hochschule Bremerhaven (MA)*
4	Carl von Ossietzky Universität Oldenburg (MA)
5	Fachhochschule Hannover (VR)
6	Hochschule Harz (MA)*
7	ISM Dortmund (VR)
8	Cologne Business School (VR)
9	Technische Universität Ilmenau (VR)
10	accadis Hochschule Bad Homburg (BA)*
11	Graduate School Rhein-Neckar (MA)*
12	Fachhochschule Ludwigshafen am Rhein (MA)
13	Hochschule Offenburg (MA)*
14	Hochschule Pforzheim (MA)
15	Hochschule für angewandte Wissenschaften Ingolstadt (MA)*
16	Hochschule Neu-Ulm (VR)*
17	Hochschule Mannheim (MA)*
18	Hochschule für Wirtschaft und Umwelt Nürtingen-Geislingen (MA)
19	Duale Hochschule Baden-Württemberg Villingen-Schwenningen (BA)
20	Duale Hochschule Baden-Württemberg Ravensburg (VR)
21	Hochschule Kempten (MA)
22	Donau-Universität Krems (MA)
23	Fachhochschule Wiener-Neustadt (BA, MA)
24	Management Center Innsbruck (MA)*
25	Hochschule für Wirtschaft Zürich (MA)
26	University of Applied Sciences Northwestern Switzerland (MA)
27	Berner Fachhochschule (MA)*

BA : Bachelor; MA : Master; VR : Vertiefungsrichtung

* Diese Hochschulen werden im Studienführer Consulting nicht näher vorgestellt, da von der jeweiligen Hochschule kein Material freigegeben wurde.

Hochschulkontaktdaten

Hochschule Wismar
Webseite der Hochschule:
http://www.hs-wismar.de/
Webseite des Studiengangs Business Consulting:
www.consulting-master.de
Webseite des Studiengangs Betriebswirtschaft:
http://www.wi.hs-wismar.de/de/bachelor_betriebswirtschaft
Webseite des Studiengangs Tax and Business Consulting:
http://www.wi.hs-wismar.de/de/master_tax_and_business_consulting

Universität Hamburg
Webseite der Hochschule:
http://www.uni-hamburg.de/
Webseite des Studiengangs:
http://agis-www.informatik.uni-hamburg.de/itmc/

Hochschule Bremerhaven
Webseite der Hochschule:
http://www.hs-bremerhaven.de/
Webseite des Studiengangs:
http://www.hs-bremerhaven.de/Masterstudiengang_Change_Management_in_kleinen_und_mittelstaendischen_Unternehmen.html

Carl von Ossietzky Universität Oldenburg
Webseite der Hochschule:
http://www.uni-oldenburg.de/
Webseite des Studiengangs:
www.master-mc.de

Fachhochschule Hannover
Webseite der Hochschule:
http://www.fh-hannover.de/
Webseite des Studiengangs:
http://www.fakultaet4.fh-hannover.de/studium/bachelor-studiengaenge/betriebswirtschaftslehre-bba/index.html

Hochschule Harz
Webseite der Hochschule:
http://www.hs-harz.de/
Webseite des Studiengangs:
http://www.hs-harz.de/businessconsulting.html

ISM Dortmund
Webseite der Hochschule:
http://www.ism.de/
Webseite des Studiengangs:
http://www.ism.de/de/psychologie-und-management-bachelor.php

Cologne Business School
Webseite der Hochschule:
http://www.cbs-edu.de/
Webseite des Studiengangs:
http://www.cbs-edu.de/studienangebot/masterprogramme/international-business/

Technische Universität Ilmenau
Webseite der Hochschule:
http://www.tu-ilmenau.de
Webseite des Studiengangs:
http://www.tu-ilmenau.de/wid/lehre/masterstudium/

accadis Hochschule Bad Homburg
Webseite der Hochschule:
http://www.accadis.com/
Webseite des Studiengangs:
http://master.accadis.com/live/Master-of-Business-Administration-MBA/business-administration-mba.aspx

Graduate School Rhein-Neckar
Webseite der Hochschule:
http://www.gsrn.de/
Webseite des Studiengangs:
http://www.gsrn.de/mba/mba_information_and_performance_management.html

Fachhochschule Ludwigshafen am Rhein
Webseite der Hochschule:
http://web.fh-ludwigshafen.de/index.nsf
Webseite des Studiengangs:
http://fb3.fh-ludwigshafen.de/InfoMaC

Hochschule Offenburg
Webseite der Hochschule:
http://www.mba-ibc.com
Webseite des Studiengangs:
http://www.mba-ibc.com/uportal/en/ibchome/program/ibc

Hochschule Pforzheim
Webseite der Hochschule:
http://www.hs-pforzheim.de
Webseite des Studiengangs:
www.mba-hrmc.de

Hochschule für angewandte Wissenschaften Ingolstadt
Webseite der Hochschule:
http://www.haw-ingolstadt.de/
Webseite des Studiengangs:
http://www.haw-ingolstadt.de/studium/studienangebote/personal-und-organisationsentwicklung.html

Hochschule Neu-Ulm University
Webseite der Hochschule:
https://www.hs-neu-ulm.de/
Webseite des Studiengangs:
https://www.hs-neu-ulm.de/studium/bachelor-studium/betriebswirtschaft/

Hochschule Mannheim
Webseite der Hochschule:
http://www.hs-mannheim.de/
Webseite des Studiengangs:
http://www.gsrn.de/mba/mba_logistics_management

Hochschule für Wirtschaft und Umwelt Nürtingen-Geislingen
Webseite der Hochschule:
http://www.hfwu.de/
Webseite des Studiengangs Unternehmensrestrukturierung und Insolvenzmanagement:
www.uri.hfwu.de
Webseite des Studiengangs Prozessmanagement:
http://www.pzm.hfwu.de

Duale Hochschule Baden-Württemberg Villingen-Schwenningen
Webseite der Hochschule:
http://www.dhbw-vs.de/
Webseite des Studiengangs:
http://www.dhbw-vs.de/consult-control.html

Duale Hochschule Baden-Württemberg Ravensburg
Webseite der Hochschule:
http://www.dhbw-ravensburg.de/
Webseite des Studiengangs:
http://www.dhbw-ravensburg.de/de/studieninteressierte/fakultaet-studiengang/wirtschaft/wirtschaftsinformatik/

Hochschule Kempten
Webseite der Hochschule:
http://www.hochschule-kempten.de/home.html
Webseite des Studiengangs:
http://www.hochschule-kempten.de/weiterbildung/mba/teilzeit-4-semester/konzept.html

Donau-Universität Krems
Webseite der Hochschule:
http://www.donau-uni.ac.at
Webseite des Studiengangs:
http://www.donau-uni.ac.at/de/studium/managementitconsulting/index.php

Fachhochschule Wiener-Neustadt
Webseite der Hochschule:
http://www.fhwn.ac.at/
Webseite des Studiengangs:
http://www.fhwn.ac.at/desktopdefault.aspx?pageid=1302

MCI Management Center Innsbruck
Webseite der Hochschule:
http://www.mci.edu
Webseite des Studiengangs:
http://www.mci.edu/index.php?option=com_content&Itemid=101&id=191&lang=de&view=article

Hochschule für Wirtschaft Zürich
Webseite der Hochschule:
http://www.fh-hwz.ch/
Webseite des Studiengangs:
www.fhhwz.ch/businessconsulting

University of Applied Sciences Northwestern Switzerland
Webseite der Hochschule:
http://www.fhnw.ch/
Webseiten des Studiengangs EMBA-MCI:
http://www.emba-mci.ch

Berner Fachhochschule
Webseite der Hochschule:
http://www.wirtschaft.bfh.ch
Webseite des Studiengangs:
http://www.wirtschaft.bfh.ch/de/master/business_administration.html

Die Studiengänge des Studienführers im Überblick

Tab. 6.1 Überblick

Hochschule	Berufsfelder			Abschluss	
	Management-beratung[1]	HR-Beratung	IV-Beratung	Bachelor	Master
Studiengänge					
Carl von Ossietzky Universität Oldenburg	X	X	–	–	X
Donau Universität Krems	–	–	X	–	X
Duale Hochschule Baden Württemberg Villingen-Schwenningen	X	–	–	X	–
Fachhochschule Ludwigshafen am Rhein	X	–	X	–	X
Fachhochschule Nordschweiz	X	X	X	–	X
Fachhochschule Wiener Neustadt für Wirtschaft und Technik GesmbH	X	X	–	X	X
Hochschule für Wirtschaft und Umwelt Nürtingen-Geislingen	X	X	X	–	X
Hochschule für Wirtschaft Zürich	X	X	X	–	X
Hochschule Kempten	X	X	–	–	X
Hochschule Pforzheim University	X	X	–	–	X
Hochschule Wismar	X	X	–	X	X
Vertiefungsrichtungen					
Cologne Business School	X	–	–	X	X
Duale Hochschule Baden Württemberg Ravensburg	X	–	X	X	–
Fachhochschule Hannover	X	X	X	X	–
International School of Management Dortmund	X	X	–	X	–
Technische Universität Ilmenau	X	–	X	–	X

[1] Die Managementberatung umfasst die Bereiche der Strategie- und Organisationsberatung.

Teil III

Die Hochschulen im Detail – Studiengänge

7 Carl von Ossietzky Universität Oldenburg in Kooperation mit der Hochschule Emden/Leer

7.1 Allgemeines

7.1.1 Allgemeine Strukturdaten

Carl von Ossietzky Universität Oldenburg

Bildrechte: Carl von Ossietzky Universität Oldenburg

Universität

Adresse
Carl von Ossietzky Universität Oldenburg
Ammerländer Heerstraße 114–118
26129 Oldenburg
Tel.: +49 (0) 441 798 0
Fax: +49 (0) 441 798 3000

Organisatorische Einheit, der der Studiengang zugeordnet ist
Department für Wirtschafts- und Rechtswissenschaften

Web-Adresse
www.uni-oldenburg.de

Gründungsjahr
1973

Anzahl Studierende insgesamt
ca. 10330

University of Applied Sciences Hochschule Emden/Leer

Bildrechte: University of Applied Sciences Hochschule Emden/Leer

Fachhochschule

Adresse
Hochschule Emden/Leer
Constantiaplatz 4
26723 Emden
Tel.: +49 (0) 4921 807 0
Fax: +49 (0) 4921 807 1000

Organisatorische Einheit, der der Studiengang zugeordnet ist
Fachbereich Wirtschaft

Web-Adresse
http://www.hs-emden-leer.de/

Gründungsjahr
1973, Neugründung der Hochschule Emden/Leer zum 01.09.2009

Anzahl Studierende insgesamt
ca. 3650

7.1.2 Ausstattung der Hochschule

(siehe Tab. 7.1 und Tab. 7.2)

Tab. 7.1 Hochschulausstattung: Carl von Ossietzky Universität Oldenburg

–	Nähere Informationen
Bibliothek	Buchbestand: 1.299.744 E-Books: 13.959 Gedruckte Zeitschriften: 2.881 Elektronische Zeitschriften: 22.291 Arbeitsplätze: 873 Computerarbeitsplätze: 166 Schulungsräume: 4 Öffnungszeiten in der Vorlesungszeit: Montag – Freitag, 10:00–18:00 Uhr Samstag/Sonntag, 08:00–24:00 Uhr
Rechnerzugang, Pools	Neben PC-Arbeitsplätze in der Bibliothek stehen den Studierenden am Campus Haarentor und Wechloy öffentlich zugängliche Rechnerräume zur Verfügung.
Wireless LAN	Bereitstellung der Internetanbindung Die Internetanbindung der Universität läuft über das DFN (Deutsches Forschungsnetz). Die campusweite Verfügbarkeit des Internetzugangs wird über LAN und WLAN Verbindungen sichergestellt.
International Office/ Auslandsamt	ISO – International Student Office Berät ausländischen Studierenden bezüglich Anfragen zu ihrem Aufenthalt in Oldenburg sowie alle weiteren Studierenden über die Möglichkeit von Auslandsaufenthalten während des Studiums. Die Universität Oldenburg pflegt Kontakte mit zahlreichen Partnerhochschulen in aller Welt. Mit ERASMUS – Austauschprogrammen werden Auslandsaufenthalte gefördert.
Frei zugängliche Sprachkurse	Das Sprachenzentrum der Carl von Ossietzky Universität stellt sein fremdsprachliches Sprachkursangebot in modularisierter Form zur Verfügung. Die Module werden als Semesterkurse oder auch als Intensivkurse in der vorlesungsfreien Zeit angeboten. Das Kursangebot des Sprachenzentrums steht allen immatrikulierten Studierenden, Gasthörerinnen und Gasthörer sowie Mitarbeiterinnen und Mitarbeitern der Universität offen.
Career Center/ Karriere-Service	Der Career Service bringt die Beteiligten aus Studium und Praxis zusammen und richtet sich einerseits an Studierende, AbsolventInnen und DoktorandInnen der Universität Oldenburg und andererseits an regionale und überregionale Unternehmen und Institutionen. Der Career Service berät an der Schnittstelle zwischen Hochschulausbildung und Beschäftigungswelt. Ziel ist es, Studierende bei Ihrer Karriereentwicklung professionell zu unterstützen, ihnen berufliche Perspektiven aufzuzeigen und zusätzliche berufliche Qualifikationen zu vermitteln.

Tab. 7.1 Fortsetzung Hochschulausstattung: Carl von Ossietzky Universität Oldenburg

–	Nähere Informationen
Semestertickets für ÖPNV/ Deutsche Bahn	Das Semester Ticket ist ein personengebundener Fahrausweis, der in den Verkehrsgebieten von VBN (Verkehrsverbund Bremen/Niedersachsen), VEJ (Verkehrsregion Nahverkehr Ems-Jade) und VGC (Verkehrsgemeinschaft Cloppenburg) in den Zügen und Bussen des ÖPNV und der Deutschen Bahn gilt.
Cafeterien und Mensen	In den Mensen des Studentenwerks Oldenburg wird fast alles täglich frisch zubereitet. Die Studierenden haben die Wahl zwischen fünf verschiedenen Menüs, von denen mindestens eines vegetarisch ist. Das Angebot des Culinariums wechselt wöchentlich.
Themenverwandte Vereine	Carlo e. V. (Studentische Unternehmensberatung)
Einführungsveranstaltungen/ Tutorien durch ältere Studenten	Orientierungswoche („O-Woche") Während der Orientierungswoche werden den künftigen Studenten die Universitätsstrukturen näher gebracht, um das erste Zurechtfinden auf dem Campus zu erleichtern.
Kindergarten (Unterstützung von Studenten mit Kindern (z. B. durch das Studentenwerk))	Kinderkrippe Huntemannstraße 34 Plätze; Betreuung vormittags oder nachmittags, in einer Gruppe auch von 7.30 bis 15.30 Kita Uni-Campus (Krippen- und Kindergartengruppen) Betreuungszeitenbeginn und -ende variiert je nach Gruppe zwischen 7.30 bis 18.30 Uhr. Flexible Nachmittagsbetreuung in der Kita Uni-Campus: montags bis donnerstags von 14.30 bis 18.30 Uhr. Kosten: 2 € pro Nachmittag

Tab. 7.2 Hochschulausstattung: Hochschule Emden/Leer

–	Nähere Informationen
Bibliothek	Buchbestand: ca. 130.000 Bände E.Books: 372.435 Gedruckte Zeitschriften: 423 Elektronische Zeitschriften: 22.125 Arbeitsplätze: 150, davon 17 Computerarbeitsplätze Schulungsraum: 1 Öffnungszeit im Semester Montag–Donnerstag 9.00 bis 19.30 Uhr Freitag 9.00 bis 17.30 Uhr Öffnungszeiten in der vorlesungsfreien Zeit Montag–Donnerstag 9.30 bis 16.00 Uhr Freitag 9.30 bis 14.30 Uhr
Rechnerzugang, Pools	Neben PC-Arbeitsplätze in der Bibliothek stehen den Studierenden am Campus Emden verschiedene Rechnerräume zur Verfügung.
Wireless LAN	Bereitstellung der Internetanbindung Die Internetanbindung der Hochschule läuft über das DFN (Deutsches Forschungsnetz). Die campusweite Verfügbarkeit des Internetzugangs wird über LAN und WLAN Verbindungen sichergestellt.
International Office/ Auslandsamt	Das International Office der Hochschule Emden/Leer unterstützt als zentrale Einrichtung die Pflege und den Ausbau der Auslandskontakte. Zurzeit bestehen Partnerschaften mit ca. 100 Partnerhochschulen in 30 Ländern. Beratung und Betreuung der Studierenden bei der Planung von Auslandsaufenthalten (Outgoings) und Klärung von Finanzierungsfragen/Stipendienmöglichkeiten Ausländischer Studierender (Incomings) Von Dozenten bei der Planung von Auslandsaufenthalten (Teaching Staff) Von sonstigen Hochschulangehörigen bei der Planung von Auslandsaufenthalten
Frei zugängliche Sprachkurse	–
Career Center/ Karriere-Service	Der Career Service befindet sich derzeit noch im Aufbau an der Hochschule.
Wohnen auf dem Campus	–

Tab. 7.2 Fortsetzung Hochschulausstattung: Hochschule Emden/Leer

–	Nähere Informationen
Cafeterien und Mensen	Die 2004 eröffnete Mensa bietet mir ihren ca. 400 Plätzen ausreichend Platz für alle Studierenden. Die Öffnungszeiten der Hochschulgastronomie in Emden Cafeteriabetrieb: Montag–Donnerstag 7.30 bis 15.00 Uhr Freitag 7.30 bis 14.30 Uhr Semesterferien: Montag–Freitag 7.30 bis 14.00 Uhr Essenausgabe: Montag–Freitag 11.15 bis 14.00 Uhr (Vorlesungszeit und Semesterferien)
Einführungsveranstaltungen/ Tutorien durch ältere Studenten	Am ersten Studientag findet eine gesonderte persönliche Begrüßung der Studierenden des Studiengangs statt. Hier gibt es alle wichtigen Informationen. Darüber hinaus veranstaltet die Hochschule ein Kennenlernwochenende auf Borkum.
Kindergarten (Unterstützung von Studenten mit Kindern (z. B. durch das Studentenwerk))	Kindertagesstätte Constantia in Emden. Das Studentenwerk Oldenburg bietet Studierenden mit Kindern in Emden in der Kindertagesstätte Constantia umfassende Betreuungsmöglichkeiten an. Hier können insgesamt 77 Kinder zwischen sechs Monaten und sechs Jahren betreut werden, davon 50 im Kindergartenalter und 27 bis drei Jahre. Die Räumlichkeiten sind in der Hochschule sowie in direkter Nähe der HS. Betreuungszeiten Kinderkrippe Gruppe 1: Montag–Freitag von 7.30 bis 13.30 Uhr Gruppe 2: Montag–Donnerstag 7.30 bis 15.45 Uhr Freitag 7.30 bis 14.30 Uhr Kindergarten Gruppe 1: Montag–Freitag 8.00 bis 12.00 Uhr Gruppe 2: Montag–Freitag 8.00 bis 14.00 Uhr In den Kindergartengruppen gibt es zudem Sonderöffnungszeiten zwischen 7.30 und 15.30 Uhr.

7.1.3 Beschreibung der Hochschule und des Hochschulstandortes

Carl von Ossietzky Universität Oldenburg

Mit ihrer Namensgebung nach Carl von Ossietzky hat die Oldenburger Universität unterstrichen, dass Wissenschaft gegenüber der Gesellschaft Verantwortung trägt und sich dem öffentlichen Diskurs stellen muss. Diesem Anspruch fühlt sie sich nach wie vor verpflichtet. Die Universität Oldenburg ist eine junge Hochschule, die seit ihrer Gründung 1973 dazu beiträgt, der Nordwestregion wirtschaftliche und kulturelle Impulse zu geben. Die Stärkung der Wissenschaftsregion ist auch erklärtes Ziel der engen Kooperation mit der Universität Bremen. Der Ausbau und die Sicherung der Qualität von Forschung und Lehre sind die Motivation aller Universitätsmitarbeiter.

Mit über 80 Studiengängen bietet die Universität Oldenburg ein breites Spektrum an Studienmöglichkeiten aus den Natur-, Wirtschafts- und Rechtswissenschaften, Sozial-, Sprach-, Kulturwissenschaften, Erziehungs- und Bildungswissenschaften sowie der Informatik und Mathematik.

Sämtliche Studiengänge wurden 2005/06 auf Bachelor-Master-Abschlüsse umgestellt. Studierende können in allen Fächern nach drei Jahren das Bachelorstudium abschließen und ein Master-Studium anschließen.

Die Studienberatung der Universität Oldenburg bildet die erste Anlaufstelle bei Fragen zum Studium und ist durchgehend per E-Mail bzw. Telefon erreichbar.

Wer sich gerne ein Bild seines Wunschfachs machen möchte, kann an den regelmäßig stattfindenden Informationsveranstaltungen wie Hochschulinformationstag oder an Informationstagen teilnehmen.

Umfangreiche Hilfe bei allen finanziellen und sozialen Fragen, z. B. eine Studienfinanzierungsberatung im BaföG-Servicebüro, bietet das Beratungscenter des Studentenwerks. Während des Studiums bietet neben der Servicestelle des Immatrikulations- und des Prüfungsamtes die online Lernplattform StudIP Unterstützung. Hier können nicht nur Materialien von den Lehrenden zur Verfügung gestellt oder Informationen ausgetauscht werden, sondern auch die Prüfungsanmeldung und Noteneinsicht effizient erfolgen.

Hochschule Emden/Leer

Studieren in Emden oder Leer – das bedeutet: studieren an einer modernen Hochschule mit persönlicher Atmosphäre. Zurzeit sind an den beiden Studienorten 3.646 Studierende eingeschrieben. Sie lernen vorwiegend in kleinen Gruppen – intensiv und projektorientiert.

Neben der Vermittlung des fachlichen Know-hows gehören die Förderung von Kreativität und Teamfähigkeit und die Vermittlung von Schlüsselqualifikationen zu den wesentlichen Ausbildungszielen. Engagierte Professorinnen und Professoren, die effiziente Lehrmethoden einsetzen und denen eine persönliche Betreuung ihrer Studierenden wichtig ist, machen das Studium zusätzlich attraktiv.

Ostfriesland bietet optimale Bedingungen für ein konzentriertes und kostengünstiges Studium. Die Lebenshaltungskosten in den mittelgroßen Städten Emden und Leer sind für Studierende geringer als in den Ballungsgebieten. Zu Fuß oder per Fahrrad gelangen Studierende schnell und preiswert von der Stadtmitte zur Hochschule. Auf dem Campus befinden sich alle wichtigen Einrichtungen für das Studium unter einem Dach. Diverse sportliche Angebote – besonders im Bereich des Wassersports –, Kunst, Kultur und eine vielfältige Kneipenszene sorgen für eine abwechslungsreiche Freizeitgestaltung.

Zahlen/Daten/Fakten

- Neugründung der Hochschule Emden/Leer: 01. September 2009 (Erstgründung Fachhochschule Ostfriesland 1973, 2000–2009 Teil der Fachhochschule Oldenburg/Ostfriesland/Wilhelmshaven)
- Hochschulbeschäftigte (hauptberuflich, Stand 01.12.2008): 349
  Davon wissenschaftliche Beschäftigte: 227
  Drittmittelbeschäftigte: 27
- Zahl der Fachbereiche: 4
- Zahl der Studiengänge (Vollzeit/Teilzeit): 32
- Zahl der Institute: 12

7.2 Consulting: Strukturdaten für Masterprogramm

7.2.1 Allgemeines

Abschluss
Master of Arts (konsekutiver Master)

Ausbildung für folgende Berufsfelder

- Managementberatung
- Personalberatung/HR-Beratung
- Sonstige Berufsfelder
  - Interne beratende Tätigkeiten/Inhouse Consulting
  - Wissenschaft

Der Master Management Consulting baut auf grundständigen Wirtschaftswissenschaftlichen Bachelor-Programmen der Universität Oldenburg und der Hochschule Emden/Leer auf, deren Curricula keine beratungsspezifischen Module beinhalten.

7.2.2 Lehre und Forschung

Anzahl der hauptamtlich Lehrenden
10
Daraus ergibt sich eine Betreuungsintensität von einem hauptamtlich Lehrenden auf 2,5 Studierende

Anzahl von Studierenden in einer Lehrveranstaltung
Anzahl der Studierenden ist stark modulabhängig und variiert bei geschlossenen (nur für den Master angebotenen) Modulen zwischen 6–25 Studierenden

Anzahl Studenten und Absolventen im Bereich Consulting
Master: 31 Studenten   15 Absolventen

Kompetenzen und Schwerpunkte zentraler Lehrkräfte

Prof. Harald Duwe
Hochschule Emden/Leer

Lehrgebiete:
Wirtschaftsinformatik, Projektmanagement, Produktionswirtschaft und Logistik

Praxiserfahrung:
Wirtschaftsberater für den EDV-Bereich (Beratung und Realisierung auf PC in BASIC unter DOS und Unix, Programme für Materialwirtschaft, Provisionsabrechnung, Angebotsverwaltung und Berechnung von Feuerlöschanlagen) Trainer und Berater für das Logistik-Softwarepaket ILAS bei der SEMA Group Systems AG in Wilhelmshaven (Konzeption, Vorbereitung und Durchführung von Seminaren für die Bereiche Materialdisposition, Lagerwirtschaft, Fertigungssteuerung, Einkauf und Vertriebsabwicklung) Leiter des Seminarzentrums dieser Firma, Handlungsvollmacht. Aufgrund zahlreicher Gremientätigkeiten ist Prof. Duwe aktuell nicht in der Forschung aktiv.

Prof. Dr. Reinhard Elsner
Hochschule Emden/Leer

Lehrgebiete:
Produktionswirtschaft, Logistik, Wirtschaftsinformatik, POPBL (Problem-Based Learning mit dem Project-Oriented Learning),

Praxiserfahrung:
Zehn Jahre Industrie-Erfahrung aus dem Automobilbau im Bereich der Organisation, Datenverarbeitung und Logistik. Zahlreiche wirtschaftsnahe Projekte aus dem Bereich der Einführung von PPS/ERP-Systemen, OLAP-Tools und Geschäftsprozessoptimie-

rung. Tätig in Strukturanalyse und -forschungsfragen der Region sowie Fragen des öffentlichen Personennahverkehrs und des Güterverkehrs. Vertreten in der Forschungskommission, Fachbereichsrat und Lenkungsgruppe des Studiengangs Management Consulting. Aktiv in Forschungsprojekten zum Güterverkehr.

Prof. Dr. Reinhard Pfriem
Carl von Ossietzky Universität Oldenburg

Lehrgebiete:
Allgemein Betriebswirtschaftslehre, Unternehmensführung und Betriebliche Umweltpolitik

Werdegang:
Studium Politik und Philosophie anschl. Wirtschaftswissenschaften, betriebswirtschaftliche Promotion an der Bergischen Universität Wuppertal, Habilitation an der Universität St. Gallen (Prof. Dr. Peter Ulrich)

Mitgliedschaften und Funktionen:
Verband der Hochschullehrer für Betriebswirtschaftslehre (Kommissionen Umweltwirtschaft, Organisation und Wissenschaftstheorie), Vereinigung für ökologische Wirtschaftsforschung, Deutsches Netzwerk Wirtschaftsethik (DNWE), Gründungsgesellschafter der ecco ecology and communication Unternehmensberatung GmbH, Beiratsmitglied der Zeitschrift für Wirtschafts- und Unternehmensethik (zfwu), Herausgeber der Buchreihe Theorie der Unternehmung beim metropolis-Verlag in Marburg

Dipl.-Oec. André Karczmarzyk
Carl von Ossietzky Universität Oldenburg

André Karczmarzyk ist Inhaber der Kubik-C Unternehmensberatung aus Wardenburg (www.kubik-c.de) und Partner der ecco ecology and communication Unternehmensberatung GmbH, Oldenburg (www.ecco.de). Seit 2009 hat er die Koordination des Masterstudiengangs „Management Consulting" an der Universität Oldenburg übernommen.

André Karczmarzyk berät Unternehmen seit mehr als 15 Jahren in Fragen des Veränderungsmanagements, der Strategieentwicklung und des Coachings von Führungskräften. In Kombination mit seinen Tätigkeiten als Dozent an diversen Hochschulen zeigt er in den Beratungsprozessen vor allem die Alternativen auf und bewegt die Menschen zu neuen Ansätzen und Denkrichtungen.

Forschung

Forschungsprojekte
OBIE- Organisationsberatung: Importgut oder Exportschlager?
BMBF gefördertes Verbundprojekt mit der SOFI Göttingen und der TU Chemnitz
www.obie-beratungsforschung.de

IPOB – Innovative Konzepte der Personal- und Organisationsentwicklung in Beratungsunternehmen
BMBF und ESF gefördertes Verbundprojekt mit der Universität Regensburg und der Katholischen Universität Eichstätt-Ingolstadt
www.consulting-innovation.de

Ausgewählte Veröffentlichungen (chronologisch)

- IPOB-Verbundprojekt (Hrsg.): The future of knowledge-intensive service work. Theory and practice of managing human and organizational resources. Marburg (im Erscheinen).
- Birkner, S./Faust, M./Mohe, M./Kordon, T. (2010): Beratung über Grenzen: eine empirische Analyse zur Internationalisierung der Unternehmensberatung, in: Krcmar, H./Böhmann, T./Sarkar, R. (Hrsg.): Export und Internationalisierung wissensintensiver Dienstleistungen. Köln, S. 105–114.
- Birkner, S./Mohe, M. (2009): Konstruktionen und Implikationen zur Existenz von Mehrdeutigkeit, in: von Ameln, F./Kramer, J./Stark, H. (Hrsg.): Organisationsberatung beobachtet – Hidden Agendas und blinde Flecken. Wiesbaden, S. 13–22.
- Mohe, M./Stollfuss, M. (2009): Eine empirische und konzeptionelle Diskussion über Fehler und den Umgang mit ihnen, in: von Ameln, F./Kramer, J./Stark, H. (Hrsg.): Organisationsberatung beobachtet – Hidden Agendas und blinde Flecken. Wiesbaden, S. 290–295.
- Mohe, M. (2005): Consulting Skills and Knowledge. Was die Beratungsbranche von Hochschulabsolventen und Universitäten erwartet. Empirische Ergebnisse und Implikationen, Oldenburg.
- Mohe, M. (2004): Stand und Entwicklungstendenzen der empirischen Beratungsforschung- eine qualitative Meta-Analyse. In: DBW, Die Betriebswirtschaft, Heft 6, 2004, S. 693–712.
- Mohe, M./Heinecke, H. J./Pfriem, R. (2002): Consulting – Problemlösung als Geschäftsmodell: Theorie, Praxis, Markt. Stuttgart.

Integration des Studiengangs Consulting

Die Einbindung von wahlfreien Professionalisierungsmodulen bietet den Studierenden die Möglichkeit, interdisziplinär nach eigenen Studienwünschen ihr Studium auszurichten. Des Weiteren finden sich im Curriculum des Master Management Consulting Module wieder, die auch in die Curricula weiterer Master-Angebote der Universität Oldenburg und der Hochschule Emden/Leer eingebunden sind, so dass eine Kompatibilität mit anderen Studiengängen gewährleistet ist. Beispiele hierfür sind das Modul „Projektmanagement" in Emden oder „Corporate Social Responsibility" in Oldenburg.

Einbindung von Externen

Um zu gewährleisten, dass die Bedürfnisse und Anforderungen seitens der Praxis im Studium berücksichtigt werden, setzt sich der Beirat des Masterstudiengangs „Management Consulting" (MMC) aus renommierten Persönlichkeiten aus der Beratungspraxis und der Beratungsforschung zusammen. Aufgabe des MMC-Beirats ist es, konzeptionelle und strategische Hinweise zur Weiterentwicklung des MMCs zu geben. Insbesondere soll der Beirat auch bei den folgenden Aktivitäten unterstützend tätig sein:

- Initiativen zur Förderung der Verbindungen zwischen Hochschule und Wirtschaft
- Gestaltung gemeinsamer Veranstaltungen zum gegenseitigen Informationsaustausch
- Nachwuchsförderung durch die Organisation von Seminaren zu aktuellen Themen aus der Praxis

Studienberatung

Allgemeine Studienberatung

Carl von Ossietzky Universität Oldenburg
Tel.: +49 (0) 441 798 4405
E-Mail: studienberatung@uni-oldenburg.de
Webseite: http://www.zsb.uni-oldenburg.de/

Hochschule Emden/Leer
Tel.: +49 (0) 4921 807 1371
E-Mail: zsb@fho-emden.de
Webseite: http://www.hs-emden-leer.de/einrichtungen/zentrale-studienberatung.html

Detailfragen

Carl von Ossietzky Universität Oldenburg
Dipl. Oec. André Karczmarzyk
Universität Oldenburg
Gebäude A5 2-270
Sprechstunde: nach Vereinbarung
Tel.: +49 (0) 441 798 4183
Fax: +49 (0) 441 798 4193
E-Mail: andre.karczmarzyk@uni-oldenburg.de

Hochschule Emden/Leer
Dipl. Kffr. Claudia Folkerts
Fachhochschule Emden
Raum G 126
Sprechstunde: nach Vereinbarung
Tel.: +49 (0) 4921 807 1171
Fax: +49 (0) 4921 807 1228
E-Mail: management-consulting@wirtschaft.hs-emden-leer.de

Verbesserung und Entwicklung der Studienprogramme
Studierende können ihr theoretisch erworbenes Wissen innerhalb von Unternehmensplanspielen, studienintegrierten Beratungsprojekten sowie modulspezifisch in Fallstudien anwenden. Des Weiteren besteht die Möglichkeit sich in Beratungsprojekten der In- (ANWI, HILOG) und An-Institute (ecco) sowie der Studentischen Unternehmensberatung Carlo e. V. einzubringen.

Institut für Angewandte Wirtschaftsforschung und Regionalanalyse (ANWI)
In-Institut der Hochschule Emden/Leer
www.anwi-institut.de

Ecco, An-Institut der Universität Oldenburg:
www.ecco.de

Hochschulinstitut Logistik (HILOG)
In-Institut der Hochschule Emden/Leer
http://wirtschaft.fho-emden.de/hilog/hilog-web.nsf

Carlo e. V., Studentische Unternehmensberatung der Universität Oldenburg:
www.carlo-consulting.de/

Allen Studierenden wird im Wahlpflichtmodul Projektmanagement die Software MS Project näher gebracht. Darüber hinaus besteht für die Studierenden die Möglichkeit, im Rahmen der Professionalisierungsbereiche je nach eigenen Wünschen weitere Software kennen und anwenden zu lernen.

Verbesserungsprogramm – Lehrende:
Es finden in regelmäßigen Abständen Dozententreffen mit den hauptamtlichen und den externen Lehrenden zum dem Themenkanon statt, der auch mit den Studierenden diskutiert wird.

Verbesserungsprogramm – Studierende:
Es finden in regelmäßigen Abständen Gesprächsrunden mit Studierenden zu unterschiedlichen Themen statt, z. B. zu aktuellen Qualität der Lehre oder auch der Modulkompatibilität (inhaltliche wie curriculare Passung).

7.3 Master-Programm Consulting

7.3.1 Allgemeines

Bezeichnung des Studiengangs
Master Management Consulting (MMC)

Regelstudienzeit
4 Semester

Web-Adresse
www.master-mc.de

Gegründet
2005 Vorläufer: Diplomstudiengang Business Consulting (Abschluss Diplom Kauffrau/Kaufmann)

Akkreditierung
2006 ZEvA   Re-Akkreditierung vorgesehen für das Jahr: 2012
http://www.zeva.org/de/programmakkreditierung/akkreditierte-studiengaenge/detail/974/

„Mission" (Grundkonzept des Studiengangs)
Der Studiengang Master Management Consulting qualifiziert Beraterinnen und Berater den wachsenden Ansprüchen von Unternehmen gerecht zu werden.
Unser Slogan lautet:
Management Consulting – Bereits heute ein Studiengang für Übermorgen.

7.3.2 Studium

Semesterplan (Studienablauf)
Das Curriculum sieht 7 Pflicht- und 11 Wahlpflichtmodule vor, die sich auf die Bereiche „Basis", „Aufbau", „Professionalisierung" und „Training" verteilen. Studierende sollen mit Ausnahme des vierten Semesters, in dem die Masterthesis angefertigt wird, in jedem Semester fünf Module belegen.

Insgesamt sind mindestens 120 Kreditpunkte zu erreichen. Zu den 90 Kreditpunkten aus den Modulbereichen „Basis", „Aufbau", „Professionalisierung" und „Training" kommt das Masterabschlussmodul hinzu, das sich aus der Masterthesis und einem Kolloquium im Gesamtumfang von 30 KP zusammensetzt. (siehe Tab. 7.3)

Inhalte, Schwerpunkte und Besonderheiten im Überblick
Im Rahmen der Aufbau- und Professionalisierungsmodule können die Studierenden aus elf vorgeschlagenen Modulen sechs zur eigenen Profilbildung auswählen. Darüber hinaus sind in diesem Zusammenhang auch Module aus dem Professionalisierungsbereich der CvO Universität Oldenburg auswählbar. Pflichtsprachen sind nicht vorgesehen.

Tab. 7.3 Semesterplan: Master Management Consulting

Studiengang: Management Consulting Module mit den zugehörigen Fächern	SWS	Semester (Credits) 1.	2.	3.	4.	Credits gesamt
Unternehmensberatung und Praktikum	–	–	–	–	–	–
Formen der Beratung	4	6	–	–	–	6
Unternehmensstrategien	4	6	–	–	–	6
Corporate Social Responsibility	4	–	6	–	–	6
Strategisches Management	4	–	6	–	–	6
Interkulturelles Management	4	–	–	6	–	6
Advanced Entrepreneurship	4	–	–	6	–	6
Beratungsbeziehungen oder Cont(r)acting, Analyse, Diagnos [1)]	4	6	–	–	–	6
Projektmanagement [1)]	4	6	–	–	–	6
Personalberatung [1)]	4	6	–	–	–	6
Professionalisierungsmodul 1 Unternehmenskultur und kultureller Wandel der Gesellschaft [1)]	4	–	6	–	–	6
Professionalisierungsmodul 2 Business Process Management [1)]	4	–	6	–	–	6
Controllingberatung [1)]	4	–	6	–	–	6
Strategieberatung oder Führung und Kommunikation [1)]	4	–	–	6	–	6
Marketingberatung [1)]	4	–	–	6	–	6
Sanierungsmanagement [1)]	4	–	–	6	–	6
Unternehmensplanspiel [1)]	4	6	–	–	–	6
Beratungsprojekt [1)]	4	–	6	–	–	6
Die Rolle der Person in der Organisation: Beratungs- und Konfliktlösungsansätze [1)]	4	–	–	6	–	6
Abschlussarbeit	–	–	–	–	30	30
Credits pro Semester/über alle Semester	–	36	36	36	30	138

Aus den mit[1)] gekennzeichneten Modulen müssen die Studierenden 6 Module auswählen.

Download der Studienbeschreibungen im Detail

Studien- und Prüfungsordnung
http://www.uni-oldenburg.de/mmc/58995.html

Unit- und Modulbeschreibung bzw. Veranstaltungsverzeichnis
http://www.uni-oldenburg.de/mmc/58995.html

Soft Skills

Die Vermittlung von Soft Skills findet in allen angebotenen Modulen statt. Dies geschieht über Gruppenleistungen, Fallstudienarbeit, praktische Beratungsprojekte, Gruppen- und Einzelpräsentationen und Arbeitsgruppenphasen in den Modulen.

Im Basismodul „Formen der Beratung" wird an dem Thema Methodenkompetenz direkt und praktisch gearbeitet. So werden Gesprächstechnik, Moderationstechnik aber auch Analysemethoden erarbeitet und erprobt. Aus diesem Modul heraus entsteht regelmäßig zum Ende des Wintersemesters das sogenannte „Oldenburger Beratersymposium". Die Studierenden des Moduls entwickeln hierbei das Konzept der Tagesveranstaltung und nehmen aktiv an dem Symposium teil, das sich thematisch mit den Trends der Unternehmensberatung im Übermorgen auseinandersetzt.

Neben der direkten Ausrichtung auf die sozialen Kompetenzen bei den studentischen Verpflichtungen, setzen wir indirekt stark auf das freiwillige Engagement der Studierenden. So gibt es eine studentische Unternehmensberatung mit vielen praktischen Beratungsprojekten, an denen sich die MMC Studierenden beteiligen können.

Lehrmethoden, Lernmethoden und didaktische Konzepte zum effektiven Studium

Das Curriculum strebt eine ausgewogene Mischung zwischen theoretischen und praktischen Inhalten an. Inhalte des Curriculums sind unter anderem: Möglichkeiten und Grenzen der Intervention in Organisationen, Beratungstheorien, Beratungstools, Beratungsprojekte, Formen der Beratung. In Beratungsprojekten, die im Curriculum verpflichtend sind, muss der Studierende in Teamarbeit die Anwendung der fachlichen und vorgehensorientierten Methoden nachweisen.

Eine Reihe verschiedener moderner Seminarformen und Lernmethoden tragen dazu bei, dass Methoden- und Sozialkompetenzen gleichermaßen entwickelt werden können.

Case Study

Die Studierenden analysieren komplexe und unstrukturierte Probleme aus der Praxis, entwickeln eigenständig Vorschläge zur Problemlösung und lernen diese zu bewerten sowie professionell zu präsentieren.

Podiumsdiskussionen

Podiumsdiskussionen eignen sich zur unkonventionellen Erschließung von komplexen Forschungsgegenständen. Einschlägige Literatur zu den verschiedenen Positionen des Forschungsgegenstands wird den Studierenden bereitgestellt. Im Rahmen einer Podiumsdiskussion schlüpfen die Studierenden in die verschiedenen Rollen der an dem wissenschaftlichen Disput beteiligten Akteure, und verteidigen „ihren" Standpunkt.

Simulationen

Mit einer Software kann die Führung eines Beratungsunternehmens simuliert werden. Ziel dieser Simulationen ist es, die Studierenden mit Fragestellungen und Herausforderungen aus der Beraterpraxis zu konfrontieren.

Studentische Projekte
In realen Beratungsprojekten mit Unternehmen können die Studierenden ihr theoretisch erlangtes Wissen ganz konkret anwenden. Die konkreten Problemstellungen der Kunden erfordern analytische Fähigkeiten aber auch Kreativität.

In den bisherigen Projekten hat sich das Aufgaben- und Projektspektrum als sehr vielfältig erwiesen: angefangen von sehr elementaren und strategischen Fragestellungen, über Marktanalysen und Marketingkonzepte bis hin zu Controllingfragen oder Logistikproblemen.

Outdoor-Module
Eine weitere Möglichkeit Sozialkompetenzen zu entwickeln wird in den Outdoor-Modulen angeboten. Diese Exkursionen werden in Kooperation mit der ecco Unternehmensberatung durchgeführt. Dabei bekommen Studierende einen anderen Zugang zu bestimmten Themenbereichen. Die in der Vorlesung behandelten Themen wie z. B. „Change Management" werden für die Studierenden abseits des Hörsaals „erlebbar". Die gewonnenen Erfahrungen werden in der Gruppe gemeinsam diskutiert und reflektiert.

Gastvorträge
Für Gastvorträge werden ca. 1–2 Mal im Semester Referenten eingeladen, die einen Einblick in die praktische Umsetzung ausgewählter Teilbereiche des jeweiligen Semester-Schwerpunktes gewähren.

Nach den jeweiligen Erfordernissen der Lehrveranstaltung werden seminaristische Lehrelemente und Übungen integriert. Darüber hinaus werden die Vorlesungen in der Regel von Übungsaufgaben und ergänzenden Gruppenarbeiten begleitet.

Prüfung

Übliche Prüfungsformen
Klausur, Referat, mündliche Prüfung, Hausarbeit und Praxisbericht. Maximal acht Prüfungsleistungen dürfen als Klausur abgelegt werden.

Durchschnittliche Prüfungsanzahl pro Semester
5

Durchschnittliche Dauer des Prüfungszeitraumes
Der Prüfungszeitraum hängt davon ab, welche Prüfungen am Emder und welche am Oldenburger Standort abgelegt werden.

Möglichkeit, Prüfungen zu wiederholen bzw. Freiversuche anzumelden
Nichtbestandene Prüfungen dürfen zweimal wiederholt werden. Einen Freiversuch sieht die Prüfungsordnung nicht vor.

Praktika
Praktika sind nicht fest im Curriculum verankert, werden aber sowohl bei Anbahnung als auch bei der Integration in den Studienverlauf fördernd unterstützt.

Internationale Aspekte

Ein Auslandsstudium ist nicht fest im Curriculum verankert, wird aber sowohl bei Anbahnung als auch bei der Integration in den Studienverlauf fördernd unterstützt.

Masterarbeit

Dauer
1 Semester

Typische Inhalte (Beispiele)
„Demographischer Wandel als strategische Herausforderung für Beratungsunternehmen bei der Rekrutierung von Beraternachwuchs"

„Personalcontrolling mit einer Fallanalyse eines IT-Beratungsunternehmens"

Studienentgelte

Studienentgelt pro Semester
743,23 € (500,00 € + 243,23 €)

Langzeitstudienentgelte
Regelstudienzeit plus 4 Semester um 1 bis 2 Semester überschritten: 843,23 €
Regelstudienzeit plus 4 Semester um 3 bis 4 Semester überschritten: 943,23 €
Regelstudienzeit plus 4 Semester um mehr als 5 Semester überschritten: 1043,23 €

Finanzielle Unterstützungsmöglichkeiten in Form von verbilligten Krediten, Stipendien etc.
Es gibt verschiedenste Finanzierungsmöglichkeiten. Neben BAföG und Stipendien gibt es außerdem die Möglichkeit einen Bildungskredit zu beantragen oder ein Darlehen zur Finanzierung der Studienbeiträge zu erhalten. Nähere Informationen und weitere Informationen zur Studienfinanzierung finden Sie unter http://www.studieren-in-niedersachsen.de/studienfinanzierung.htm

Ansprechpartner für Studienfinanzierung (BAföG-Amt, Studentenwerk)
Studienfinanzierungsberatung des Studentenwerks Oldenburg
Herr Jens Müller-Sigl
Tel.: +49 (0) 441 798 2664
Fax: +49 (0) 441 798 2071
E-Mail: studienfinanzierung@sw-ol.de

Bewerbung

Fristen
jährlich zum WS (01.10.)

Freie Plätze pro Zulassungstermin
25

Bewerbungsunterlagen
zum Wintersemester eines jeden Jahrs beim Immatrikulationsamt der Hochschule Emden/Leer.
http://www.hs-emden-leer.de/einrichtungen/immatrikulations-und-pruefungsamt.html
Constantiaplatz 4
26723 Emden
Raum T 145
Tel.: +49 (0) 4921 807 1391
Fax: +49 (0) 4921 807 1395
E-Mail: Vera.Borgsdorf@hs-emden-leer.de

Zulassungskriterien
(1) Voraussetzung für den Zugang zum Masterstudiengang Management Consulting ist, dass die Bewerberin oder der Bewerber
a) entweder an einer deutschen Hochschule oder an einer Hochschule, die einem der Bologna-Signatarstaaten angehört, einen Bachelorabschluss oder diesem gleichwertigen Abschluss in einem wirtschaftswissenschaftlichen oder in einem fachlich eng verwandten Studiengang erworben hat oder an einer anderen ausländischen Hochschule einen gleichwertigen Abschluss in einem fachlich eng verwandten Studiengang erworben hat; die Gleichwertigkeit wird nach Maßgabe der Bewertungsvorschläge der Zentralstelle für ausländisches Bildungswesen beim Sekretariat der Kultusministerkonferenz (www.anabin.de) festgestellt, Zugangs- und Zulassungsordnung für den Masterstudiengang Management Consulting
b) die besondere Eignung gemäß Absatz 2 nachweist.
Die Entscheidung, ob ein Studiengang fachlich eng verwandt ist, trifft die nach der Prüfungsordnung zuständige Stelle; die positive Feststellung kann mit der Auflage verbunden werden, noch fehlende Module innerhalb von zwei Semestern nachzuholen.

(2) Die besondere Eignung setzt voraus:
a) einen qualifizierten Bachelorabschluss nach Maßgabe des Absatzes 3 sowie
b) die Feststellung der besonderen Eignung nach Absatz 3. Die besondere Eignung wird kumulativ nach Maßgabe des Absatzes 3 ermittelt und ist festgestellt, wenn mindestens vier Punkte erreicht wurden.

(3) Für die besondere Eignung sind folgende Faktoren maßgebend:
(a) Note des Hochschulabschlusses
1,00 – 1,50 = 5 Punkte,
1,51 – 2,50 = 4 Punkte,
2,51 – 3,50 = 2 Punkte.
(b) Wissenschaftliche Tätigkeit oder berufspraktische Erfahrungen auf mindestens einem der Gebiete des Studiums je nach Wertigkeit: 1–3 Punkte. Tätigkeiten, die Teil des ersten berufsqualifizierenden Abschlusses waren, werden nicht berücksichtigt. Wenn der Studienabschluss zum Bewerbungszeitpunkt noch nicht vorliegt, ist abweichend von

Satz 1 erforderlich, dass 90 % der insgesamt erforderlichen Leistungen erfolgreich erbracht wurden (d. h. mindestens 162 Leistungspunkte vorliegen). Über die erbrachten Leistungen, die Leistungspunkte und die bisher erreichte Durchschnittsnote legen die Bewerberinnen und Bewerber eine Bescheinigung vor. Die Durchschnittsnote wird sowohl für die Ermittlung der besonderen Eignung nach a) als auch im Auswahlverfahren nach § 4 berücksichtigt, unabhängig davon, ob das Ergebnis der Bachelorprüfung hiervon abweicht.

(4) Bewerberinnen und Bewerber, die weder eine deutsche Hochschulzugangsberechtigung aufweisen noch ihren Bachelorabschluss bzw. ihr Diplom an einer deutschen Hochschule erworben haben, müssen darüber hinaus über ausreichende Kenntnisse der deutschen Sprache verfügen. Sprachliche Voraussetzung ist einer der folgenden Nachweise:
DSH 2 = Deutsche Sprachprüfung für den Hochschulzugang – Level 2 oder
TestDaf mit Niveau 4 in allen vier Bereichen.

7.3.3 Besonderheiten und weitere wichtige Informationen

Studierende des Master Management Consulting können ihr erworbenes Wissen in Beratungsprojekten der In- (ANWI, HILOG) und An-Institute (ecco) sowie der Studentischen Unternehmensberatung Carlo e. V. erproben und anwendungsorientiert erweitern.

Darüber hinaus wird jedes Jahr an der Universität Oldenburg gemeinsam mit den Studierenden ein Beratersymposium durchgeführt. Hier sind die Studierenden nicht nur an der Planung und Umsetzung des Symposiums beteiligt, sondern können auch aktiv an den Workshops und Plenardiskussionen zu aktuellen Themen und Trends der Beratungsbranche unter dem Slogan „Beratung im Übermorgen – Wohin für die Reise" mit diskutieren. Ferner bietet das Symposium den Studierenden ein gutes Forum das eigene Netzwerk zu potenziellen Arbeitgebern auszubauen.

http://www.beratersymposium-oldenburg.de/index.html

Als Absolventen können die Studierenden die Möglichkeit eines alle zwei Jahre statt findenden Alumnitreffens nutzen, um den Kontakt sowohl untereinander als auch mit der Hochschule aufrecht zu erhalten.

Donau-Universität Krems 8

8.1 Allgemeines

8.1.1 Allgemeine Strukturdaten

Bildrechte: Donau-Universität Krems

Universität in öffentlicher Trägerschaft

Adresse
Donau-Universität Krems
Dr.-Karl-Dorrek-Straße 30
A-3500 Krems
Tel.: +43 (0)2732 893-0
Fax: +43 (0)2732 893-4000

Organisatorische Einheit, der der Studiengang zugeordnet ist

Der „Professional MSc Management und IT – Fachvertiefung IT Consulting" wird im Department für Governance und Public Administration durchgeführt.

Das Department „Governance und Public Administration" ist Teil der Fakultät „Wirtschaft und Recht".

Web-Adresse

www.donau-uni.ac.at

Gründungsjahr

1995

Anzahl Studierende insgesamt

ca. 5065

8.1.2 Ausstattung der Hochschule

(siehe Tab. 8.1)

8.1.3 Beschreibung der Hochschule und des Hochschulstandortes

Die Donau-Universität Krems ist als Universität für Weiterbildung den Ansprüchen einer Lehre, die das politisch gewollte und wissenschaftlich begründete lebenslange Lernen ermöglicht, verpflichtet. Sie übernimmt als einzige staatliche Weiterbildungsuniversität in Österreich curriculare Verantwortung für die Studierenden und bietet ihnen universitäre Weiterbildung mit akademischen Abschlüssen.

Das Studienangebot umfasst mehr als 150 Studiengänge aus den Bereichen Wirtschaft und Unternehmensführung, Kommunikation, IT und Medien, Medizin, Gesundheit und Soziales, Recht, Verwaltung und Internationales, Kultur- und Bildungswissenschaften sowie Bauen und Umwelt. Aktuell studieren mehr als 5.000 Studierende aus rund 70 Ländern in Krems.

Ihren Standort hat die Donau-Universität Krems in einer der schönsten Kulturlandschaften Europas, der Wachau, die von der UNESCO im Jahr 2000 zum Weltkulturerbe erklärt wurde.

Der Campus Krems wurde im Herbst 2005 mit neuen Lehrräumen, Forschungszentrum, Audimax, Programmkino, Studentenappartments, Bibliothek und Mensa eröffnet. Architekt Dietmar Feichtinger stellte der kammartigen Baustruktur der alten Tabakfabrik, einem charakteristischen Industriebau des beginnenden 20. Jahrhunderts, eine neue Fassade aus Stahl, Glas und Aluminium gegenüber. Über 6.000 Studierende und mehr als 500 Mitarbeiterinnen und Mitarbeiter der Donau-Universität Krems, der IMC Fachhochschule Krems, der Österreichischen Filmgalerie und der NÖ Bildungsgesellschaft arbeiten, lernen, lehren und forschen gemeinsam auf dem 34.000 Quadratmeter großen Areal.

Tab. 8.1 Hochschulausstattung: Donau-Universität Krems

–	Nähere Informationen
Bibliothek	Montag, 15:00–18:00 Uhr/Dienstag bis Freitag, 8:30–21:00 Uhr und Samstag, 10:00–14:00 Uhr
Rechnerzugang, Pools	Studierende finden sogenannte „Studenten-PCs" in der Bibliothek, im Café Virginier, im Mitteltrakt des Altbaus (1. Stock) und im Mitteltrakt des Neubaus, Bauteil C (2. Stock).
Wireless LAN	Sämtliche Internetservices der Donau Universität (Webportal, Wbdav, Netmail, Moodle u. a.) sowie der Zugang zum Internet selbst können über das WLAN genutzt werden.
International Office/ Auslandsamt	Donau-Universität Krems International Office Dr.-Karl-Dorrek-Strasse 30 A-3500 Krems Austria Tel.: +43 (0) 27328932216 E-Mail: io@donau-uni.ac.at http://www.donau-uni.ac.at/de/service/internationaloffice/index.php
Career Center/Karriere-Service	Donau-Universität Krems Career Center Dr.-Karl-Dorrek-Straße 30 A-3500 Krems Tel.: +43 (0) 27328932284 Fax: +43 (0) 27328934280 E-Mail: cornelia.ihrenberger@donau-uni.ac.at http://www.donau-uni.ac.at/de/service/ssc/00755/index.php
Wohnen auf dem Campus	2 Wohnheime in Campusnähe 2 Hotels in Campusnähe http://www.donau-uni.ac.at/de/service/krems/01039/index.php
Cafeterien und Mensen	Mensa auf dem Campus Weitere Cafeterien in Campusnähe http://www.donau-uni.ac.at/de/service/gastronomie/index.php
Besondere Veranstaltungen und „studium generale" für alle Studiengänge und alle Semester	Campus Kultur unter: http://www.donau-uni.ac.at/de/service/kultur/index.php Campus Sport: unter: http://www.donau-uni.ac.at/de/service/sport/index.php
Einführungsveranstaltungen/ Tutorien durch ältere Studenten	Öffentliche Infotermine und Alumni-Veranstaltungen
Kindergarten (Unterstützung von Studenten mit Kindern (z. B. durch das Studentenwerk))	Kundenbetreuung von 1,5 bis 12 Jahren Öffnungszeiten Montag–Freitag, 7:30–15:00 Uhr http://www.donau-uni.ac.at/de/service/kinder/index.php

8.2 Consulting: Strukturdaten für Masterprogramm

8.2.1 Allgemeines

Das universitäre Masterprogramm „Professional MSc Management und IT" (MIT) bietet in seiner Konzeption hinsichtlich der Informationsmenge und Informationsdichte eine Ausbildung, die einerseits die technischen Komponenten der Informations- und Kommunikationstechnologie und andererseits die Management-Qualifikationen und -Tools vermittelt; beides ist in einem gesamtheitlichen Konzept erforderlich, um informationsbasierte und wissensorientierte Technologien in Unternehmen sowie in politischen und administrativen Institutionen zu implementieren. In der fokussierten Fachvertiefung „IT Consulting" wird den anwendungs- und praxisorientierten Vertiefungen systematisch, d. h. wissenschaftlich-strukturiert, Rechnung getragen.

Abschluss
Master of Science (non-konsekutiver Master (Weiterbildungsmaster))

Ausbildung für folgende Berufsfelder

- IT-Beratung
  - IT-Consulting
  - IT-Integration/IT-Technik

- Sonstige Berufsfelder

Zu den Adressaten des Studienprogramms gehören insbesondere MitarbeiterInnen der Wirtschaft und Verwaltung, die ihre betriebswirtschaftliche sowie einsatzorientierte Kenntnisse der IT in Bezug auf Managementaufgaben auf universitärem Niveau verfügen. Diesen soll die Kompetenz zum Handeln als Führungskräfte unter Nutzung der IT-Instrumente und IT-Verfahren vermittelt werden.

IT Consultants müssen in der Lage sein, betriebliche Prozesse zu analysieren und Schwachstellen zu identifizieren, um durch die Integration neuer, IT-orientierter Prozesse messbare Vorteile für Unternehmen und Projekte zu erzielen.

Neben der Analyse der Prozesse gilt es, Optimierungspotentiale zu erkennen und umzusetzen und diese für das Unternehmen nachhaltig zu dokumentieren. Direkt damit verbunden ist die Festlegung von Qualitätsstandards und Methoden der dynamischen Qualitätssicherung.

Ziel des universitären Masterprogramms ist es, die Studierenden für den nachhaltig wachsenden Arbeitsmarkt rund um die technologisch basierten Veränderungen weiter zu qualifizieren. Die Wirtschaft braucht Personen, die sich den Herausforderungen der Veränderung, stellen, die die Potentiale der neuen Technologien erkennen und sie in Geschäftslösungen umsetzen können. Dafür müssen sie über fachübergreifende Schlüsselqualifikationen verfügen, um diese Schnittstellenfunktion zwischen Management und Technik einnehmen zu können.

8.2.2 Lehre und Forschung

Anzahl der hauptamtlich Lehrenden

Die Donau-Universität Krems ist der universitären berufsbegleitenden Weiterbildung verpflichtet. Ihr Schwerpunkt liegt dabei auf der Lehre. In allen Studiengängen ist der Einsatz von Lehrbeauftragten unverzichtbar. Diese stammen sowohl aus dem akademischen Bereich als auch aus der Praxis.

In der Regel werden externe Lehrende über temporäre Dienstverträge an die Donau-Universität verpflichtet, wodurch die Lehrressourcen flexibler und besser planbar werden.

Jeder Programmdurchführung ist verpflichtend eine Programmleitung (wissenschaftliche Verantwortung) und eine Programmkoordination, die für die Betreuung und Unterstützung der Studierenden bei organisatorischen und inhaltlichen Fragen die erste Ansprechperson, zugeordnet.

Anzahl von Studierenden in einer Lehrveranstaltung

18 Studierende*
Kleingruppen: < 30 Studierende

* bezogen auf Durchführung des akkreditierten Programmangebot „Professional MSc Management und IT – Fachvertiefung IT-Consulting"

Anzahl Studenten und Absolventen im Bereich Consulting
Master: 126 Studenten   100 Absolventen

Kompetenzen und Schwerpunkte zentraler Lehrkräfte

Univ-Prof. Dr. Gerhard E. Ortner

Univ.-Prof. Dr. Dr. Gerhard E. Ortner ist Professor für Betriebswirtschaftslehre, insbesondere Personalwirtschaft und Unternehmenskommunikation an der Fern-Universität in Hagen, Honorarprofessor am Fachbereich Erziehungswissenschaften und Psychologie der Freien Universität Berlin, Visiting Professor an der Donau-Universität Krems, langjähriger geschäftsführender Direktor des Zentralen Institutes für Fernstudienforschung mit dem Arbeitsbereich Bildungsökonomie und Bildungsmedien an der FernUniversität in Hagen.

2002 bis 2004 Prorektor für Forschung, wissenschaftlichen Nachwuchs und internationale Beziehungen an der FernUniversität in Hagen; Vorstandsvorsitzender des Hagener Instituts für Managementstudien – Institut an der FernUniversität in Hagen.

Langjährige erfolgreiche Tätigkeit als selbständiger Unternehmer sowie als Politik- und Unternehmensberater. Vorsitzender und Vorstandsmitglied zahlreicher wissenschaftlicher Gesellschaften und Bildungsvereinigungen, unter anderem Vorstandsvorsitzender des Kuratoriums Wirtschaftskompetenz für Europa e. V. und zweiter Präsident der ESEC-European Society for Education and Communication. Leiter und Mitarbeiter von zahlreichen internationalen Projekten, insbesondere in Projekten der Förderprogramme der Europäischen Gemeinschaft.

Lehrgebiete
Betriebswirtschaftslehre und Unternehmensführung, Unternehmensbewertung, Nachhaltige Prozessinnovationen im Unternehmen/Personalwirtschaft und Personalführung/ Wissenschaftliches Arbeiten

Univ.-Prof. Dr. Nikolaus Forgó

Univ.-Prof. Dr. Nikolaus Forgó studierte Rechtswissenschaften an der Universität Wien und an der Université Paris II, Pantheon-Assass, Paris. Nach Sponsion zum Mag. iur. promovierte er 1997 (mit Auszeichnung) zum Doktor der Rechtswissenschaften an der Universität Wien. Schon während der Studienzeit war er als Assistent am Institut für Römisches Recht und Antike Rechtsgeschichte beschäftigt und von 1996 bis 2000 EDV-Beauftragter der Juristischen Fakultät, in dieser Funktion gründete und leitete er das Juridicum Online.

1998 bis 2002 war er nebenberuflicher Leiter der Abteilung Informationsrecht im Ludwig Boltzmann Institut für Menschenrechte in Wien, gründete und leitet seither den Universitätslehrgang für „Informationsrecht und Rechtsinformation" an der Universität Wien.

Ab 2000 verwaltete er zunächst eine C3-Professur für Rechtsinformatik am Fachbereich Rechtswissenschaften der Universität Hannover, die er anschließend übernahm. Er leitet dort seit 2007 das Institut für Rechtsinformatik.

Schwerpunkte in der Forschungstätigkeit sind unter anderem: Datenschutzrecht, urheberrechtliche Fragen des E-Learnings, IT-Recht für Führungskräfte und Geschichte der Informatisierung des Rechts.

Lehrgebiete
Rechtswissenschaft: Informationsrecht in der Praxis/Wirtschaftsrecht in der Praxis

Univ.-Prof. Dr. Helmut Balzert

Univ.-Prof. Dr. Ing. (habil) Helmut Balzert absolvierte das Diplomstudium der Elektrotechnik an der TH Darmstadt und promovierte nach Tätigkeit als Wissenschaftlicher Assistent an der Universität Kaiserslautern 1979 auf dem Gebiet der Entwurfssprachen.

Neben Tätigkeiten in der Wirtschaft mit Schwerpunkt Software Engineering habilitierte er sich 1987 an der Universität Stuttgart mit den Schwerpunkten Software-Ergonomie und Software Engineering und nahm einen Ruf auf den Lehrstuhl für Software-Technik an der Ruhr-Universität Bochum an. Neben seiner akademischen Lehr- und Forschungstätigkeit ist er seit Mitte der 1990er Jahre als Mitglied und Vorsitzender von Aktiengesellschaften, als geschäftsführender Gesellschafter in GmbHs und als Technologieberater in der Softwarewirtschaft erfolgreich aktiv. Er befasste sich intensiv mit der Klassifizierung und Strukturierung des Gebiets der Softwaretechnik. Daraus entstand das weit verbreitete zweibändige Lehrbuch der Software-Technik. Arbeiten zur Didaktik der Informatik führten zur Entwicklung der E-Learning-Plattform W3L.

Lehrgebiete
Trends des Software Engineering

Mag. Dr. Peter Parycek, MAS, MSc
Nach einer Tätigkeit als freiberuflicher IT-Berater absolvierte Mag. Dr. Peter Parycek, MAS, MSc ein Diplomstudium der Rechtswissenschaften an der Universität Salzburg. 2001 schloss er den Universitätslehrgang MAS Telematik Management an der Donau-Universität Krems mit Auszeichnung ab.

Nach anschließender Tätigkeit als wissenschaftlicher Mitarbeiter und Mitglied des Kollegiums der Donau-Universität Krems sowie als nebenberuflicher Lektor an der Fachhochschule Kärnten beendete er 2005 ein Doktoratsstudium der Rechtswissenschaften an der Universität Salzburg mit Auszeichnung.

Seit 2006 ist Mag. Dr. Peter Parycek MAS, MSc Leiter des Zentrums für E-Government der Donau-Universität Krems und Projektleiter im Präsidium des Bundeskanzleramtes. Dort ist er Vorsitzender der Projektgruppe E-Democracy und E-Participation und Vorsitzender der Projektgruppe E-Government Schulung.

Die Schwerpunkte seiner Forschungstätigkeit sind unter anderem: E-Government: Verfahrensforschung, E-Governance: Entwicklung von Strategie- und Vorgehensmodellen sowie politische Konzepte für E-Government und E-Democracy, Verfahrensvisualisierung, Portalkonzeption für Mehrparteienverfahren, Rechtliche Rahmenbedingungen für One-Stop-Government und Multichannel-Government, Ontologien und Semantik.

Lehrgebiete
Recht: „Informationsrecht für Führungskräfte"/E-Governance: „Mediennutzung & Kommunikationsverhalten"

DI Christian Leeb
DI Christian H. Leeb studierte Informatik an der Johannes Kepler Universität Linz. Er war zunächst Mitarbeiter der VOEST ALPINE Stahl Linz GmbH, anschließend geschäftsführender Gesellschafter der IMC Information-Management-Consulting GmbH, Linz und von 1995 bis Juni 1999 Geschäftsführer der OÖ Datenhighway Entwicklungs GmbH mit Sitz in Linz schließlich 1999 bis 2000 Management-Berater der CSC PLOENZKE (Austria) GmbH in Wien mit dem Schwerpunkt e-Business.

Seit 1999 ist er Vortragender an der Donau Universität Krems. Ab 2000 arbeitete er als Leading Professional bei CSC European Consulting – e-Business practice, ab 2002 als CIO der VA TECH mit den Aufgabenfeldern ICT (Information and Communication Technology) und E-Business für den Gesamtkonzern der VA TECH.

Nach einer kurzen Auszeit war DI Christian H. Leeb Gesellschafter mehrerer Startups und ist seit April 2003 selbstständig als Holistic Business Developer und Business Angel mit dem Schwerpunkt Web3.0 Startup Unterstützung.

DI Christian H. Leeb ist als strategischer Berater unter anderem in den Bereichen Telekommunikation und Neue Medien, e-Business und Teleworking tätig und arbeitet als Ersteller von Business Cases und Businessplänen für innovative Geschäftsfelder auf Basis moderner Informations- und Kommunikations-Technologien.

Lehrgebiete
Business Process Management and Entrepreneurship/Management: IT Consulting in der Praxis

Prof. Mag. Michael Smeryczanski

Prof. Mag. Michael Smeryczanski studierte Betriebswirtschaft an der Wirtschaftsuniversität Wien und Psychologie an der Universität Wien. Von 1974 bis 1976 war er Mitarbeiter im Bereich Entwicklung und Gruppendynamik als freier Managementberater. Im Anschluss daran war er als Assistent der Personalvorstandes bei der Shell Austria AG tätig.

Von 1979 bis 1986 arbeitete er für die Master Foods Austria/Mars Inc. als Mitglied der Geschäftsleitung und als Verkaufs- und Personaldirektor. Anschließend war er als Unternehmensberater für Unternehmensentwicklung tätig. Parallel zu dieser Tätigkeit war er von 1987 bis 2003 Vortragender für die ÖIAG für den Bereich Management Ausbildung.

Seit 1990 ist Prof. Mag. Michael Smeryczanski Managing Partner bei der GPM Management Consulting GmbH. Seit 1997 übt er die Tätigkeit eines Visiting Professors für Unternehmensführung an der Donau-Universität Krems aus und hält Vorträge an Fachhochschulen, Akademien und Veranstaltungen/Kongressen.

Lehrgebiete
Management – Wirtschaftspsychologie: Excellente Unternehmensführung

Rolf von Rössing, MA, BA

Rolf von Rössing hat ein Magisterstudium in International Business absolviert, erwarb den akademischen Grad BA (Hons) in European Business Administration in England sowie den französischen Master Professional Abschluss D.E.S.S. in Cadre Européen en Affaires Internationales in Chambéry. Außerdem studierte er Betriebswirtschaftslehre an der Fachhochschule Reutlingen ESB mit dem Abschluss des Diplom-Betriebswirts und erlangte das Fachzertifikat Internationales Management an der Hochschule für Technik und Wirtschaft in Saarbrücken.

Von 1997 bis 2004 hatte Rolf von Rössing zunächst die Position des Managers bei Ernst & Young in Frankfurt inne und stieg dann zum Senior Manager/Director auf. Im Jahre 2003 unterrichtete er das Fach Mathematik an der Fachhochschule Berlin Karlshorst. Von 2004 bis 2009 war Rolf von Rössing Partner bei KMPG in Frankfurt.

Seit 2005 lehrt er an der Donau-Universität Krems und fungiert als Experte für Informationssicherheit im Rahmen des Wissenschaftlichen Beirats.

Seit 2008 ist er als Präsident des Verwaltungsrates bei der FORFA AG Holding in Berg in der Schweiz tätig und seit 2009 hat er die Position des International Vice Presidents bei ISACA inne.

Rolf von Rössing ist Mitglied im Gesamtverband der Versicherungen und Mitglied des Expertenkreises Sicherheit. Zudem ist er Vorsitzender der Arbeitsgruppe BCM bei NIFIS e. V., Mitglied des Global Security Management Committes bei ISACA und war von 2001 bis 2008 Mitglied des Vorstandes und Chairman des Audit Committes bei BCI. Rolf von Rössings Tätigkeitsschwerpunkte umfassen das Auditing Business Continuity Management, das betriebliche Kontinuitätsmanagement, IT-Sicherheit und das strategische Risiko IT-Sicherheit. Er verfügt über folgende Zertifizierungen: FBCI, CGEIT, CISA, CISM, CISSP.

Lehrgebiete
Perspektiven der informationellen Vernetzung für das Management/Standardisierung & Zertifizierung von Arbeitsprozessen (Compliance)

Forschung
Die Forschung umfasst einen Anteil von 7 % der Gesamtaktivitäten des Departments. Sie konzentriert sich auf zwei wesentliche Bereiche:

- Sicherheitsforschung und
- E-Government.

Projekte in der Anwendungsforschung

- Kommunalnet.at
- Wirtschaftskrise und Sicherheit
- Infrastrukturelle Sicherheit bei Großveranstaltungen
- Vorgehensmodelle zur Gemeindezusammenarbeit
- WEGO (Western Balkan E-Government Activities)
- Jugendbeteiligungsprojekt jugend 2 help.gv.at
- Easysign (Projekt zur Signaturlösung)
- INMI Interreg (Portallösung zu Sicherheitsfragen im Bereich E-Government und E-Health)

Auszeichnungen
Unter anderem Österreichischer Staatspreis für Sicherheitsforschung

Zukünftig wird sich die Forschung auch auf das Gebiet der Weiterbildungsforschung für die Wirtschaft erstrecken. Alle Erkenntnisse der Forschung fließen unmittelbar in die Lehre ein.

Integration des Studiengangs Consulting
Der „Professional MSc Management und IT" ist der programmatische Mantel, der Personen, die an den Schnittstellen zwischen den Aufgaben des Managements und den Möglichkeiten der Informations- und Kommunikationstechnologie tätig sind, zu qualifizieren. Der „Professional MSc Management und IT" ist auf vier Semester angelegt und besteht aus einem definierten Kerncurriculum und der zu wählenden Fachvertiefung.

Das Kerncurriculum enthält Basisinhalte der Wirtschaftsinformatik sowie praxisrelevante und praxisnahe Inhalten in den Bereichen „Personalwirtschaft und Personalmanagement", „Marketing und Controlling", „Kommunikation" und „E-Governance". Ergänzt wird das Kerncurriculum durch Module zum „Wissenschaftlichen Arbeiten".

Innerhalb des Kerncurriculums besteht die Möglichkeit einer Berufsfeldorientierten Auswahl im Sinne von „Wirtschaftsnähe" zu „Verwaltungsnähe". Mit der den auf diesem

Kerncurriculum aufsetzenden Fachvertiefung wählt der Studierende seine eigentliche Studienrichtung. Bis zu diesem Zeitpunkt ist jede Durchlässigkeit in den Programmen gegeben.

Einbindung von Externen

Zur Sicherung der Qualität der Lehre hat die Donau-Universität Krems zahlreiche externe Dozenten aus dem In- und Ausland verpflichtet, die über langjährige Praxiserfahrung verfügen. Jedem Lehrangebot der Donau-Universität Krem ist ein Beirat zugeordnet, der die internationalen Kontakte des Departments stärken und fachliches Feedback zur Lehre geben soll. Der Beirat besteht aus externen HochschulprofessorInnen und ExpertInnen aus der Praxis.

Zudem verfügt die DUK über ein Netzwerk von Visiting Professuren, das aus ExpertInnen der Wirtschaft gebildet wird. Folgende Visiting Professoren sind dem Programm IT Consulting besonders zugeordnet: Prof. Helmut F. Karner und Prof. Mag. PhD. Michael Smeryczanski.

Kooperationen mit Partnern außerhalb der Hochschule getragen von hauptamtlichen Kräften des Departments:

- Alaska Pacific University (Lehre: Weiterführung in einen MBA-Studiengang)
- Bundeskanzleramt der Republik Österreich (Lehre, Forschung und Consulting)
- Bundesrechenzentrum (Lehre, Forschung und Consulting)
- Fachhochschule Vorarlberg (Lehre)
- IHK Bayern, IHK Baden-Württemberg, IHK Nordrhein-Westfalen (Lehre)
- IG-Metall (Lehre)
- Volksbanken Akademie Österreich (Lehre)

Studienberatung

Allgemeine Studienberatung
StudienServiceCenter
Brigitte Müllauer, MSc
Tel.: + 43 (0)2732 893-2282, -2283 oder -2381
Fax: + 43 (0) 2732 839 4280
Öffnungszeiten: Montag–Freitag von 8:00–16:00 Uhr
E-Mail: brigitte.muellauer@donau-uni.ac.at
Homepage: http://www.donau-uni.ac.at/ssc

Detailfragen
Fragen, die das Programmangebot „Professional MSc Management und IT – Fachvertiefung IT-Consulting" betreffen, werden vom Department Governance und Public Administration (DPGA) beantwortet. Die Ansprechpartnerin hier ist:

Maria Schuler
Tel.: + 43 (0) 2732 893 2307
Fax: + 43 (0) 2732 893 4304
E-Mail: maria.schuler@donau-uni.ac.at
Homepage: http://www.donau-uni.ac.at/de/studium/managementitconsulting/index.php

Verbesserung und Entwicklung der Studienprogramme

Die Qualitätssicherung der Studiengänge ist integrativer Bestandteil der Durchführung von Studiengängen an der Donau-Universität Krems und wird in der Veröffentlichung zum Studienprogramm geregelt. Im Detail erfasst der Prozess der Qualitätssicherung folgende Maßnahmen:

- Lehrveranstaltungsevaluierung durch die Studierenden,
- Regelmäßige Feedbackrunden mit den Studierenden,
- AbsolventInnenevaluierung,
- Studienjahresberichte und
- Evaluierung der Ergebnisse der Studierenden durch Studien-/Programmleitung, Programmkoordination und Qualitätsmanagement

Die Ergebnisse der Evaluierungen werden den Lehrenden mitgeteilt und diskutiert, um die geforderte Qualitätsverbesserung erzielen zu können. Beteiligt an diesem Prozess sind die Studienleitung, die Programmkoordination und die Qualitätssicherung.

Durch die zumeist temporären Verträge mit den Lehrenden kann flexibel von der Studienleitung reagiert werden.

Der Praxisbezug ist bei berufsbegleitenden Weiterbildungslehrgängen per se gegeben. Im Besonderen bemüht sich das Department besonders bei der Projektarbeit, wie auch bei der Master Thesis um die die Findung von praxisstimulierten Themenstellungen.

8.3 Master-Programm Consulting

8.3.1 Allgemeines

Bezeichnung des Studiengangs
Professional MSc Management und IT – Fachvertiefung IT Consulting

Regelstudienzeit
4 Semester

Web-Adresse
http://www.donau-uni.ac.at/de/studium/managementitconsulting/index.php

Gegründet
2000 (bis SS 2009 als „Prof. MSc IT-Consulting")

Akkreditierung

AQAS   Re-Akkreditierung vorgesehen für das Jahr: 2015
http://www.aqas.de/ueberblick-akkreditierte-studienprogramme_master/

„Mission" (Grundkonzept des Studiengangs)

Das Programm „Professional MSc Management und IT – IT Consulting" verfolgt einen gesamtheitlichen Ansatz zur Vermittlung von wissenschaftsbasierten Qualifikationen mit dem Ziel des Transfers durch die AbsolventInnen in ihre aktuelle und zukünftige Praxis.

Das Masterprogramm hat zum konkreten Ziel, den Studierenden vertiefende, zwar anwendungsorientierte, aber zugleich wissenschaftlich strukturierte Kenntnisse der Führung von Institutionen in Wirtschaft und Verwaltung (Management) unter der besonderen Berücksichtigung der hierfür erforderlichen Informations- und Kommunikationstechnologie (IKT) zu vermitteln.

8.3.2 Studium

Semesterplan (Studienablauf)

(siehe Tab. 8.2)

Inhalte, Schwerpunkte und Besonderheiten im Überblick

Das universitäre Weiterbildungsprogramm „Professional MSc Management und IT" ist auf vier Semester angelegt. In den ersten beiden Semestern, dem Kerncurriculum, wird die Grundlage für die fokussierten, anwendungsorientierteren Fachvertiefungen gelegt. Für das Kerncurriculum wurden sieben Fächer definiert, die in Studienmodulen (blended education) vermittelt werden und denen Trainings- und/oder Informationsmodule zugeordnet sind.

Wie hoch ist der Anteil der Disziplinen (bezogen auf die gesamte Studiendauer)? (siehe Tab. 8.3)

Download der Studienbeschreibungen im Detail

http://www.donau-uni.ac.at/de/studium/managementitconsulting/index.php

Soft Skills

In ausgewiesenen Trainingsmodulen werden die Kommunikationsfähigkeiten geschult. Darin werden die Studierenden einerseits mit Kommunikations- bzw. Führungsstilen vertraut gemacht und lernen Rollenbilder zu definieren. Sie erhalten die notwendigen Qualifikationen für erfolgreiche Kommunikation im unternehmerischen Alltag, insbesondere im Bereich des Veränderungs- und Konfliktmanagements vermittelt. Andererseits wird darauf abgezielt, den persönlichen Kommunikations- und Vortragsstil des Studierenden zu verbessern. Dies erfolgt über Rollenspiele, gelebtes Feedback und Case Studies.

Tab. 8.2 Semesterplan: Professional MSc Management und IT – Fachvertiefung IT Consulting

Studiengang: Professional MSc Management und IT Fachvertiefung IT Consulting	SWS	Semester (Credits)				Credits gesamt
Module mit den zugehörigen Fächern		1.	2.	3.	4.	–
Unternehmensberatung und Praktikum	–	–	–	–	–	6
Dynamische Personalwirtschaft & betriebliches Personalvermögen	–	–	3	–	–	3
Personalführung & Personalentwicklung	–	–	3	–	–	3
Informatik und Wirtschaftsinformatik	–	–	–	–	–	9
IKT-Wissen für Führungskräfte	–	–	3	–	–	3
IKT-Anwendungen zur Unternehmensführung	–	3	–	–	–	3
Trends des Software Engineering	–	–	–	3	–	3
Wirtschafts- und Rechtswissenschaften	–	–	–	–	–	33
Betriebswirtschaftliche Grundlagen der Unternehmensplanung	–	3	–	–	–	3
Betriebswirtschaftslehre & Unternehmensführung	–	3	–	–	–	3
Quantitative Verfahren der Unternehmensführung	–	–	3	–	–	3
Informationsmodule Betriebswirtschaftslehre und Organisationsmanagement	–	–	1	–	–	1
Controlling und Marketing: Marketing & Kommunikation	–	3	–	–	–	3
Controlling und Marketing: Controlling & Finanzierung	–	3	–	–	–	3
Informationsmodule Controlling und Marketing	–	–	1	–	–	1
Wirtschaftsrecht für Führungskräfte	–	–	3	–	–	3
Informationsrecht für Führungskräfte	–	–	3	–	–	3
Informationsmodul Wirtschafts- und Informationsrecht	–	–	1	–	–	1
Partnerschaften & Ressourcenmanagement	–	–	–	3	–	3
Business Process Management & Entrepreneurship	–	–	–	3	–	3
Nachhaltige Prozessinnovation im Unternehmen	–	–	–	3	–	3
Grundlagen (z. B. Mathematik)	–	–	–	–	–	4
Wissenschaftliches Arbeiten für Praktiker	–	3	–	–	–	3
Trainings- und Informationsmodule zum Wissenschaftlichen Arbeiten	–	–	1	–	–	1

Tab. 8.2 Fortsetzung Semesterplan: Professional MSc Management (...)

Studiengang: Professional MSc Management und IT Fachvertiefung IT Consulting	SWS	Semester (Credits)				Credits gesamt
Module mit den zugehörigen Fächern		1.	2.	3.	4.	–
Softskills und Sprachen	–	–	–	–	–	4
Trainings- & Informationsmodule Kommunikation und Personalmanagement	–	–	2	–	–	2
Trainings- & Informationsmodule zu IT Consulting	–	–	–	2	–	2
Sonstige	–	–	–	–	–	13
E-Governance: Technische, wirtschaftliche und politische Aspekte der Informationsgesellschaft	–	3	–	–	–	3
E-Governance: Prozessoptimierung & Qualitätsmanagement	–	–	3	–	–	3
Informationsmodule E-Governance	–	–	1	–	–	1
E-Governance: Perspektiven der Informationellen Vernetzung für das Management	–	–	–	3	–	3
E-Governance: Standardisierung & Zertifizierung von Arbeitsprozessen	–	–	–	3	–	3
Projektarbeit	–	–	6	–	–	6
Abschlussarbeit (Master Thesis)	–	–	–	–	15	15
Credits pro Semester/über alle Semester	–	21	34	20	15	90

Der „Professional MSc Management und IT Fachvertiefung IT Consulting" wird im blended education Modus (Kombination aus Präsenzlehre und Fernlehre) geführt, daher werden keine SWS angeben. Einzig den mit Information-, Trainings- und Prüfungsmodul ausgewiesenen Lehrveranstaltungen liegt kein Studientext zugrunde.

Lehrmethoden, Lernmethoden und didaktische Konzepte zum effektiven Studium

Die besonderen Bedingungen der berufsbegleitenden universitären Weiterbildung beeinflussen Umfang, Inhalt und Verpflichtungsgrad der angebotenen Lehrveranstaltungen. Einerseits besteht die Notwendigkeit, eine relativ hohe Menge an subjektiv neuen Informationen vollständig zu lernen, andererseits sind die zeitlichen Ressourcen bei berufstätigen Studierenden begrenzt. Lernintensive Einheiten bieten zudem die unverzichtbare Möglichkeit, das individuelle Lernvermögen zu sichern bzw. zu erhöhen. Mit dieser besonderen Situation der Lernenden muss eine besondere Stringenz und Studierbarkeit der Lehrmaterialien bzw. der Lehrverfahren korrespondieren.

Tab. 8.3 Studienschwerpunkte: Donau-Universität Krems

Fachrichtung	Anteil
Betriebswirtschaftslehre	25 %
Volkswirtschaftslehre	0 %
Mathematik/Statistik	0 %
Recht (Zivilrecht, Unternehmensrecht, Steuerrecht …)	10 %
Psychologie/Wirtschaftspsychologie	0 %
Informatik/Wirtschaftsinformatik	30 %
Unternehmensberatung	15 %, davon
Managementberatung	3 %
Personalberatung/HR-Beratung	4,5 %
IT-Beratung	4,5 %
Consulting-Methoden allgemein	1,5 %
Consulting-Projekte	1,5 %
Soft Skills	5 %
Sprachen	0 %
Sonstige	15 %, davon
E-Governance	11,5 %
Wissenschaftliches Arbeiten	4,5 %

Dazu wurde ein spezieller Blended-Education-Modus entwickelt bzw. adaptiert. Er umfasst mediale und personale Elemente der Lehre, die durch eine zielorientierte Anordnung von Präsenz- und Distanzphasen integriert werden. Dies führt zu einer deutlichen Erhöhung der Flexibilität in der individuellen Lernorganisation der Studierenden bei gleichzeitiger Reduktion der erforderlichen Studientage auf dem Campus in Krems.

Das Kerncurriculum weist pro Semester in der Regel viertägige Präsenzblöcke (Blockseminare) aus. Das Kerncurriculum umfasst insgesamt 30 Tage (mindestens 15 Tage pro Semester). Die Präsenzblöcke bestehen aus Studienmodulen (SM), Informationsmodulen (IM), Trainingsmodulen (TM) und Programm- und Prüfungsmodulen (PM).

Ein Studienmodul umfasst folgende Komponenten:

- einen Studientext als Printware oder pdf-Datei: Dieser enthält den gesamten prüfungsrelevanten Stoff in adressatengerechter didaktischer Aufbereitung;
- Übungen und Lösungsskizzen zum Studientext zur individuellen Lernfortschrittsfeststellung;
- ein Glossar der wichtigsten relevanten Fachbegriffe, deren Bezeichnung(en) und Bedeutung(en) im Verständnis der AutorInnen des Studientextes;

- ein Literaturverzeichnis für weitere und erweiterte Informationen, insbesondere zur Anfertigung von schriftlichen Arbeiten und/oder Vorträgen im Themenbereich des Moduls;
- Einsendearbeit(en) zur externen Lernfortschrittskontrolle, deren Ergebnisse den Studierenden, üblicherweise mit Kurzkommentaren, rückgemeldet werden;
- ein Modulseminar auf dem Campus mit dem Ziel der Erläuterung, Ergänzung und Evaluierung der vollständig zu lernenden Studientexte;
- eine Abschlussklausur zur abschließenden Feststellung der insgesamt durch die Bearbeitung des Moduls erworbenen Kenntnisse.

Dem Studienmodul sind inhaltlich Informations- bzw. Trainingsmodule von unterschiedlichem Umfang zugeordnet. Die Module vermitteln außerdem Schlüsselkompetenzen wie beispielsweise Führungsverhalten und Konfliktmanagement.

Das Fachvertiefungscurriculum umfasst zwei Semester: ein Semester in Präsenzblöcken (Blockseminare). Die Blockseminare bestehen aus Lehrveranstaltungen in Form von Studienmodulen (SM) im Blended Education Modus, Informationsmodulen (IM), Trainingsmodulen (TM) und Prüfungsmodulen (PM). Der Ablauf und Aufbau wird abhängig von der didaktischen Zielsetzung von der Studienleitung festgelegt. Das zweite Semester dient dem Erarbeiten und Verfassen der Master Thesis, sowie der Ablegung aller studienrelevanten Prüfungen.

Prüfung

Übliche Prüfungsformen
Die üblichen Prüfungsformen umfassen schriftliche Prüfungen (Online-Pretest zum Studienmodul, Einsendearbeit zum Studienmodul, schriftliche Fachprüfungen, Projektarbeit und Masterarbeit) und mündliche Prüfungen (Lernfortschrittsfeststellung in Informationsmodulen, mündliche Fachprüfungen, Präsentationen und die Verteidigung der Masterarbeit).

Durchschnittliche Prüfungsanzahl pro Semester
(Prüfung in der Regel zu Beginn des Semesters)
1. Semester: 7 Einsendeaufgaben
2. Semester: 7 Einsendeaufgaben/7 Modulklausuren/Erstellen Projektarbeit
3. Semester: 6 Einsendeaufgaben/7 Modulklausuren/Defensio Projektarbeit
4. Semester: 6 Modulklausuren
Erstellen der Master Thesis und Verteidigung

Durchschnittliche Dauer des Prüfungszeitraumes
In der Regel Semesterabschlussprüfungen zu Beginn des nachfolgenden Semesters

Möglichkeit, Prüfungen zu wiederholen bzw. Freiversuche anzumelden
Ja, nach Absprache mit Programmkoordination

Praktika

Da es sich um einen Weiterbildungsmaster handelt, sind keine Praktika vorgesehen.

Internationale Aspekte

Aspekte der Internationalität werden derzeit durch Vortragende aus den DACH-Ländern mit internationaler Erfahrung sowie durch englischsprachige Literatur berücksichtigt. An Pre- und Side-Camp-Angebote zur Erhöhung der Fachsprachkompetenz als Voraussetzung für den Einsatz englischsprachiger Lehrender wird gearbeitet.

Masterarbeit

Dauer
6 Monate

Typische Inhalte

- Systemisches Projektmanagement: Woher weiß der Projektmanager/die Projektmanagerin, dass er/sie systemisch ist?
- Mobile Business im B2C: Komplexität als Ursache von Produktivitätsengpässen in den Distributionskanälen des deutschen B2C-Marktes
- Operational Business Intelligence; Integration von Analyse und Reporting in operative Systeme
- Should Enterprises run their Collaboration Tools as a Cloud Service? – With a practical example of McDonald's
- Web 2.0 im Kundenmanagement – Einsatzpotenziale von Social Networking im Kundenmanagement am Beispiel Facebook
- Systemische Methoden und Instrumente zur Unterstützung der IT bei der Transformation vom Kostenfaktor zum Businesstreiber

Studienentgelte

Studienentgelt pro Semester
3.725 €

Langzeitstudienentgelte
Toleranzsemester: 80 €
Bis 2. Semester: 240 €
Bis 4. Semester: 340 €
Ab 5. Semester: 440 €

Finanzielle Unterstützungsmöglichkeiten

Teilstipendium der Donau-Universität Krems
Die Donau-Universität Krems stellt für zahlreiche Studiengänge Teilstipendien aus eigenen Budgetmitteln zur Verfügung. Der Schwerpunkt der Förderung liegt bei Bewerbern

und Bewerberinnen aus Osteuropa und den neuen Beitrittsländern der Europäischen Union. Die Stipendien sind an keine Altersbegrenzung gebunden, der Rechtsweg ist ausgeschlossen.

Qualifizierungsförderung für Beschäftigte im Rahmen des ESF
Das Arbeitsmarktservice (AMS) fördert mit dieser Beihilfe die Kosten der Qualifizierungsmaßnahmen von ArbeitnehmerInnen. Ziel ist es, die Beschäftigung von ArbeitnehmerInnen durch Qualifizierung zu sichern und die Weiterbildungsaktivitäten für die Arbeitgeber zu erleichtern.

Bildungskranz
Die Bildungskarenz eröffnet ArbeitnehmerInnen die Möglichkeit, sich für drei bis zwölf Monate von der Arbeit freistellen zu lassen, um an Weiterbildung teilnehmen zu können – ohne dafür das Dienstverhältnis auflösen zu müssen. Anspruch auf Bildungskarenz haben ArbeitnehmerInnen, die schon mindestens ein Jahr lang bei einem Dienstgeber beschäftigt sind. Während der Bildungskarenz erhält die karenzierte Person vom AMS Weiterbildungsgeld in Höhe des Arbeitslosengeldes.

Weiterbildungskonto des waff
Mit dem Weiterbildungskonto unterstützt der Wiener ArbeitnehmerInnen Förderungsfonds (waff) berufsbezogene Aus- und Weiterbildungsmaßnahmen von arbeitslosen und beschäftigten WienerInnen, wenn die Kurse bei einem vom waff anerkannten Bildungsträger (wie der Donau-Universität Krems) besucht wurden.

Bildungsscheck für Kleinbetriebe in NÖ
Der Bildungsscheck gilt für Inhaber, Geschäftsführer und Prokuristen von Kleingewerblichen Unternehmen, die Mitglied der Niederösterreichischen Wirtschaftskammer sind. Ab 2010 gibt es für genau definierte Kurse an der Donau-Universität Krems 50 % Zuschuss der Kurskosten für maximal drei Jahre, maximal jedoch 2.500 € pro Betrieb. Pro Unternehmen wird ein Bildungsscheck bewilligt.

Bewerbung

Fristen
1 x jährlich zum Wintersemester

Freie Plätze pro Zulassungstermin
maximal 30

Bewerbungsunterlagen
Donau-Universität Krems
Zentrum für Praxisorientierte Informatik
Dr.-Karl-Dorrek-Straße 30
A-3500 Krems

Maria Schuler
Tel.: +43 (0) 2732 893 2307
Fax: +43 (0) 2732 893 4304
E-Mail: maria.schuler@donau-uni.ac.at

Zulassungskriterien
Voraussetzung für die Zulassung zum Universitätslehrgang „Professional MSc Management und IT" ist:
(1) ein akademischer Studienabschluss einer in- oder ausländischen Hochschule
oder

(2) Personen, die die Voraussetzungen des Abs.1 nicht erfüllen, können dann zugelassen werden, wenn sie
1. die allgemeine Universitätsreife erworben bzw. eine einschlägige Studienberechtigungsprüfung abgelegt haben oder
2. eine berufsspezifische Aus-/Fortbildung abgeschlossen haben (z. B. Abschluss einer im Bereich der Informations- und Telekommunikationstechnik (IT-Fortbildungsverordnung) gemäß deutschem Bundesgesetzblatt, Teil I G 5702, Nr. 30 ausgegeben in Bonn am 17. Mai 2002 oder dem IHK-Bildungsrahmen gemäß Verordnung über die Prüfung zum anerkannten Abschluss Geprüfter Betriebswirt/Geprüfte Betriebswirtin vom 22. Nov. 2004 nebst Anhang der Verordnung vom 12. Juli 2006).

Und darüber hinaus über mehrjährige qualifizierte Erfahrung verfügen, wobei vier Jahre einschlägig in einer qualifizierten Position ausgeübt worden sein müssen, und die einschlägige Berufserfahrung nicht länger als ein Jahr zurückliegen darf, weiters ist ein Mindestalter von 25 Jahren erforderlich.

(3) Für den in Abs. 2 genannten Personenkreis ist festzustellen, dass diese Personen nur dann zum Studium für „Professional MSc Management und IT" zugelassen werden können, wenn die unter den dort genannten Voraussetzungen erreichte Qualifikation mit einem Studium vergleichbar ist.

(4) Im Zweifelsfall ist das Vorliegen der in Abs. 3 beschriebenen Kriterien durch eine Aufnahmeprüfung zu beurteilen.

(5) Nachweis von Englischkenntnissen

Auswahlkriterien
Der Bewerbungs- und/oder Zulassungsprozess gliedert sich in zwei unterschiedliche Prozessverläufe. Der erste Prozessverlauf gilt der „inhaltlichen" Prozesssicht, der zweite den formalen Aspekten.

Inhaltliche Information
Nach dem Erstkontakt sendet der/die InteressentIn ihre Bewerbungsunterlagen zu. Mit der Übersendung der Bewerbungsunterlagen (Bewerbungsbogen inkl. Foto, Europass Lebenslauf und einem „Letter of Intent" (Motivationsschreiben, ca. 2500–3000 Zeichen) etc.) schließt die erste Phase ab.

Die Studien- und/oder Programmleitung evaluiert die Bewerbungsunterlagen und lädt mögliche TeilnehmerInnen zu einem kommissionellen, mündlichen Bewerbungsgespräch ein, an dessen Ende eine kommissionelle Beurteilung getroffen und über die Vergabe der verfügbaren Studienplätze (maximal 30) entschieden wird.

Formaler Zulassungsprozess
Die BewerberInnen erbringen den Nachweis über den akademischen Grad bzw. relevante Dienstzeugnisse (als Basis für den Prozess der Bewertung gemäß „vergleichbare/gleichzuhaltende Qualifikation") sowie eine Kopie des Reisepasses.

9 Duale Hochschule Baden-Württemberg Villingen-Schwenningen

9.1 Allgemeines

9.1.1 Allgemeine Strukturdaten

Bildrechte: Duale Hochschule Baden-Württemberg Villingen-Schwenningen

Duale Hochschule

Adresse
Duale Hochschule Baden-Württemberg Villingen-Schwenningen
Friedrich-Ebert-Straße 30
78054 Villingen-Schwenningen

Organisatorische Einheit, der der Studiengang zugeordnet ist
Fakultät für Wirtschaft

Tab. 9.1 Hochschulausstattung: Duale Hochschule Baden-Württemberg Villingen-Schwenningen

–	Nähere Informationen
Bibliothek	ca. 50.000 Bücher, 200 aktuelle Zeitschriften
Rechnerzugang, Pools	Täglich geöffnet
Wireless LAN	Kostenlos für alle Studenten
International Office/Auslandsamt	Claudia Rzepka Leiterin International Office Betreuung Outgoings Erzbergerstraße 17 78054 Villingen-Schwenningen Tel.: +49 (0) 7720/3906-106 Fax: +49 (0) 7720/3906-119 E-Mail: rzepka@dhbw-vs.de
Frei zugängliche Sprachkurse	Sprachkurse für Englisch, Spanisch, Französisch, Portugiesisch, Russisch, Türkisch
Cafeterien und Mensen	Täglich geöffnet

Web-Adresse

www.dhbw-vs.de

Gründungsjahr

1974

Anzahl Studierende insgesamt

ca. 2050

9.1.2 Ausstattung der Hochschule

(siehe Tab. 9.1)

9.1.3 Beschreibung der Hochschule und des Hochschulstandortes

Die Duale Hochschule Baden-Württemberg Villingen-Schwenningen zählt 2050 Studierende. In Kooperation mit über 1.000 ausgewählten Unternehmen und sozialen Einrichtungen bietet sie 14 akkreditierte, praxisintegrierende Bachelor-Studiengänge in der Fakultät für Wirtschaft und der Fakultät für Sozialwesen an. Nach erfolgreichem Studium werden die Abschlüsse Bachelor of Arts bzw. Bachelor of Science verliehen. Während des Studiums absolvieren die Studierenden Praxis- und Theoriephasen.

Im Jahr 2009 wurde die Berufsakademie in die Duale Hochschule Baden-Württemberg umgewandelt. Auf Grund des erlangten Hochschulstatus ist die Hochschule nun berechtigt vollwertige akademische Grade zu verleihen.

9.2 Consulting: Strukturdaten für Bachelorprogramm

9.2.1 Allgemeines

Abschluss
Bachelor of Arts

Ausbildung für folgende Berufsfelder

- Managementberatung
  - Strategie
  - Organisation/Prozess- und Qualitätsmanagement
  - Führung
  - Controlling
  - Rechnungswesen
  - Finanzen
- Sonstige Berufsfelder
  - Projektmanager
  - hochwertige Assistenzaufgaben, z. B. Vorstandsassistenten

9.2.2 Lehre und Forschung

Anzahl der hauptamtlich Lehrenden
50
Daraus ergibt sich eine Betreuungsintensität von einem hauptamtlich Lehrenden auf 40 Studierende.

Die sehr hohe Betreuungsintensität wird hier schlecht ersichtlich, da an der Dualen Hochschule ca. 50 % der Lehre von nebenamtlichen Lehrbeauftragten durchgeführt wird, die z. B. auch Projektarbeiten betreuen.

Anzahl von Studierenden in einer Lehrveranstaltung
25

Anzahl Studenten und Absolventen im Bereich Consulting
Bachelor: 25 Studenten 23 Absolventen

Kompetenzen und Schwerpunkte zentraler Lehrkräfte

Prof. Dr. Martin Plag (Studiengangleiter)

Schwerpunkte
Controlling, Kostenmanagement, Change Management, Organisation

Forschung
Change Management, Frühwarnsysteme

Prof. Petra Findeisen

Schwerpunkte
Innovationsmanagement, Strategieentwicklung, Unternehmens- und Mitarbeiterführung, Investition und Finanzierung, Wissenschaftliches Arbeiten

Forschung
Innovationsmanagement

Prof. Dr. Wolfgang Hirschberger

Schwerpunkte
Bilanzierung, internationale Rechnungslegung, Konzernrechnungslegung, Wirtschaftsprüfung, betriebliche Steuerlehre, BilmoG, latente Steuern

Forschung
BilmoG, latente Steuern

Weitere Lehrkräfte
Prof. Dr. Bettina Binder: Prozessmanagement
Prof. Dr. Markus Cordes: Logistik, Logistikcontrolling
Prof. Dr. Vera Döring: Bilanzanalyse
Prof. Dr. Thomas Häring: Mikroökonomie, Makroökonomie, Wirtschaftspolitik
Prof. Dr. Martin Kimmig: Informationstechnologie
Prof. Dr. Lars Mitlacher: Personalwirtschaft und Personalführung
Prof. Dr. Siegfried Posselt: Funktionales Controlling, Kostenmanagement
Prof. Dr. Annette Renz: Buchführung und Bilanzierung
Prof. Dr. Gerald Schmola: Marketing

Forschung
Im Studiengang Consulting und Controlling wurde 2009 das „Zentrum für angewandtes Controlling und Consulting – ZACC" gegründet, das sich derzeit mit den Forschungsfeldern Budgetierung und Frühwarnsysteme befasst.

Einbindung von Externen

Auf Grund des dualen Charakters der Hochschule sind die Unternehmen der Lernort während der Praxisphasen und die Hochschule ist der Lernort, an dem theoretische Kenntnisse vermittelt werden. Beide Bereiche sind eng und aktuell aufeinander abgestimmt. Die Besonderheit der Konzeption liegt in der Verknüpfung eines dreijährigen Studiums mit einer praxisbezogenen Ausbildung in Unternehmen, Banken, Steuerberatungs- und Wirtschaftsprüfungskanzleien sowie in Dienstleistungsunternehmen.

Die externen Dozenten stammen aus verschiedenen Unternehmen der unterschiedlichsten Wirtschaftsbereiche. Zu unseren Praktikern zählen unter anderem Consultants großer Strategieberatungen, Personalchefs und Verhandlungsführer von Industriebetrieben und Offiziere der Bundeswehr.

Diese Praktiker betreuen auch – sofern sie über die wissenschaftliche Qualifikation verfügen – schriftliche Prüfungsarbeiten der Studierenden.

Studienberatung

Allgemeine Studienberatung
Tel.: +49 (0) 7720 3906 0
E-Mail: info@dhbw-vs.de

Detailfragen
siehe Allgemeine Studienberatung

Verbesserung und Entwicklung der Studienprogramme

Die Unternehmen sind gleichberechtigt in den Gremien (Hochschulrat, Akademischer Senat) vertreten und gestalten das duale System maßgeblich mit. So werden z. B. die Studienpläne gemeinsam entwickelt und ständig den neuesten wissenschaftlichen Erkenntnissen und den sich wandelnden Anforderungen der Arbeitswelt angepasst.

9.3 Bachelor-Programm Consulting

9.3.1 Allgemeines

Bezeichnung des Studiengangs
Consulting und Controlling

Regelstudienzeit
drei Jahre

Web-Adresse
http://www.dhbw-vs.de/consult-control.html

Gegründet
2007

Akkreditierung
ZevA

„Mission" (Grundkonzept des Studiengangs)

Berufsbefähigung
In Unternehmensberatungsgesellschaften sowie in internen Unternehmensberatungen (und beratenden Dienstleistungssparten von Großunternehmen) befähigt das Studium primär für den Einsatz der Absolventen als Junior-Berater, Assistenten der Geschäftsleitung und Projektmitarbeiter bzw. -leiter. Es werden alle fachlichen, methodischen und sozialen Fähigkeiten vermittelt, die einen erfolgreichen Einsatz in der Unternehmensberatung voraussetzen.

Zielsetzung
Ziel der Dualen Hochschule Baden-Württemberg Villingen-Schwenningen ist es, die Absolventen in die Lage zu versetzen, ohne weitere Traineeprogramme oder lange Einarbeitungszeiten als Consultants, interne Berater/Inhouseconsultants oder Controller sowie als Assistenzen hochrangiger Führungskräfte und Projektmanager verantwortungsvolle Aufgaben bei der Lösung schwieriger betriebswirtschaftlicher Fragestellungen zu übernehmen und erfolgreich zu bewältigen.

Zur Erreichung dieses Ziels sollen Kompetenzen vor allem in nachstehenden Bereichen aufgebaut werden:

Erstens sollen im Rahmen der Allgemeinen Betriebswirtschaftslehre Grundkenntnisse der BWL vermittelt werden. Zur Stützung dieser BWL-Basiskenntnisse soll der Erwerb weiterer Kenntnisse betriebswirtschaftlich relevanter Fächer erfolgen, wie in Finanzbuchführung, VWL, IT, Recht, Mathematik und Statistik.

Zweitens ist es ein wichtiges Ziel, aufgrund der oben genannten Ausrichtung der Berufsbefähigung spezifische Kenntnisse in den Feldern Consulting sowie Controlling zu vermitteln.

Als dritte Komponente sollen „weiche" Fähigkeiten, d. h. Methoden- und Sozialkompetenzen geschult werden.

Der Studiengang stellt darüber hinaus eine wissenschaftsbezogene Ausbildung dar und berechtigt zum weiterführenden Masterstudium.

9.3.2 Studium

Semesterplan (Studienablauf)
(siehe Tab. 9.2)

Tab. 9.2 Semesterplan: Consulting und Controlling

Studiengang: Consulting und Controlling Module mit den zugehörigen Fächern	SWS	1.	2.	3.	4.	5.	6.	Credits gesamt
Unternehmensberatung und Praktikum	–	–	–	–	–	–	–	–
Einführung in das Consulting/Innovationsmanagement/Veränderungsmanagement/Organisationsentwicklung	–	–	–	–	2,5	2,5	–	5
IT-gestützte betriebswirtschaftliche Analyse – ERP Systeme/Prozessmanagement und -optimierung/Strategieentwicklung und -anpassung/Wertorientierte Unternehmensbesteuerung – Unternehmensberatung	–	–	–	–	–	–	4	4	8
Internationale Rechnungslegung IAS – IFRS – US-GAAP/Bilanzpolitik	–	–	–	–	–	2	2	4
Einführung in das Controlling/Kennzahlensteuerung und Reporting	–	2	2	–	–	–	–	4
Planung und Kontrolle/Kostenanalyse, -management und -controlling	–	–	–	2	2	–	–	4
Chancen und Risikomanagement, Chancen und Risikocontrolling/Finanz- und Beteiligungscontrolling	–	–	–	–	–	1,5	1,5	3
Beschaffungs-, Produktions- und Logistikcontrolling/Marketing-, Vertriebs-, IT- und Personalcontrolling/Projekt- und Multiprojektcontrolling	–	–	–	–	–	2	2	4
Informatik und Wirtschaftsinformatik	–	–	–	–	–	–	–	–
Grundlagen der Informationstechnologie/Kommunikation und Netze	–	–	–	2	2	–	–	4
Wirtschafts- und Rechtswissenschaften	–	–	–	–	–	–	–	–
Grundlagen der Betriebswirtschaftslehre/Dienstleistung und Produktionswirtschaft	–	5	–	–	–	–	–	5
Kosten- und Leistungsrechnung	–	–	–	3	–	–	–	3
Marketing	–	–	–	3	–	–	–	3
Bilanzierung/Unternehmensbesteuerung/Investition und Finanzierung	–	–	–	–	8	–	–	8
Organisation und Projektmanagement/Personalwirtschaft	–	–	–	–	6	–	–	6
Unternehmensführung/Mitarbeiterführung/Integrative Managementsysteme	–	–	–	–	–	4	4	8
Finanzmanagement/Bilanzanalyse/Konzernrechnungslegung	–	–	–	–	–	2,5	2,5	5

Tab. 9.2 Fortsetzung Semesterplan: Consulting und Controlling

Studiengang: Consulting und Controlling Module mit den zugehörigen Fächern	SWS	Semester (Credits)						Credits gesamt
		1.	2.	3.	4.	5.	6.	
Einführung in die VWL, Mikroökonomie I/Mikroökonomie II	–	2	2	–	–	–	–	4
Makroökonomie/Geld und Währung	–	–	–	2	2	–	–	4
Wirtschaftspolitik I/Wirtschaftspolitik II, Soziale Sicherung, Verteilungspolitik	–	–	–	–	–	2	2	4
Einführung in das Rechtssystem, Methodenlehre, BGB Allgemeiner Teil, BGB Schuldrecht Allgemeiner Teil/BGB Schuldrecht Besonderer Teil, BGB Sachenrecht, Zivilprozessrecht	–	2	2	–	–	–	–	4
Handels- und Gesellschaftsrecht/Arbeitsrecht, Insolvenzrecht	–	–	–	2	2	–	–	4
Technik der Finanzbuchführung I/Technik der Finanzbuchführung II	–	2,5	2,5	–	–	–	–	5
Grundlagen (z. B. Mathematik)	–	–	–	–	–	–	–	–
Mathematik für Wirtschaftswissenschaften und Statistik	–	2,5	2,5	–	–	–	–	5
Soft Skills und Sprachen	–	–	–	–	–	–	–	–
Wissensmanagement und angewandte Lerntheorie/Konfliktbewältigung	–	1,5	1,5	–	–	–	–	3
Moderation/Zielvereinbarung	–	–	–	1,5	1,5	–	–	3
Verkaufstechniken, Kundenakquisition/Verhandlungsführung	–	–	–	–	–	1,5	1,5	3
Rhetorik, Kommunikation und Präsentation I + II	–	2	2	–	–	–	–	4
Rhetorik, Kommunikation und Präsentation III + IV	–	–	–	2,5	2,5	–	–	5
Business Englisch 1 + 2	–	2	2	–	–	–	–	4
Business Englisch 3 + 4	–	–	–	2	2	–	–	4
Business Englisch 5 + 6	–	–	–	–	–	2	2	4
Sonstige	–	–	–	–	–	–	–	–
Einführung in wissenschaftliches Arbeiten/Wissenschaftstheorie und wissenschaftliches Arbeiten	–	2	2	–	–	–	–	4
Abschlussarbeit	–	–	–	–	–	–	–	12
Credits Theoriephasen über alle Semester	–	23,5	24,5	24,5	22,5	21,5	21,5	150,0
Credits Praxisphasen	–	10	10	10	10	10	10	60
Credits pro Semester/über alle Semester	–	33,5	34,5	34,5	32,5	32,5	32,5	210

Tab. 9.3 Studienschwerpunkte: Consulting und Controlling

Fachrichtung	Anteil
Betriebswirtschaftslehre	31,2 %
Volkswirtschaftslehre	8,7 %
Mathematik/Statistik	3,6 %
Recht (Zivilrecht, Unternehmensrecht, Steuerrecht …)	5,8 %
Psychologie/Wirtschaftspsychologie	0 %
Informatik/Wirtschaftsinformatik	2,9 %
Unternehmensberatung	23,2 %, davon
Managementberatung	–
Personalberatung/HR-Beratung	–
IT-Beratung	–
Consulting-Methoden allgemein	–
Consulting-Projekte	–
Soft Skills	15,9 %
Sprachen	8,7 %, davon
Englisch	8,7 %
Sonstige	0 %

Inhalte, Schwerpunkte und Besonderheiten im Überblick

Wie hoch ist der Anteil der Disziplinen (bezogen auf die gesamte Studiendauer)? (siehe Tab. 9-3)

Soft Skills

Im Bereich der Soft Skills werden den Studenten während des Studiums grundlegende Fähigkeiten der Teamfähigkeit, Rhetorik, Präsentation Kommunikationsfähigkeit, Wissensmanagement und lernen, Moderation, Verhandlungsführung und Konfliktbewältigung näher gebracht. Außerdem erhalten unsere Studenten ein Einblick in die verschiedensten Verkaufstechniken.

Lehrmethoden, Lernmethoden und didaktische Konzepte zum effektiven Studium

Vorlesungen, Fallstudien, Gruppenarbeiten, Projekte, Planspiele

Prüfung

Übliche Prüfungsformen
Klausuren, mündliche Prüfungen, Referate, Hausarbeiten, Projekte, sonstige Studienleistungen

Durchschnittliche Dauer des Prüfungszeitraumes
zwei Wochen

Möglichkeit, Prüfungen zu wiederholen bzw. Freiversuche anzumelden
Jede Prüfung kann mindestens einmal wiederholt werden, einmal pro Studienjahr kann der Studierende eine zweite Wiederholungsprüfung in Form einer mündlichen Prüfung in Anspruch nehmen.

Praktika

Zeitpunkt
Pro Halbjahr (Semester) eine dreimonatige Praxisphase im Kooperationsunternehmen

Dauer
6 Praktika je 3 Monate

Unterstützung
Für die Praxisprojekte wissenschaftliche Betreuung durch die Hochschule

Internationale Aspekte

Auslandsstudium
Die Studenten haben die Möglichkeit während des Studiums ein Auslandspraktikum zu absolvieren und/oder ein Theoriesemester an einer der zahlreichen und renommierten ausländischen Partnerhochschulen.

Art und Anzahl englischsprachiger Veranstaltungen
Englisch 6 Semester

Bachelorarbeit

Dauer
3 Monate

Typische Inhalte (Beispiele)
Lösung eines konkreten Praktischen Problems mit wissenschaftlichen Methoden der Betriebswirtschaftslehre am Beispiel des Kooperationsunternehmens.

Studienentgelte

Studienentgelt pro Semester
500€, zum Teil von den Unternehmen bezahlt

Finanzielle Unterstützungsmöglichkeiten in Form von verbilligten Krediten, Stipendien etc.
Die Studenten sind während ihres Studiums finanziell unabhängig, da sie für die Zeit des Studiums vom jeweiligen Partnerunternehmen eine Vergütung erhalten.
Für Auslandsaufenthalte können Stipendien beantrag werden.

Ansprechpartner für Studienfinanzierung (BAföG-Amt, Studentenwerk)
Die Studierenden erhalten von den jeweiligen Partnerunternehmen durchschnittlich ca. 870,- € pro Monat Vergütung.

Bewerbung

Fristen
ca. ein Jahr im Voraus

Freie Plätze pro Zulassungstermin
ca. 33

Bewerbungsunterlagen
Die Bewerbung für einen Studienplatz erfolgt direkt bei unseren Kooperationsunternehmen

Zulassungskriterien
Um zu einem Studium an unserer Hochschule zugelassen zu werden müssen die Bewerber die allgemeine Hochschulreife bzw. die Fachhochschulreife besitzen. Im Fall der Fachhochschulreife müssen die Bewerber eine zusätzliche Wissensprüfung bestehen.

Auswahlkriterien
Die Auswahl erfolgt direkt über unsere Kooperationsunternehmen.

9.3.3 Besonderheiten und weitere wichtige Infos

Das Studium wird nur in kleinen Gruppen durchgeführt, bei gleichzeitig sehr intensiver Betreuung durch die Professoren und Lehrbeauftragten aus der Praxis.

10 Fachhochschule Ludwigshafen am Rhein

10.1 Allgemeines

10.1.1 Allgemeine Strukturdaten

Bildrechte: Fachhochschule Ludwigshafen am Rhein

Fachhochschule

Adresse
Fachhochschule Ludwigshafen
(Fachbereich III)
Ernst-Boehe-Straße 4
67059 Ludwigshafen
Tel.: +49 (0) 621 5203 0 150 (FB III)
Fax: +49 (0) 621 5203 114 (FB III)

Organisatorische Einheit, der der Studiengang zugeordnet ist
Fachbereich III – Dienstleistungen & Consulting

Tab. 10.1 Hochschulausstattung: Fachhochschule Ludwigshafen am Rhein

–	Nähere Informationen
Bibliothek	3 Standorte (Zentralbibliothek, Teilbibliothek FB IV, OAI Bibliothek), täglich geöffnet
Rechnerzugang, Pools	8 PC-Pools (à ca. 25 Plätze), 1 Sprachlabor, 1 Datev-Labor
Wireless LAN	Kostenlos für Studenten der Fachhochschule Ludwigshafen
International Office/Auslandsamt	Tel.: 0621-5203-119 Fax: 0621-5203-271 E-Mail: AAA@fh-lu.de
Frei zugängliche Sprachkurse	Spanisch, Englisch, Russisch
Career Center/Karriere-Service	Die Karriereberatung wird von den studiengangspezifischen wissenschaftlichen AssistentInnen durchgeführt.
Wohnen auf dem Campus	Es gibt ein Wohnheim mit 174 Plätzen (Apartments) in der Heinigstraße.
Semestertickets für ÖPNV/Deutsche Bahn	Aktuelle Fahrpläne finden Sie unter http://www.vrn.de/
Cafeterien und Mensen	Täglich geöffnet
Besondere Veranstaltungen und „studium generale" für alle Studiengänge und alle Semester	Wird angeboten
Einführungsveranstaltungen/ Tutorien durch ältere Studenten	Einführungswochen finden regelmäßig statt. Tutorien werden hauptsächlich in Wirtschaftsmathematik, Statistik, SAP R/3 und Programmierung angeboten.
Kindergarten (Unterstützung von Studenten mit Kindern (z. B. durch das Studentenwerk))	Öffentliche und private Kindergärten in Universitätsnähe

Web-Adresse

http://web.fh-ludwigshafen.de/index.nsf

Gründungsjahr

1965

Anzahl Studierende insgesamt

ca. 4200

10.1.2 Ausstattung der Hochschule

(siehe Tab. 10.1)

10.1.3 Beschreibung der Hochschule und des Hochschulstandortes

1965 erfolgte die Gründung der Staatlichen Höheren Wirtschaftsfachschule Ludwigshafen. Diese wurde 1971 als Abteilung Ludwigshafen Teil der Fachhochschule Rheinland-Pfalz. 1976 kam es zur Vereinigung mit der Abteilung Worms, die bis 1991 anhielt. Die Fachhochschule Ludwigshafen wurde 1996 eigenständig. 2004 erfolgte eine Umstellung auf Bachelor- und Master-Studiengänge. 2008 war die Fusion mit der Evangelischen Fachhochschule Ludwigshafen (neuer Fachbereich IV).

Die Fachhochschule Ludwigshafen ist unterteilt in 4 Fachbereiche:

- FB I: Management, Controlling, HealthCare
- FB II: Marketing & Personalmanagement
- FB III: Dienstleistungen & Consulting
- FB IV: Sozial- und Gesundheitswesen

Ludwigshafen am Rhein ist die größte Stadt der Pfalz, nach Mainz die zweitgrößte Stadt in Rheinland-Pfalz und nach Mannheim die zweitgrößte Stadt der Metropolregion Rhein-Neckar. Am linken Rheinufer gegenüber der baden-württembergischen Schwesterstadt Mannheim gelegen, ging Ludwigshafen einst aus der ehemaligen Mannheimer Rheinschanze hervor. Heute ist die Stadt vor allem als Sitz der BASF bekannt. Ludwigshafen ist eine kreisfreie Stadt und gleichzeitig Verwaltungssitz des die Stadt umgebenden Rhein-Pfalz-Kreises (bis 2003 Landkreis Ludwigshafen). Sie ist eines der fünf Oberzentren des Landes Rheinland-Pfalz.

Weitere nähergelegene Großstädte sind im Uhrzeigersinn Mainz (etwa 60 km nördlich), Darmstadt (etwa 45 km nordöstlich), Heidelberg (etwa 25 km südöstlich), Karlsruhe (etwa 50 km südlich) und Kaiserslautern (etwa 45 km westlich).

Die Einwohnerzahl der Stadt überschritt um das Jahr 1925 die Grenze von 100.000, wodurch sie innerhalb eines Jahrhunderts seit ihrer Gründung im Jahr 1853 zur Großstadt wurde. Heute liegt sie auf Platz 46 unter den deutschen Großstädten (etwa in der gleichen Größe wie Saarbrücken, Herne, Mülheim an der Ruhr, Osnabrück, Solingen und Leverkusen).

10.2 Consulting: Strukturdaten für Masterprogramm

10.2.1 Allgemeines

Abschluss
Master of Science (M.Sc.)

Ausbildung für folgende Berufsfelder

- Managementberatung
  - Strategie
  - Organisation/Prozess- und Qualitätsmanagement
  - Führung
  - Marketing
  - Decision Processing
  - Change Management
  - Systems Engineering
- IT-Beratung
  - IT-Consulting
  - IT-Integration/IT-Technik
  - Sonstiges
  - Knowledge Management
  - Business Intelligence
  - Enterprise Resource Planning
  - Modellierung und Realisierung betrieblicher Informationssysteme

10.2.2 Lehre und Forschung

Anzahl der hauptamtlich Lehrenden

Professoren: 11
Lehrkräfte für besondere Aufgaben: 1
Daraus ergibt sich eine Betreuungsintensität von einem hauptamtlich Lehrenden auf 3,5 Studierende

Anzahl von Studierenden in einer Lehrveranstaltung

Ca. 15 Personen (+- 3)
Max: 50 (bei Zusammenlegung mit anderen Studiengängen)

Anzahl Studenten und Absolventen im Bereich Consulting

Master: 42 Studenten   9 Absolventen

Kompetenzen und Schwerpunkte zentraler Lehrkräfte

Prof. Dr. Martin Selchert

Lehrgebiete
Marketing, Management, E-Business, Consulting

Aktuelle Forschungsaktivitäten
Customer Relationship Management, Wirtschaftlichkeit von IT Einsatz, Geschäftsmodelle im E-Commerce, Service Management

Prof. Dr. Klaus Freyburger

Lehrgebiete
Programmierung, Algorithmen und Datenstrukturen, Quantitative Methoden, Business Intelligence, Knowledge Management, Wirtschaftsinformatik

Aktuelle Forschungsaktivitäten
Business Intelligence insbesondere mit SAP und Open Source

Prof. Dr. Haio Röckle

Lehrgebiete
Software Engineering, Webprogrammierung, Informationssicherheit

Aktuelle Forschungsaktivitäten
Informationssicherheitsmanagement, Kennzahlen, Web Application Security

Prof. Dr. Carsten Dorrhauer

Lehrgebiete
Wirtschaftsinformatik, Datenmodellierung/Datenbanksysteme, Software Engineering, Objektorientierte Analyse/Design/Programmierung, Information Management, Web-Anwendungen und -Programmierung

Aktuelle Forschungsaktivitäten
IT-Servicemanagement in der „Digital Firm".

Prof. Dr. Frank Thomé

Lehrgebiete
E-Business, ERP-Systeme, Business Process Management, Supply Chain Management

Aktuelle Forschungsaktivitäten
Softwarearchitekturen betriebswirtschaftlicher Anwendungssysteme
Informations- und Kommunikationssysteme in der Logistik

Forschung

Forschung wird durch die Professoren des Studiengangs Information Management & Consulting sehr intensiv betrieben.

Es existieren drei Forschungsinstitute:

- Institut für Wirtschaftsinformatik an der FH Ludwigshafen (IWIL) unter Leitung von Prof. Dr. Haio Röckle, dem alle oben genannten Kollegen angehören.
- Institut für Business Intelligence (IBI) unter Leitung von Prof. Dr. Klaus Freyburger
- Institut für Innovation und Marktorientierte Unternehmensführung unter Leitung von Prof. Dr. Martin Selchert

Eine eigene Publikationsreihe des Studiengangs gibt es aktuell nicht. Vielmehr ist im Rahmen der Neuausrichtung von wissenschaftlichen Publikationen der FH Ludwigshafen eine Beteiligung an den hochschulweiten Reihen vorgesehen.

Integration des Studiengangs Consulting

Durch die Integration von wirtschaftlichen und informationstechnischen Themenfeldern weist der Studiengang Information Management & Consulting ein großes Maß an Interdisziplinarität auf.

Es werden außerdem rechtliche, psychologische und kommunikationswissenschaftliche Inhalte vermittelt.

Eine hohe Integration mit anderen Masterstudiengängen ergibt sich über gemeinsame Module, etwa mit den Studiengängen Logistik und auch Finance & Accounting.

Einbindung von Externen

Der Studiengang hat einen Kreis von Unternehmenspartnern, der sich aus namhaften IT Beratungsfirmen zusammensetzt – etwa zurzeit BearingPoint, BASF IT Services, SHE, u. a. m. Mit diesen Unternehmen werden die Inhalte des Studiengangs und einzelner Veranstaltungen regelmäßig diskutiert und überprüft. Zudem unterstützen diese Unternehmen den Studiengang durch Lehrbeauftragte, durch Praxisprojekte und Praktikumsangebote an Studierende.

Studienberatung

Allgemeine Studienberatung
Simone Schmidt
Tel: +49 (0) 621 5203 118
E-Mail: simone.schmidt@fh-ludwigshafen.de

Detailfragen
Bei Fragen zu Studieninhalten, Kooperationen und Partnerschaften:
Prof. Dr. Martin Selchert (Studiengangsleiter)
Dipl.-Kaufmann
E-Mail: martin.selchert@fh-ludwigshafen.de

Bei Fragen zur Anerkennung von Abschlüssen, zum Studienablauf oder anderen organisatorischen Aspekten
Thomas Wagner
Bachelor of Science
Tel: +49 (0) 621 5203 192
E-Mail: t.wagner@fh-ludwigshafen.de

Bei Fragen rund um IT
Thorsten Füg
Bachelor of Science
Tel: +49 (0) 621 5203 229
E-Mail: Thorsten.fueg@fh-ludwigshafen.de

Verbesserung und Entwicklung der Studienprogramme
Jede Lehrveranstaltung wird jedes Semester durch die Studierenden mittels eines formalen Fragebogens nach fast 30 Einzelkriterien höchst differenziert evaluiert. Zusätzlich findet mit den Semestergruppen einmal pro Semester eine Feedback-Runde statt, in der Verbesserungsmöglichkeiten diskutiert werden. Beide Rückmeldungen, zusammen mit Review-Ergebnissen von Unternehmenspartnern des Studiengangs führen zu einer regelmäßigen Weiterentwicklung. Die Entwicklungen werden – soweit das Programm insgesamt betroffen ist – im Kreis der Kollegen diskutiert und beschlossen, soweit Einzelveranstaltungen betroffen sind, jeweils zwischen dem Studiengangleiter und dem jeweiligen Kollegen besprochen.

Im Studium sind mindestens 5 Praxisprojekte integraler Bestandteil des Lehrplans. Das sind Veranstaltungen in Modellierung und Realisierung von Unternehmensapplikationen, bei denen die Studierenden mit Unternehmenspartnern gemeinsam praktische Probleme lösen. In E-Commerce Strategy erarbeiten Teams von Studierenden strategische Geschäftsmodelle auf Basis von E-Business Technologien für Unternehmen in der Rhein-Neckar Metropolregion. Das gesamte Modul „Specific Consulting Concepts" besteht aus Anwendungsveranstaltungen, in denen die Studierenden die bis dahin erlernten Inhalte auf konkrete Unternehmenssituationen im Bereich Marketing, HR Management und Controlling anwenden. Schließlich besteht die einsemestrige Master Thesis zu fast 100 % aus konkreten Anwendungsprojekten in der Praxis.

Im Studiengang Information Management & Consulting wird durchgehend mit Software gearbeitet, die für die Praxis der IT Beratung relevant ist. So arbeiten die Studierenden sehr intensiv mit SAP Anwendungen wie SAP ERP, SAP BI, SAP CRM, SAP SCM, SAP APO etc. Zudem werden Open Source Anwendungen im Bereich BI gelehrt und in Praxisprojekten angewendet. Die Studierenden programmieren in JAVA. Prozessmodelle werden mit ARIS oder Visio (BPMN) erstellt. Im Bereich der Management Beratung lernen die Studierenden Simulationsapplikationen wie Crystal Ball kennen.

10.3 Master-Programm Consulting

10.3.1 Allgemeines

Bezeichnung des Studiengangs
Masterstudiengang Information Management & Consulting (Master of Science)

Regelstudienzeit
4 Semester

Web-Adresse
http://fb3.fh-ludwigshafen.de/InfoMaC

Gegründet
Zum Wintersemester 2007/08

Akkreditierung
2004 AQUAS
http://www.aqas.de/downloads/Kurzberichte/MA/14_320_MA_BIS

„Mission" (Grundkonzept des Studiengangs)
Vorbereitung für eine Fach- oder Führungsaufgabe in der IT Beratung durch anwendungsbezogene Vermittlung von IT Kenntnissen sowie konzeptionellen und sozialen Beratungskompetenzen.

10.3.2 Studium

Semesterplan (Studienablauf)
(siehe Tab. 10.2)

Inhalte, Schwerpunkte und Besonderheiten im Überblick
Im Rahmen der Wirtschaftsinformatik liegen die Schwerpunkte auf den Themen

- Business Intelligence und Knowledge Management sowie
- Web-Anwendungen (Modellierung und Programmierung)

Bezüglich der Consulting Kompetenzen werden Projekt- und Prozessmanagement besonders intensiv behandelt.

Die Studierenden haben bei einem Modul im 3. Semester eine Wahlmöglichkeit. Zur Auswahl stehen das studiengangeigene Wahlpflichtmodul „Specific Consulting Concepts", ein Modul aus dem Masterstudiengang Finance & Accounting „Corporate Finance" und ein Modul aus dem Masterstudiengang Logistik „Logistik-Technologie". Jedes Wahlpflichtmodul setzt sich aus drei Teilgebieten mit je 2 SWS à 3 Credits zusammen.

Tab. 10.2 Semesterplan: Masterstudiengang Information Management & Consulting (Master of Sciences)

Studiengang: Information Management und Consulting (InfoMaC)	SWS	Semester (Credits)				Credits gesamt
Module mit den zugehörigen Fächern		1.	2.	3.	4.	–
Unternehmensberatung und Praktikum	–	–	–	–	–	28
Business Integration Consulting	2	3	–	–	–	3
Business Communication	2	–	3	–	–	3
Beratungsmanagement	2	–	3	–	–	3
E-Commerce Strategy	2	4	–	–	–	4
E-Logistic Strategy	2	3	–	–	–	3
ERP-Consulting (inkl. ERP Architektur)	2	3	–	–	–	3
Conceptual Problem Solving	2	–	–	3	–	3
Organizational Development	2	–	–	3	–	3
Strategic Consulting	2	–	–	3	–	3
Informatik und Wirtschaftsinformatik	–	–	–	–	–	50
Business Management (ARIS): Projekt I	2	3	–	–	–	3
Business Management (ARIS): Projekt II	2	3	–	–	–	3
ERP (SAP R/3)	4	6	–	–	–	6
Modellierung Anwendungssysteme	2	–	4	–	–	4
IT Service Management	2	–	3	–	–	3
Internet Technologien	2	–	3	–	–	3
Software Engineering	2	–	3	–	–	3
Anwendungsentwicklung mit J2EE	2	–	3	–	–	3
Business Intelligence	2	–	6	–	–	6
Knowledge Management	2	–	3	–	–	3
Realisierung Anwendungssysteme	2	–	–	4	–	4
Realisierung Knowledge Management	2	–	–	4	–	4
Realisierung Business Intelligence	2	–	–	5	–	5
Wirtschafts- und Rechtswissenschaften	–	–	–	–	–	12
IT Recht	2	3	–	–	–	3
Marketing Prozesse und Systeme	2	–	–	3	–	3
Personal Prozesse und Systeme	2	–	–	3	–	3
Controlling Prozesse und Systeme	2	–	–	3	–	3
Abschlussarbeit	–	28	31	31	30	30
Credits pro Semester/über alle Semester	–	–	–	–	–	120

Tab. 10.3 Studienschwerpunkte: Masterstudiengang Information Management & Consulting (Master of Sciences)

Fachrichtung	Anteil
Betriebswirtschaftslehre	0 %
Volkswirtschaftslehre	0 %
Mathematik/Statistik	0 %
Recht (Zivilrecht, Unternehmensrecht, Steuerrecht …)	4 %
Psychologie/Wirtschaftspsychologie	4 %
Informatik/Wirtschaftsinformatik	33 %
Unternehmensberatung	51 %, davon
Managementberatung	4 %
Personalberatung/HR-Beratung	0 %
IT-Beratung	21 %
Consulting-Methoden allgemein	4 %
Consulting-Projekte	22 %
Soft Skills	4 %
Sprachen	4 %, davon
Englisch	4 %

Pflichtsprachen
Deutsch (ca. 80 %) und Englisch (ca. 20 %)

Welche wichtigen Inhalte bauen wie aufeinander auf?
Sehr enge Zusammenhänge gibt es zwischen den Veranstaltungen des zweiten und dritten Semesters – etwa zwischen der Modellierung und der Realisierung eines Softwareprojekts, den Grundlagen und der Anwendung von BI und KM. Diese Abfolge ist deshalb sichergestellt, unabhängig in welchem Semester ein Studierender sein Studium aufnimmt.

Eine Besonderheit der FH Ludwigshafen ist die geografische Lage inmitten von Europas stärkstem IT-Cluster. Umliegende Unternehmenspartner bieten den Studierenden die Möglichkeit studienbegleitend an praktischen Projekten mitzuwirken.

Wie hoch ist der Anteil der Disziplinen (bezogen auf die gesamte Studiendauer)?
(siehe Tab. 10.3)

Download der Studienbeschreibungen im Detail
Studienordnung und Prüfungsordnung
http://fb3.fh-ludwigshafen.de/fileadmin/files/InfoMaC/Downloads/PO_Master_InfoMaC_neu.pdf

Unit- und Modulbeschreibung bzw. Veranstaltungsverzeichnis
http://fb3.fh-ludwigshafen.de/fileadmin/files/InfoMaC/Downloads/Stundentafel_InfoMaC_neu.pdf

Selbstdokumentation
http://fb3.fhludwigshafen.de/fileadmin/files/InfoMaC/Downloads/Studienbroschuere_InfoMaC_neu_06Jul09.pdf

Soft Skills
Sozialkompetenzen in der Beratung: Interviewing, Konfliktmanagement, Präsentationstechniken, Verhandlungsführung, Moderationstechniken

Lehrmethoden, Lernmethoden und didaktische Konzepte zum effektiven Studium
Die Lehr- und Lernmethoden sind vielfältig:
Fallstudienseminare
Vorlesung mit integrierten Übungen
Blended Learning
Praxisprojekte mit Unternehmenspartnern

Prüfung

Übliche Prüfungsformen
Klausuren, Projekte, Fallstudien, Präsentationen

Durchschnittliche Prüfungsanzahl pro Semester
3

Durchschnittliche Dauer des Prüfungszeitraumes
ca. 4 Wochen

Möglichkeit, Prüfungen zu wiederholen bzw. Freiversuche anzumelden
ja

Praktika
Das Studienprogramm sieht kein ausgewiesenes Praxissemester vor. Freiwillige Praktika lassen sich jedoch ohne größeren Zeitverlust in das Studienprogramm integrieren.

Internationale Aspekte
Ein Auslandsstudium ist nicht verpflichtend, wohl aber bis zu zwei von vier Semestern möglich. Die Hochschule unterstützt in der Anbahnung des Kontakts zu ausländischen Hochschulpartnern (z. B. in den USA). Genutzt wird insbesondere die Möglichkeit, die Masterthesis mit einem Unternehmensprojekt im Ausland zu verbinden.

Art und Anzahl englischsprachiger Vorlesungen
7 Veranstaltungen (insgesamt 22 Credits)

Anteil ausländischer Studenten
4 %

Masterarbeit

Dauer
6 Monate

Typische Inhalte
Typische Inhalte sind Themen aus dem Bereich der IT Beratung, z. B. Development of a Balanced Scorecard for Different Web Models, Instrumente zur Optimierung der Leistungstransparenz und Ressourcennutzung in internationalen Unternehmen etc.

Studienentgelte

Studienentgelt pro Semester
Studienbeitrag: 650 €
Semesterbeitrag: 93,75 €

Langzeitstudienentgelte
Gibt es nicht, da oben genannte Regelung durch die Landesverordnung zur Entrichtung von Studienkonten.

Finanzielle Unterstützungsmöglichkeiten in Form von verbilligten Krediten, Stipendien etc.
Nicht seitens der Hochschule. In solchen Fragen wird auf eventuelle Möglichkeiten des Studierendenwerks, der KfW und diversen Stiftungen verwiesen.

Ansprechpartner für Studienfinanzierung (BAföG-Amt, Studentenwerk)
BAföG:
Frau Andrea Henninger
Tel.: +49 (0) 621 5203 165
Fax: +49 (0) 621 5203 169
E-Mail: bafoeg@fh-lu.de
Web-Adresse: http://web.fh-ludwigshafen.de/index.nsf/de/bafoegamt

Studentenwerk:
Studierendenwerk Vorderpfalz
Anstalt des öffentlichen Rechts
Forststraße 7
76829 Landau
Tel.: +49 (0) 63 41 9 17 90
Fax: +49 (0) 63 41 8 40 69
E-Mail: info@studierendenwerk-vorderpfalz.de
Web-Adresse: www.studierendenwerk-vorderpfalz.de

Bewerbung

Fristen
Die Aufnahme findet jeweils zum Winter- und Sommersemester statt.

Bewerbungszeitraum
für das WS ab 01.05. bis 15.09. und für das SS ab 01.01. bis 15.02. Ausländischen Bewerbern wird empfohlen, ihre Bewerbung für das Sommersemester bis spätestens zum 15.01. und für das Wintersemester bis spätestens 15.07 abzugeben.

Freie Plätze pro Zulassungstermin
Der Studiengang stellt insgesamt 25 Studienplätze pro Jahr zur Verfügung. Die Verteilung auf die einzelnen Semester erfolgt je nach Bewerberlage variabel (z. B. 15 Plätze zum WS und 10 zum SS).

Bewerbungsunterlagen
Den Zulassungsantrag (FB III) finden Sie unter
http://fb3.fh-ludwigshafen.de/studium/fragen-zum-studium/studienbewerbung.html
Bei Fragen zur Bewerbung wenden Sie sich bitte an:
Fachhochschule Ludwigshafen
Studierendensekretariat
Ernst-Boehe-Straße 4
67059 Ludwigshafen

Zulassungsvoraussetzungen
Die formale Voraussetzung für den Start im Masterstudiengang Information Management & Consulting besteht im erfolgreichen Abschluss eines Bachelor- oder Diplomstudiengangs in Wirtschaftsinformatik, BWL mit nachweisbaren IT-Kenntnissen oder einem verwandten Studienfach. Erforderlich ist, dass die Bewerber sämtliche Leistungen zum Beginn des geplanten 1. Studiensemesters (d. h. 1. Oktober bzw. 15. März) erbracht haben; wenn Noten ausstehen, werden diese bis zur Vorlage der tatsächlichen Note, zunächst mit einer 4,0 angerechnet.

Inhaltliche Voraussetzung für Erfolg im Masterstudiengang InfoMaC ist die Fähigkeit und Bereitschaft, sich auf betriebswirtschaftliche Inhalte ebenso einzulassen wie auf Informationstechnologie – inklusive Programmierung. Die Chancen auf Zulassung und ein erfolgreiches Studium steigen, wenn die Bewerber bereits Grundlagen in Programmierung und Datenbanken sowie in betriebswirtschaftlichen Kernfächern wie Marketing, Strategie, Unternehmensführung/Organisation, Investitionsrechnung und Rechnungswesen mitbringen.

Für ausländische Studienbewerber werden zusätzlich die Urkunden und Zeugnisse in beglaubigter Kopie in der Originalsprache und in einer deutschen oder englischen Übersetzung benötigt. Die Umrechnung der Noten wird vom Bereich Internationales vorgenommen; Bewerber aus China müssen das Zertifikat der Akademischen Prüfstelle in Peking im Original beilegen. Zusätzlich müssen die Bewerber den Nachweis deutscher Sprachkenntnisse erbringen mit DSH-2/Testdaf 4.

Auswahlkriterien
Neben der Abschlussnote des für das Masterstudium qualifizierenden Studiums, werden noch die Passgenauigkeit dieses Studiums, das Abschneiden innerhalb eines Bewerberinterviews und alle Qualifikationen und Eindrücke basierend auf den Angaben im Lebenslauf des Bewerbers berücksichtigt. Je besser die Note, je passgenauer das vorangehende Erst-Studium, je erfolgreicher das Bewerbungsgespräch und je relevanter die Erfahrungen im Lebenslauf, desto mehr Punkte gibt es. Dabei können 1 bis 5 Punkte pro Kriterium erreicht werden. Die einzelnen Kriterien gehen gewichtet in eine Gesamtpunktzahl ein, die den Rang des Bewerbers anzeigt.

Fachhochschule Nordschweiz 11

11.1 Allgemeines

11.1.1 Allgemeine Strukturdaten

 Fachhochschule Nordwestschweiz
Hochschule für Wirtschaft

Bildrechte: Fachhochschule Nordschweiz

Fachhochschule in öffentlicher Trägerschaft

Adresse
Riggenbachstrasse 16
4600 Olten
Schweiz
Susanne Böni
Tel.: +41 (0) 62 286 01 27
E-Mail: susanne.boeni@fhnw.ch

Organisatorische Einheit, der der Studiengang zugeordnet ist
Institut für Personalmanagement und Organisation

Web-Adresse
http://www.fhnw.ch/wirtschaft/pmo

Gründungsjahr

Die Gründung der FHNW erfolgte am 1. Januar 2006. Sie entstand aus der Fusion der Fachhochschule Aargau (FHA), der Fachhochschule beider Basel (FHBB), der Fachhochschule Solothurn (FHSO), der Pädagogischen Hochschule Solothurn sowie der Hochschule für Pädagogik und Soziale Arbeit beider Basel.

Anzahl Studierende insgesamt

ca. 8.000

11.1.2 Ausstattung der Hochschule

(siehe Tab. 11.1)

11.1.3 Beschreibung der Hochschule und des Hochschulstandortes

Die Fachhochschule Nordwestschweiz FHNW ist eine zentral geführte Fachhochschule. Sie umfasst neun Hochschulen mit 50 Instituten in den Kantonen Aargau, Basel-Landschaft, Basel-Stadt und Solothurn.

Träger der Hochschule sind die Kantone Aargau, Basel-Landschaft, Basel-Stadt und Solothurn. Der Führung der Hochschule Nordwestschweiz wird sichergestellt zwischen den Trägerkantonen und einem Fachhochschulrat, der die FHNW strategisch führt. Der FHNW stehen ein Direktionspräsident/in und zwei Vizepräsident/innen vor.

Die FHNW besteht aus neun fachspezifischen Hochschulen:

- Hochschule für Angewandte Psychologie (Olten)
- Hochschule für Architektur, Bau und Geomatik (Muttenz)
- Hochschule für Gestaltung und Kunst (Basel, Aarau)
- Hochschule für Life Sciences (Muttenz)
- Musikhochschulen (Basel)
- Pädagogische Hochschule (Aarau, Basel, Brugg, Liestal, Solothurn, Zofingen)
- Hochschule für Soziale Arbeit (Olten, Basel, Brugg)
- Hochschule für Technik (Windisch, Muttenz, Olten)
- Hochschule für Wirtschaft (Basel, Brugg, Olten)

Zurzeit bestehen Einrichtungen an neun Standorten. Angeboten werden Bachelor- und Master-Studiengänge, Nachdiplomstudien, Weiterbildungen, anwendungsorientierte Forschung und Entwicklung sowie Dienstleistungen zugunsten Dritter. Insgesamt zählt die FHNW rund 8000 Studierende.

Tab. 11.1 Hochschulausstattung: Fachhochschule Nordschweiz

–	Nähere Informationen
Bibliothek	Öffnungszeiten Montag–Donnerstag, 9.00–18.00 Uhr Freitag, 8.30–18.00 Uhr Zweck Die Bibliothek stellt Fachliteratur zu den Bereichen Wirtschaft, Soziale Arbeit und Angewandte Psychologie zur Verfügung. Die Bibliothek steht den Studierenden, den Dozierenden und den Mitarbeiterinnen und Mitarbeitern der Fachhochschule Nordwestschweiz sowie interessierten auswärtigen Personen zur Benutzung offen. Die Bibliothek ist an das Netzwerk von Bibliotheken und Informationsstellen der Schweiz NEBIS angeschlossen. Sämtliche ausleihbaren Bücher und Medien sind im Online-Katalog unter www.nebis.ch verzeichnet und direkt bestellbar. Zahlen: 27.600 Bücher und Medien 270 Fachzeitschriften, 25 Zeitungen
Rechnerzugang, Pools	Plattform für Studierende und persönlicher Account, Freier Zugang zu den PC-Räumen mit Web
Wireless LAN	Vorhanden
Career Center/Karriere-Service	Über Studienleitung, kostenpflichtiges Laufbahnberatungsangebot
Wohnen auf dem Campus	Private Unterkünfte, Hotels etc.
Semestertickets für ÖPNV/Deutsche Bahn	GA Vergünstigung mit Studentenausweis
Cafeterien und Mensen	Im Erdgeschoss
Besondere Veranstaltungen und „studium generale" für alle Studiengänge und alle Semester	Infoveranstaltungen, vor allem für Bachelor Studierende

11.2 Consulting: Strukturdaten für Masterprogramm

11.2.1 Allgemeines

Abschluss

Executive Master of Business Administration (EMBA) in Management Consulting International

Ausbildung für folgende Berufsfelder

- Managementberatung
  - Strategie
  - Organisation/Prozess- und Qualitätsmanagement
  - Führung
  - Marketing

- Personalberatung/HR-Beratung
  - Personal-Recruitment
  - High-Potential-Development
  - Personal Konzepte
  - Coaching

- IT-Beratung
  - IT-Consulting
  - IT-Integration/IT-Technik

- Sonstige Berufsfelder
  - Externe und interne Beratende
  - projektleitende Fach- und Führungskräfte aller Branchen und Tätigkeitsbereiche (HR-, IT- und Steuerberatende, Unternehmensberater/innen, Wirtschaftsprüfer/innen, Controller/innen, Personalentwickler/innen, Trainer/innen, Organisator/innen und Innovationsmanager/innen

11.2.2 Lehre und Forschung

Anzahl der hauptamtlich Lehrenden
8
Daraus ergibt sich eine Betreuungsintensität von einem hauptamtlich Lehrenden auf 9 Studierende

Anzahl von Studierenden in einer Lehrveranstaltung
Master: um die 20 Teilnehmer. Minimum: 15 Teilnehmer/Maximum: 25 Teilnehmer

Anzahl Studenten und Absolventen im Bereich Consulting
Aktuell 42 Studierende in der Schweiz, 69 in Vietnam (dasselbe Programm wird auch in Ho Chi Minh City seit 2010 durchgeführt) 73 Absolventinnen und Absolventen.

Kompetenzen und Schwerpunkte zentraler Lehrkräfte

Prof. Dr. Rolf-Dieter Reineke

Fächer
Einführung in die int. Unternehmensberatung, Beratungsinhalte und Problemlösungsmethoden I/M&A-Beratung Beratungsinhalte und Problemlösungsmethoden II/Geschäftsprozessoptimierung

Praxiserfahrung
Deutsch Gesellschaft für Technische Zusammenarbeit (GTZ) GmbH, Eschborn/Deutschland: Senior Technical Advisor bei der Organisations- und Unternehmensberatungs-Division (1991–1994)

Gemini Consulting, Bad Homburg/Deutschland, Consultant im Organisations- und Management Development Department (Teil der Cap Gemini) (1994–1995)

Zahlreiche Beratungs-und Informationsprogramme in den oben genannten Bereichen seit 1988, sowohl im privaten und im öffentlichen Sektor. Umfangreiche Erfahrung in der Entwicklungszusammenarbeit und Beratungsentwicklung.

Forschung
Zahlreiche Forschungsaktivitäten im internationalen Management, Mergers & Acquisitions, Beratung und Change Management, Publikationen für Gabler Lexikon im Bereich Beratung (inkl. der Online-Version)

Prof. Dr. Guy Ochsenbein

Fächer
Leadership, Beratungskommunikation

Praxiserfahrung
Institutsleiter PMO (Institut für Personalmanagement und Organisation), Leiter Personalentwicklung im Personalamt des Kantons Fribourg, Geschäftsleitung TASK GmbH

Forschung
Forschung im Bereich Gruppen-und Organisationspsychologie, Führung und HRM finanziert vom Schweizerischen Nationalfonds und KTI

Dr. Dieter Schmied

Fach
Beratungsprozess

Praxiserfahrung
Gründung trisystemics consulting group, Partner und Inhaber, www.trisystemics.ch. Selbständiger Unternehmensberater und Leadership-Trainer, Geschäftsführer www.lifetimehealth.ch, Leiter Nachdiplomstudium BWL und Sportmanagement, ETH Zürich, Gründung Beratungsunternehmen www.dieterschmid.ch

Forschung
Diverse Forschungsprojekte im Bereich Veränderungsmethodik für Führungskräfte, Teams und Organisationen. Publikationen im Eigenverlag www.trisystemics.ch, unter anderem Unternehmensanalyse (2007). In drei Tagen zum Veränderungsmasterplan.
Das 3x3 der Veränderung (1. Auflage 2009, 2. Auflage 2010). Praxishandbuch für ganzheitliches Verändern.

Peter P. Müller

Fach
Beratungsprozess

Praxiserfahrung
25 Jahre Management-Beratung bei internationalen Firmen wie Roland Berger, Arthur D. Little, Deloitte mit Management-Funktionen

Forschung
Consulting Markt in India; Entwicklung, Reifegrad und Unterschiede zum europäischen und amerikanischen Consulting Markt.

Marc Pfyffer

Fach
Beratungsprozess

Praxiserfahrung
Diverse Führungs- und Projektleitungsfunktionen unter anderem bei Migros-Genossenschafts-Bund, Zürich (Bereichsleiter Controlling/Prozesse, Leiter Managementsysteme, Hauptprojektleiter Strategie Warenhandel)

Forschung
Entwicklung des trisystemics Veränderungsansatzes für komplexe Veränderungsprojekte
Mitarbeit im KTI Projekt ‚Collaboration and Virtualisation (ab 2010)
Auftraggeber resp. Betreuung von Masterarbeiten in den Bereichen Führungscoaching, Collaboration und Veränderungsmanagement

Integration des Studiengangs Consulting

In der Hochschule für Wirtschaft wird im Bachelor Studiengang Betriebsökonomie bereits das Vertiefungsmodul Management Consulting angeboten. Im Weiterbildungsmaster EMBA-MCI kann dies dann vertieft werden.

Außerdem werden in folgenden Master Studiengängen Consulting Module unterrichtet: MAS Coorporate Communication Management und MAS Human Resource Management.

Einbindung von Externen

Das Institut für Personalmanagement und Organisation PMO wird von einem Beirat unterstützt, der folgende Funktionen übernimmt: auf Anfrage Rat und Unterstützung im Vorfeld von Entscheidungen geben, aktuelle Fragestellungen aus Forschung und Praxis einbringen, Vernetzung mit der Praxis, gesellschaftlichen Institutionen und anderen Hochschulen fördern, regelmäßige Stellungnahme zu Ausrichtung, Umfang und Qualität der Institutsleistungen

Außerdem hat das PMO Kooperationen mit der Lernwerkstatt in Olten (www.lernwerkstatt.ch) und ist Fördermitglied des BVMW in der Schweiz (Bundesverband mittelständischer Wirtschaft, www.bvmw-schweiz.ch) wie auch der ASCO (Association of Management Consultants Switzerland, www.asco.ch).

Diverse Dozierende kommen zudem aus der Wirtschaft und Praxis wie auch von anderen Hochschulen.

Aktuelle Projekte und Fragestellungen aus der Praxis werden durch Studierende, Dozierende und Unternehmungen nicht nur in der Weiterbildung, sondern auch in der Forschung und in der Beratung eingebracht.

Studienberatung

Allgemeine Studienberatung
CCC Customer Care Center
Tel.: +41 848 821 011 (Zentrale)
E-Mail: ccc.olten@fhnw.ch

Detailfragen
Sabine Fersch
Marketingleiterin EMBA-MCI
Tel.: +41(0) 62 286 03 73
E-Mail: sabine.fersch@fhnw.ch

Verbesserung und Entwicklung der Studienprogramme

Der Studiengang ist FIBAA akkreditiert und wird gemäß diesen internationalen Standards evaluiert und laufend weiter entwickelt. Aktuelle Fragestellungen werden in Fallbeispielen und Projekten der Studierenden und Dozierenden bearbeitet und in die Weiterbildung und Entwicklung des Studiengangs integriert. In den beiden Studienwochen wird zudem an Living Cases gearbeitet. Auf beratungsrelevante Software wird laufend in den entsprechenden Modulen hingewiesen.

11.3 Master-Programm Consulting

11.3.1 Allgemeines

Bezeichnung des Studiengangs
EMBA in Management Consulting International
Abgekürzt: EMBA-MCI

Regelstudienzeit
zwei Jahre und drei Monate (drei Semester und Masterthesis)

Web-Adresse
http://www.emba-mci.ch

Gegründet
2003 in Kooperation mit der Fachhochschule Ludwigshafen als MAS/MBA International Management Consulting; ab 2008 wird dieser Studiengang alleine durch die FHNW angeboten unter dem Namen EMBA in Management Consulting International.

Akkreditierung
2010 FIBAA   Re-Akkreditierung vorgesehen für das Jahr: 2015
http://www.fibaa.de/fileadmin/dokumente/progakkred_k2h/M_Olten_FH_NWSchweiz_987_KB.pdf

„Mission" (Grundkonzept des Studiengangs)
Berufsbegleitender Studiengang zur Expertin/zum Experten für komplexe Beratungs- und Veränderungsprojekte in Wirtschaft und Verwaltung, der im nationalen und internationalen Umfeld Handlungskompetenz vermittelt und dadurch die Glaubwürdigkeit der Beratenden auf dem freien sowie unternehmensinternen Markt unterstützt.

11.3.2 Studium

Semesterplan (Studienablauf)
(siehe Tab. 11.2)

Tab. 11.2 Semesterplan: EMBA in Management Consulting International

Studiengang: EMBA-MCI	SWS	Semester (Credits)				Credits gesamt
Module mit den zugehörigen Fächern		1.	2.	3.	4.	–
Unternehmensberatung und Praktikum	–	–	–	–	–	–
Management von Beratungsunternehmen	4	–	3	–	–	3
Beratungsprozess	10	–	4	7	–	11
Beratungskommunikation	4	–	2	1	–	5
Beratungsinhalte und Problemlösungsmethoden I	10	4	5	–	–	9
Beratungsinhalte und Problemlösungsmethoden II	10	–	–	8	–	8
Recht der Unternehmensberatung	2	–	–	2	–	2
Ethik der Unternehmensberatung	2	–	–	2	–	2
Beratungspsychologie	2	2	–	–	–	2
Einführung in die int. Unternehmensberatung	5	5	–	–	–	5
Wirtschafts- und Rechtswissenschaften	–	–	–	–	–	–
Grundlagen BWL/VWL	9	3	3	–	–	6
Sonstige	–	–	–	–	–	–
Leadership	4	4	–	–	–	4
Wissenschaftliche Methoden	2	–	3	–	–	3
Abschlussarbeit	–	–	–	–	30	30
Credits pro Semester/über alle Semester	–	20	20	20	30	90

Die Angabe der SWS sind jeweils die Gesamtanzahl der Tage, die in diesem Fach unterrichtet werden (9:00–17:00 Uhr).

Inhalte, Schwerpunkte und Besonderheiten im Überblick

Das Studium setzt sich zusammen aus:

- 3 Basismodulen (Einführung in die internationale Unternehmensberatung, Management von Beratungsunternehmen und Consultingprozess),
- 7 Querschnittsmodulen (Leadership, Beratungskommunikation, Beratungspsychologie, Recht der Unternehmensberatung, Ethik in der Unternehmensberatung, Grundlagen allgemeiner BWL und VWL und Wissenschaftliche Methoden) und
- 1 Vertiefungsmodul (Beratungsinhalte/Problemlösungsmethoden).

Tab. 11.3 Studienschwerpunkte: EMBA in Management Consulting International

Fachrichtung	Anteil
Betriebswirtschaftslehre	7,4 %
Volkswirtschaftslehre	4,4 %
Recht (Zivilrecht, Unternehmensrecht, Steuerrecht …)	2,9 %
Psychologie/Wirtschaftspsychologie	2,9 %
Unternehmensberatung[*1]	
Managementberatung	7,4 %
Management von Beratungsunternehmen	5,9 %
Beratungsprozess	14,9 %
Beraterkommunikation	8,9 %
Ethik der Unternehmensberatung	2,9 %
Beratungsinhalte und Problemlösungsmethoden I	14,9 %, davon
Strategieberatung	2,98 %
M&A-Beratung	2,98 %
Organizational & business diagnosis; business plan development	2,98 %
Personalberatung/HR-Beratung	1,49 %
Change management and knowledge management	4,47 %
Beratungsinhalte und Problemlösungsmethoden II	14,9 %, davon
IT-Beratung	1,49 %
Logistics and value chain management	1,49 %
Entrepreneurship	2,98 %
Geschäftsprozessoptimierung	2,98 %
Organisationstheorie und -praxis	2,98 %
Risk Management	2,98 %
Soft Skills	0 %
Sonstige	8,94 %, davon
Wissenschaftliche Methoden[*2]	2,98 %
Leadership	5,96 %

[*1] Teil Studienwoche in China
[*2] Teil Studienwoche in England

Außerdem besteht die Möglichkeit neben den integrierten Auslandsaufenthalten in der Summer School in China und der Winter School in England einzelne Module im gleichen Programm in Vietnam zu absolvieren.

Wie hoch ist der Anteil der Disziplinen (bezogen auf die gesamte Studiendauer)? (siehe Tab. 11.3)

Download der Studienbeschreibungen im Detail

Studienordnung und Prüfungsordnung
im Weiterbildungssekretariat erhältlich

Unit- und Modulbeschreibung bzw. Veranstaltungsverzeichnis
http://www.emba-mci.ch/Studieninhalt/studienmodule-1

Selbstdokumentation
www.emba-mci.ch

Soft Skills
Grundlage ist ein Rahmenmodell von Prof. Dr. G. Ochsenbein, wonach Sozialkompetenz aus einem Bündel aufeinander aufbauender Teilkompetenzen beruht.

Diese sind: Humankompetenz, personal-soziale Kompetenz (beinhaltend: Empathie, positiv realistisches Selbstbild, körpersprachliche Wahrnehmungs- und Ausdrucksfähigkeit, humorvolle Eigenschaften etc.), kommunikative Kompetenz, Konfliktkompetenz und Teamkompetenz. Das Modell wird mit den Studierenden als Grundlage für eine Selbst- und Fremdeinschätzung erarbeitet. die Studierenden leiten daraus persönliche Entwicklungsziele ab, die im Kontext und unter Verarbeitung der Inputs aus den Modulen Kommunikation, Leadership, Ethik und Organisational Behaviour laufend angestrebt und angepasst werden.

Lehrmethoden, Lernmethoden und didaktische Konzepte zum effektiven Studium
Insgesamt werden 57 Studientage als Präsenzunterricht an der Fachhochschule in Olten vor Ort durchgeführt. Zusätzlich finden je eine Studienwoche in England und China statt.

Die Dozierenden setzen vor allem das Lehrgespräch, Gruppenarbeiten und die Bearbeitung (eigener) Fallbeispiele ein. Wichtig ist in allen Methoden der Praxisbezug und die Möglichkeit das Erlernte anzuwenden.

In der Studienwoche in China gibt es eine Mischung aus Präsentationen, Lehrgesprächen, Firmenbesuchen und Fallstudien.

In England ist die Studienwoche so konzipiert, dass neben Präsentationen und Lehrgesprächen auch an einem aktuellen Living Case einer Unternehmung vor Ort gearbeitet wird und die Studierenden als Gruppenarbeit Lösungsvorschläge erarbeiten und am Ende vorstellen.

Neben diesen insgesamt 67 Präsenztagen arbeiten die Studierenden im Selbststudium und in Lerngruppen an der Erarbeitung und Vertiefung der Inhalte. Eine Studiengangsplattform stellt ihnen dabei die nötigen Dokumente und Hilfsmittel zur Verfügung.

Prüfung

Übliche Prüfungsformen
Klausuren, mündliche Prüfungen, Präsentationen, Referate, Hausarbeiten und Projekte

Durchschnittliche Prüfungsanzahl pro Semester
4

Durchschnittliche Dauer des Prüfungszeitraumes
Abgabetermine und Prüfungen finden am Ende des Semesters während ca. 4 Wochen statt.

Möglichkeit, Prüfungen zu wiederholen bzw. Freiversuche anzumelden
1 Wiederholung möglich

Praktika

Zeitpunkt
Möglich während dem Schreiben der Masterthesis im 4. Semester.
Diese Möglichkeit ist vor allem für die Studierenden aus dem Ausland interessant.

Dauer
Studierende müssen sich selbst darum bemühen und bestimmen dann mit dem Arbeitgeber die Dauer.

Unterstützung
Mitarbeitende der FHNW können Kontaktadressen von Firmen oder Organisationen wie AIESEC und IAESTE angeben, aber es findet keine Vermittlung durch die Fachhochschule statt.

Internationale Aspekte

Die Inhalte sind in jedem Fach auf internationale Aspekte ausgerichtet und alle Veranstaltungen finden in Englisch statt.
Dozierende: 40 % der Dozierenden sind nicht aus der Schweiz
Anteil ausländischer Studierender in der Schweiz: 15 %

Auslandaufenthalte
Studienwochen in China und England
Auslandsstudium: einzelne Module können bei den Partneruniversitäten, die denselben Studiengang anbieten, absolviert werden. -> neues Angebot ab 2010

Masterarbeit

Dauer
9 Monate

Typische Inhalte
Strategy Changes and Development, Knowledge Management, Networking, SAP Cooperation, IT Engagements and Strategies, Change Management, Business Consulting, Intercultural Researches, Intercultural Skills

Studienentgelte
Studienentgelt pro Semester:
2 jährliche Raten à CHF 14.500 (exkl. zusätzliche Literatur, Reisespesen)

Bewerbung

Fristen
jährliche Durchführung, keine Zulassungsfristen

Freie Plätze pro Zulassungstermin
25 in der Schweiz

Bewerbungsunterlagen
Sind in den Weiterbildungssekretariaten in Olten erhältlich.
Öffnungszeiten in Olten: 07.30–12.00/12.30–16.30 Uhr,
Frau Michèle Meier
Tel.: +41 (0) 62 286 00 60
E-Mail: michele.meier@fhnw.ch

Voraussetzungen
Die Zulassungsvoraussetzung ist in der Regel ein erster Fachhochschul- resp. Universitätsabschluss jeder Fachrichtung und eine adäquate dreijährige Berufspraxis. In Ausnahmefällen ist ein Erststudium verzichtbar sofern eine mindestens fünfjährige Berufspraxis und die Hochschulzugangsberechtigung vorliegen. Diese Kandidatinnen und Kandidaten müssen zusätzlich noch eine wissenschaftliche Arbeitsprobe anfertigen.
   Gute Kenntnisse der englischen Sprache sind erforderlich. (Das Niveau B2 gemäß europäischem Sprachenportfolio wird vorausgesetzt.)

12 Fachhochschule Wiener Neustadt für Wirtschaft und Technik GesmbH

12.1 Allgemeines

12.1.1 Allgemeine Strukturdaten

Bildrechte: Fachhochschule Wiener Neustadt für Wirtschaft und Technik GesmbH

Fachhochschule in öffentlicher Trägerschaft

Adresse
Johannes-Gutenberg-Straße 3
A-2700 Wiener Neustadt
Österreich
00 43/26 22/890 84 0
00 43/26 22/890 84 99

Organisatorische Einheit, der der Studiengang zugeordnet ist
Bereich Wirtschaft

Tab. 12.1 Hochschulausstattung: Fachhochschule Wiener Neustadt für Wirtschaft und Technik GesmbH

–	Nähere Informationen
Bibliothek	Ca. 39.000 Medien (Bücher, Audio- und audiovisuelle Medien), 250 Zeitschriftenabos, elektronischer Online-Katalog, fünf wissenschaftliche Datenbanken, die mittels Fernzugriffsoftware auch außerhalb des Campus benutzt werden können; Öffnungszeiten: Montag bis Samstag, insgesamt 56 Wochenstunden; http://www.fhwn.ac.at/desktopdefault.aspx?pageid=327
Rechnerzugang, Pools	11 EDV-Räume
Wireless LAN	–
International Office/ Auslandsamt	International Office Johann Gutenberg-Straße 3 2700 Wiener Neustadt Austria E-Mail: international@fhwn.ac.at
Frei zugängliche Sprachkurse	Fremdsprachenkompetenzzentrum organisiert Freifächer in Französisch, Spanisch, Italienisch, Russisch und Deutsch als Fremdsprache
Career Center/Karriere-Service	FH-Jobmesse: alljährlich im Frühjahr für Berufspraktika und AbsolventInnenjobs FH-Online Jobbörse: http://www.fhwn.ac.at/desktopdefault.aspx?pageid=335 frei zugänglich für aktive Studierende und AbsolventInnen; Kontakt: E-Mail: karin.hasendorfer@fhwn.ac.at
Wohnen auf dem Campus	Zwei StudentInnenwohnhäuser in unmittelbarer Nähe des Campus; http://www.fhwn.ac.at/desktopdefault.aspx?pageid=481
Cafeterien und Mensen	Am Campus
Besondere Veranstaltungen und „studium generale" für alle Studiengänge und alle Semester	Open lectures, Special Interest Days
Themenverwandte Vereine	Fachhochschulförderverein
Einführungsveranstaltungen/ Tutorien durch ältere Studenten	–

Web-Adresse
www.fhwn.ac.at

Gründungsjahr
1994

Anzahl Studierende insgesamt
Ca. 2885
Ausstattung der Hochschule

12.1.2 Beschreibung der Hochschule und des Hochschulstandortes

Die FH Wiener Neustadt für Wirtschaft und Technik ist die erste Fachhochschule Österreichs. Gegenwärtig absolvieren rund 2.800 StudentInnen an der FH Wiener Neustadt bzw. an den Standorten in Wieselburg und Tulln ein Bachelor- bzw. Masterstudium. Rund 5.000 AbsolventInnen haben bereits erfolgreich ihr Studium absolviert. Das Studienangebot umfasst folgende Bereiche: Wirtschaft, Technik, Gesundheit, Sport, Sicherheit.

Vor allem die Breite der Ausbildung und die große Auswahl an Spezialisierungen charakterisieren die Bachelorstudien an der FH Wiener Neustadt. Im Masterstudium erfolgt die inhaltliche Vertiefung in einem Thema, außerdem liegt ein Schwerpunkt auf dem Training von Managementskills sowie Führungs- und Beratungskompetenz.

Die Studierenden erhalten eine praxisnahe, akademische Ausbildung und absolvieren während des Bachelorstudiums ein mehrmonatiges Berufspraktikum. Weiters wird auf Internationalität großer Wert gelegt: Studierende aus rund 50 Nationen absolvieren derzeit ihr Studium am Campus Wiener Neustadt. Die Internationalisierung der Ausbildung wird durch StudentInnenaustauschprogramme und Berufspraktika im Ausland sichergestellt sowie durch das englischsprachige Studium „Business Consultancy International".

Die FH Wiener Neustadt ist einer der Pioniere des österreichischen Fachhochschulwesen und bietet bereits seit 1994 wirtschaftliche und technische Studiengänge an. Kontinuierlich wurde seitdem nicht nur das Studienangebot erweitert, auch Weiterbildungsmodule für AbsolventInnen, mehrsemestrige Schulungsprogramme und maßgeschneiderte Seminare für Unternehmen werden angeboten. Im Bereich Wirtschaft wurde ab dem Studienjahr 1997/98 das Studienprogramm um eine berufsbegleitende Organisationsform erweitert. Mit der Etablierung einer durchgängig englischsprachigen Organisationsform „Business Consultancy international" am Standort Wiener Neustadt wurde im Studienjahr 2003/04 ein entscheidender Schritt zur Internationalisierung gesetzt. Seit 2006 werden am Campus Wiener Neustadt nunmehr auch gesundheitswissenschaftliche Themen sowie das in Österreich einzigartige Sicherheitsstudium Polizeiliche Führung angeboten. 2008 startete das Studium „Training und Sport".

Der wirtschaftswissenschaftliche Studiengang war einer der ersten Studiengänge Österreichs, der auf die Bologna-Studienstruktur umstellte.

12.2 Consulting: Strukturdaten für Bachelor- und Masterprogramm

12.2.1 Allgemeines

Abschlüsse
Bachelor: Bachelor of Arts in Business
Master: Master of Arts in Business

Ausbildung für folgende Berufsfelder

- Managementberatung
  - Strategie
  - Organisation/Prozess- und Qualitätsmanagement
  - Führung
  - Marketing

- Personalberatung/HR-Beratung
  - Personal-Recruitment
  - High-Potential-Development
  - Personal Konzepte
  - Coaching

- Sonstige Berufsfelder
  - Finanzmanagement von Industrieunternehmen
  - Banken, Versicherungen und Leasinggesellschaften

Gewerbliche Vermögensberatung: Mit dem Abschluss des Bachelorstudiums mit der Spezialisierung Banking & Finance und nach einem Jahr facheinschlägiger Praxis besteht die Möglichkeit, selbstständig als gewerbliche/r VermögensberaterIn tätig zu werden.

  - Immobilienmanagement in privaten und kommunalen Unternehmen
  - Immobilienprojektentwicklung
  - Immobilienbewertung
  - Immobilienfonds- und Asset-Management
  - Immobilientreuhandwesen

  - Marketingassistent
  - Werbe- oder PR-Berater
  - Studien-/Projektleiter in der Marktforschung
  - Product Manager

- Key- und Large-Accountmanager
- Junior Sales Manager
- Business Developer

- Steuerberatung
- Wirtschaftsprüfung
- Finanz- und Rechnungswesen
- Revision

Mit der Absolvierung der Spezialisierung Unternehmensrechnung und Revision und einer mindestens dreijährigen Tätigkeit als Berufsanwärter erfolgt die Zulassung zur Fachprüfung zum Steuerberater bzw. Wirtschaftsprüfer.

Bachelorebene
- Assistenzpositionen
- Einstieg in das Management
- Sammeln von Praxiserfahrung im Berufsfeld
- Fokus auf interne Beratungsaufgaben

Masterebene
- Einstieg in das mittlere Management – Führen von Organisationseinheiten
- Fokus auf externe Beratungsaufgaben

12.2.2 Lehre und Forschung

Anzahl der hauptamtlich Lehrenden
Bezogen auf ein akademisches Jahr:
Rund 60 hauptamtlich Lehrende, rund 100 nebenberuflich Lehrende
Daraus ergibt sich eine Betreuungsintensität von einem hauptamtlich Lehrenden auf rund 10 Studierende.

Anzahl von Studierenden in einer Lehrveranstaltung

Bachelorstudiengang Wirtschaftsberatung (BWB)
Vorlesungen: 150 Studierende, Übungen: maximal 20 Studierende

Bachelorstudiengang Business Consultancy International (BBCI)
Vorlesungen 80 Studierende, Übungen maximal 20 Studierende

Masterstudiengang Wirtschaftsberatung und Unternehmensführung (MWU)
Maximal: 175 Studierende, Min.: 15 Studierende

Masterstudiengang Business Consultancy International (MBCI)
Vorlesungen: 45 Studierende, Übungen maximal 15 Studierende

Anzahl Studenten und Absolventen im Bereich Consulting

Bachelor (BWB):	560 Studenten	617 Bachelor, 1.774 Diplom-Absolventen
Bachelor (BBCI):	184 Studenten	192 Absolventen, 27 Diplom-Absolventen
Master (MWU):	359 Studenten	280 Absolventen
Master (MBCI):	76 Studenten	43 Absolventen

Kompetenzen und Schwerpunkte zentraler Lehrkräfte

Prof. (FH) Dr. Ciarán Cassidy

Leiter des Fachbereiches International Finance an der FHWN,
Leiter des Bachelor- und Masterstudiengangs Business Consultancy International an der FHWN

Expertise
Economics and Finance
Macro-, micro-, and international monetary economics
financial markets
banking system and the European Monetary System

Ausgewählte Publikationen des Fachbereichs (International Finance)

- Niemczak K., Eastern European Equity Markets and the Subprime Crisis. Does Emerging Europe Still Offer Diversification Benefits?, e-Finanse, 6 (3) 2010, pp: 47-63
- Smith G, C. Cassidy and K. Niemczak, „The Evolving Efficiency of European Stock Markets", submitted to the Review of Quantitative Finance and Accounting
- Cassidy C. and K. Niemczak, International Risk Sharing and Country Selection in a Portfolio Approach to European Union Membership (in preparation)

Priv.-Doz. Dr. Peter Heimerl

Studiengangsleiter des Masterprogramms „Wirtschaftsberatung und Unternehmensführung"; Führungskräfteentwickler, Strategie- und Organisationsentwicklungsberater

Expertise
Leadership
Strategisches Management
Organisationsentwicklung

Ausgewählte Publikationen des Fachbereichs

- Führen! statt R.A.B.I.A.T. handeln; Wien (Facultas) 2010
- Zur expeditionalen Organisationsentwicklung; Bern/Stuttgart/Wien (Haupt) 2009
- Personalmanagement an österreichischen Fachhochschulen. In: Holzinger, H./Jungwirth, W. (Hg.): 15 Jahre Fachhochschulen in Österreich. Eine Standortbestimmung; Wien (Facultas), S. 111–120

Prof. (FH) Dr. Walter Egger
Leiter des Fachbereiches Unternehmensrechnung und Revision an der FHWN, Selbstständiger Steuerberater und Wirtschaftsprüfer

Expertise
Rechnungslegung allgemein
Rechnungslegung und Besteuerung von Vereinen
Umgründungen, International Financial Reporting Standards (IFRS)
Konzernrechnungslegung und Unternehmensbewertung

Ausgewählte Publikationen des Fachbereiches

- Akçay, D.; Krendelsberger, R. (2010): Fair Value oder Fool's Value? Die Bilanzierung von Finanzvermögen nach IFRS im Lichte der Rezession. In: RWZ Zeitschrift für Recht und Rechnungswesen, 10/2010, S. 309–313.
- Egger, W.; Häfke-Schönthaler, J.; Hasenzagl, R.; Stocker, F. (2008) [Hg.]: Wirtschaftsberatung in Österreich. Markt und Branche, Struktur und Entwicklungen 2007/2008. Facultas, Wien.
- Denk Ch., Egger W., Krainer W.: Bilanzierung 2007; für den Jahresabschluss 2006. dbv-Verlag, Wien/Graz 2007.

Prof. (FH) Dr. Karl Pinczolits
Leiter des Fachbereiches Marktkommunikation und Vertrieb an der FHWN, Selbstständiger Unternehmensberater im Bereich Vertrieb

Expertise
Produktivitätssteigerung im Verkauf und Vertrieb

Kompetenzfelder

- Verkauf (Produktverkauf, Dienstleistungsverkauf, Verkaufsverhandlung, Verkaufen an Top-Führungskräfte) und Vertrieb (Vertriebsmanagement, Produktivitätssteigerung im Vertrieb, Sales Performance, Kundenbetreuung und Account Management).

Ausgewählte Publikationen des Fachbereiches

- Pinczolits, K./Pinczolits, M./Vevera, D. (2010): Produktivität von Spitzenverkäufern. Eine qualitative Befragung 2010. Fachhochschule, Wiener Neustadt.
- Pinczolits, K. (2010): Was Profi Verkäufer besser machen. Fünf Faktoren für Ihren Erfolg. Campus, Frankfurt am Main.
- Pinczolits, K./Pinczolits, M./Vevera, D. (2008): Produktivität im Vertrieb und Verkauf 2008/09. Fachhochschule Wiener Neustadt.

Univ.-Prof. Dr. Ralph Sichler
Leiter des Fachbereiches Management-, Organisations- und Personalberatung an der FHWN; Diplompsychologe, Professor für Sozialpsychologie und Angewandte Psychologie an der Sigmund Freud Privat-Universität Wien, selbstständige Tätigkeit in Personal- und Organisationsberatung und angewandter Sozialforschung

Lehrgebiete
Management
Personal
Organisation
Beratung
Wirtschaftspsychologie

Forschung
Anerkennung durch Arbeit und Beruf
Mitarbeiterbindung
interkulturelle Kommunikation und Kooperation
qualitative Methoden der Sozialforschung
Evaluationsforschung

Expertise
Personalauswahl und Personalentwicklung (Assessment bzw. Development Center)
Organisationsentwicklung
Training
Lernreisen

Ausgewählte Publikationen des Fachbereiches

- Sichler, R. (2010): Anerkennung im Kontext von Arbeit und Beruf. In: Journal für Psychologie, 18 (2)
- Sichler, R./Falkner, G./Wallmüller, A./Ungersböck, M. (2010): Konzeption und Evaluation erlebnisorientierter Managementtrainings: Problemdarstellung und Diskussion anhand eines Beispiels. In: Ragoßnig, A. (Hrsg.), Tagungsband 4. Forschungsforum der österreichischen Fachhochschulen, Eisenstadt: Fachhochschulstudiengänge Burgenland, S. 466–467.
- Kainz, G./Torggler, M. (2008): Zusammenfassende Darstellung der Angebots- und Nachfragestruktur am österreichischen Markt für Beratung. In: Egger, W./Häfke-Schönthaler, J./Hasenzagl, R./Stocker, F. (Hrsg.): Wirtschaftsberatung in Österreich 2007/2008. Markt und Branche, Struktur und Entwicklungen 2007/2008. Wien: Facultas, S. 255–284.

Mag. Birgit Trofer, MSc
Leiterin des Fachbereiches Immobilienmanagement

Expertise
Immobilienvermittlung
Immobilienmarketing
Immobilienbewertung
Immobilienentwicklung

Ausgewählte Publikationen des Fachbereiches

- Bienert, S.; Funk, M. (2009) [Hg.]: Immobilienbewertung Österreich, Edition ÖVI Immobilienakademie, 2. Auflage, Wien.
- Funk, M.; Hattinger, H.; Hubner, G.; Stocker, G. (2009): Vergleichswertverfahren. In: Bienert, S; Funk, M. [Hg.]: Immobilienbewertung Österreich, Edition ÖVI Immobilienakademie, 2. Auflage, Wien, S. 159–268.
- Funk, M.; Koessler, Ch.; Stocker, G. (2009): Sachwertverfahren. In: Bienert, S; Funk, M. [Hg.]: Immobilienbewertung Österreich, Edition ÖVI Immobilienakademie, 2. Auflage, Wien, S. 269–332.

Forschung
Wir konzentrieren uns auf praxisnahe, relevanzorientierte Forschung, die darauf abzielt entweder betriebliche Problemstellungen zu lösen oder praxisrelevante Forschungsfragen einer wissenschaftlich fundierten Beantwortung zuzuführen. Damit ist die Forschung auch eine Vorbedingung für eine praxisorientierte aktuelle Lehre.

Forschungsreihe zum Thema Wirtschaftsberatung
Egger, W.; Häfke-Schönthaler, J.; Hasenzagl, R.; Stocker, F. (2008) [Hg.]: Wirtschaftsberatung in Österreich. Markt und Branche, Struktur und Entwicklungen 2007/2008. Facultas, Wien.

Integration des Studiengangs Consulting
Keine spezielle Integration. Kooperation auf Fachebene, d. h. Mitarbeit in den Entwicklungsteams der anderen Studiengänge und Abdeckung fachspezifischer Lehrinhalte.

Einbindung von Externen
Die LeiterInnen der Spezialisierungsfachgebiete verfügen sowohl über berufspraktische Erfahrung als auch ausgeprägte pädagogisch-didaktische Fähigkeiten.

In den regelmäßig stattfindenden FachbereichsleiterInnensitzungen werden aktuelle Tendenzen in den Berufsfeldern und die sich daraus ergebenden, erforderlichen Anpassungen im Curriculum diskutiert und Modulinhalte abgestimmt. Maßnahmen, die zur Qualitätssicherung und Studiengangsweiterentwicklung beschlossen werden, werden von der/dem LeiterIn des Studienganges an das Abteilungskollegium Wirtschaft und das Fachhochschul-Kollegium weitergeleitet. Hier erfolgt aus akademischer Sicht die studiengangsübergreifende Gesamtkoordination.

Die FHWN hat mehr als 60 Partnerhochschulen weltweit. Der Austausch erfolgt grundsätzlich in drei Bereichen: Studierende, Lehrende und administratives Personal. Pro Studienjahr nehmen rund 180 Studierende, Incomings und Outgoings zusammengerechnet, FH-weit ein Austauschstudiensemester im Ausland in Anspruch. Auch Auslandsberufspraktika als Teil der internationalen Ausrichtung besitzen einen hohen Stellenwert. Die Mobilität von Lehrenden dient der Vorbereitung künftiger Forschungs- und Kooperationsprojekte, der Entwicklung neuer Lehr- und Arbeitsmaterialien sowie der Stützung der Studierendenmobilität im Studiengang als auch der Stärkung der Beziehungen zwischen den Partnerhochschulen und der FHWN allgemein.

Die FHWN verfügt über eine Vielzahl von Kontakten in die regionale und nationale Wirtschaft. Im Jahr 1993 wurde der FH-Förderverein Wiener Neustadt gegründet. Die Hauptaufgabe des Vereines liegt einerseits in der Förderung und Unterstützung der Interessen der Fachhochschule und ihrer StudentInnen und andererseits in der Pflege und dem Ausbau des Informationsflusses zwischen Fachhochschule und regionalen wie nationalen Unternehmen.

Studienberatung

Allgemeine Studienberatung
Bachelorstudiengang Wirtschaftsberatung, Masterstudiengang Wirtschaftsberatung und Unternehmensführung
Infoline: +43(0)2622/89084-311
DI (FH) Stefan Burgstaller
Bachelor: bwb@fhwn.ac.at
Master: mwu@fhwn.ac.at
Bachelor- und Masterstudiengang Business Consultancy International
Mag. Barbara R. Krebs
+43/2622-89084-403
E-Mail: bci-admin@fhwn.ac.at

Detailfragen
www.fhwn.ac.at

Verbesserung und Entwicklung der Studienprogramme
Evaluation der Lehre durch Studierende:

- Fachhochschulkollegium und Abteilungskollegium Wirtschaft
- Direktes Gespräch mit LV-LeiterIn
- Zwischenfeedback während des Semesters
- Online LV-Evaluierung
- Qualitätszirkel
- Zusammenfassende interne Programmevaluation

Evaluation durch das Lehrpersonal:

- LektorInnensitzungen
- FachbereichsleiterInnen-Sitzung

Fremdevaluation:

- Befragung der AbsolventInnen, Praktikumsunternehmen Partneruniversitäten
- Evaluationen durch die Akkreditierungsbehörde (österr. Fachhochschulrat) auf Studiengangs- und Institutionsebene
- Evaluation und Akkreditierung der vier angeführten Studiengänge durch FIBAA (2011)

Weiterhin gibt es institutionalisierte Absprachen der Lehrenden in Form von LektorInnensitzungen, FachbereichsleiterInnen-Sitzung und Kollegiumssitzungen Verknüpfung von Theorie und Praxis erfolgt in mehrfacher Hinsicht:

- Ausgewiesene PraktikerInnen mit akademischem Hintergrund werden als LektorInnen; Bearbeitung von Fallstudien aus der Praxis
- Verpflichtendes Berufspraktikum und damit verknüpfte zweite Bachelorarbeit
- Projektarbeiten
- Spezielle Kurse in denen Studierende Projektaufträge von Unternehmen bearbeiten und präsentieren müssen
- Special Interest Days – Studierende bearbeiten mit UnternehmensvertreterInnen Fallstudien

Im Rahmen unseres Freifachangebotes werden den Studierenden folgende Software bzw. Techniken näher gebracht: Datenbanken, Touch SAP, NS-Navision, Geschäftsprozesse mit ADONIS und SPSS.

12.3 Bachelor-Programm Consulting (Wirtschaftsberatung)

12.3.1 Allgemeines

Bezeichnung des Studiengangs
Bachelorstudiengang Wirtschaftsberatung

Regelstudienzeit
6 Semester

Web-Adresse
www.fhwn.ac.at

Gegründet
1997/98 Diplomstudiengang, ab 2004/05 Bachelorstudiengang

Akkreditierung
Bachelorstudiengang akkreditiert durch österreichischen Fachhochschulrat 2004, re-akkreditiert 2009
www.fhr.ac.at
2011 (FIBAA)   Re-Akkreditierung seitens des Fachhochschulrates vorgesehen für das Jahr: 2014

„Mission" (Grundkonzept des Studiengangs)
Wirtschaft verstehen – Management studieren.

Unser dreijähriges Bachelorstudium Wirtschaftsberatung bietet auf akademischem Niveau Einblicke in die Welt der Wirtschaft. Die Studierenden erwerben die notwendigen fachlichen, methodischen und sozialen Kompetenzen im Hörsaal, bei Projektarbeiten mit PartnerInnen aus der Wirtschaft und bei Workshops zur Persönlichkeitsentwicklung.

12.3.2 Studium

Semesterplan (Studienablauf)
(siehe Tab. 12.2)

Inhalte, Schwerpunkte und Besonderheiten im Überblick

Studieninhalte im Überblick

- Spezialisierungsangebot – zwei von fünf Spezialisierungen sind zu wählen:
- Banking & Finance
- Immobilienmanagement
- Management-, Organisations- & Personalberatung
- Marktkommunikation & Vertrieb
- Unternehmensrechnung & Revision

Pflichtsprache
Englisch

Fremdsprachen-Freifächer
Spanisch, Französisch, Italienisch oder Russisch

Wie hoch ist der Anteil der Disziplinen (bezogen auf die gesamte Studiendauer)?
(siehe Tab. 12.3)

Tab. 12.2 Semesterplan: Bachelorstudiengang Wirtschaftsberatung

Studiengang: Wirtschaftsberatung Module mit den zugehörigen Fächern	SWS	1.	2.	3.	4.	5.	6.	Credits gesamt
Unternehmensberatung und Praktikum	–	–	–	–	–	–	–	–
Kernkompetenzen in der Wirtschaftsberatung	2	–	–	–	2	–	–	2
Spezialisierung I	10	–	–	–	6	10	–	16
Spezialisierung II	10	–	–	–	6	10	–	16
Bachelorarbeit I	0,5	–	–	–	–	5	–	5
Bachelorarbeit II	1	–	–	–	–	–	8	8
Berufspraktikum	0	–	–	–	–	–	22	22
Informatik und Wirtschaftsinformatik	–	–	–	–	–	–	–	–
Datenanalyse und -präsentation	2	3	–	–	–	–	–	3
Grundlagen der betrieblichen Informationsverarbeitung	2	–	–	2	–	–	–	2
IT-Management	1	–	–	2	–	–	–	2
Unternehmensmodellierung und Prozessmanagement	1	–	–	2	–	–	–	2
Wirtschafts- und Rechtswissenschaften	–	–	–	–	–	–	–	–
Grundlagen der Managementlehre	5	6	–	–	–	–	–	6
Buchhaltung	2	3	–	–	–	–	–	3
Bilanzierung	4	–	5	–	–	–	–	5
Finanzierung und Investition	3	–	4	–	–	–	–	4
Grundlagen des Finanzrechts	2	–	4	–	–	–	–	4
Kostenrechnung	3	–	–	4	–	–	–	4
Unternehmensplanung und Controlling	3	–	–	–	4	–	–	4
Marketing und Sales Management	4	–	–	5	–	–	–	5
Materialwirtschaft und Logistik	1	–	–	2	–	–	–	2
Immobilienökonomie	1	–	–	1	–	–	–	1
Integrative Betriebswirtschaftslehre	1	–	–	–	2	–	–	2
Grundlagen der Volkswirtschaftslehre	1	2	–	–	–	–	–	2
Mikroökonomik	2	–	4	–	–	–	–	4
Makroökonomik	3	–	–	4	–	–	–	4
Grundlagen des Rechts	3	4	–	–	–	–	–	4
Grundlagen des Privatrechts	3	–	4	–	–	–	–	4
Grundlagen des Wirtschaftsrechts	3	–	–	–	4	–	–	4

Tab. 12.2 Fortsetzung Semesterplan: Bachelorstudiengang Wirtschaftsberatung

Studiengang: Wirtschaftsberatung Module mit den zugehörigen Fächern	SWS	Semester (Credits)						Credits gesamt
		1.	2.	3.	4.	5.	6.	
Grundlagen des Immaterialgüterrechts	1	–	–	–	–	1	–	1
Grundlagen des Arbeits- und Sozialrechts	1	–	–	–	–	1	–	1
Grundlagen (z. B. Mathematik)	–	–	–	–	–	–	–	–
Lernen und Arbeiten im wissenschaftlichen Kontext	1	2	–	–	–	–	–	2
Wissenschaftliches Arbeiten	1	–	–	–	2	–	–	2
Wirtschaftsmathematik	2	4	–	–	–	–	–	4
Wirtschaftsstatistik	2	–	4	–	–	–	–	4
Soft Skills und Sprachen	–	–	–	–	–	–	–	–
Teambildung und Kommunikation	1,5	1,5	–	–	–	–	–	1,5
Präsentationstraining	2	–	2	–	–	–	–	2
Team- und Projektorganisation	2	–	–	4	–	–	–	4
Bewerbungstraining	1	–	–	–	1	–	–	1
Englisch	11	4,5	3	3	3	3	–	16,5
Sonstige	–	–	–	–	–	–	–	–
Europäische Geistesgeschichte	1	–	–	1	–	–	–	1
Abschlussarbeit	–	–	–	–	–	–	–	–
Credits pro Semester/über alle Semester	100	30	30	30	30	30	30	180

Download der Studienbeschreibungen im Detail

Studienordnung und Prüfungsordnung
interne Dokumente, welche auf den Akkreditierungsrichtlinien beruhen (www.fhr.ac.at)

Unit- und Modulbeschreibung bzw. Veranstaltungsverzeichnis
http://www.fhwn.ac.at/site/1008/Informationsmaterial.aspx

Selbstdokumentation
diverse Berichte auf unserer Homepage, www.fhwn.ac.at

Soft Skills

Im Rahmen des Studiums werden den Studierenden auch Soft Skills wie Kommunikation, Arbeiten im Team, Auftritts- und Präsentationstechniken, Bewerbungstraining, Team- und Projektorganisation und Anwendung der Basiskompetenzen in verschiedenen Beratungssituationen näher gebracht.

Tab. 12.3 Studienschwerpunkte: Bachelorstudiengang Wirtschaftsberatung

Fachrichtung	Anteil
Betriebswirtschaftslehre	20 %
Volkswirtschaftslehre	6 %
Mathematik/Statistik	5 %
Recht (Zivilrecht, Unternehmensrecht, Steuerrecht ...)	9 %
Psychologie/Wirtschaftspsychologie	0 %
Informatik/Wirtschaftsinformatik	5 %
Unternehmensberatung	25 %, davon
Managementberatung	–
Personalberatung/HR-Beratung	–
IT-Beratung	–
Consulting-Methoden allgemein	–
Consulting-Projekte	–
Soft Skills	6 %
Sprachen	9 %, davon
Englisch	9 %
Sonstige	15 %, davon
Wissenschaftliches Arbeiten	3 %
Berufspraktikum	12 %

Lehrmethoden, Lernmethoden und didaktische Konzepte zum effektiven Studium

- Traditionelle Vorlesungen mit vor- und nachbereitenden Literaturstudium: Vermittlung des Grundlagenwissens, sodass die Studierenden in weiterer Folge in zunehmend selbständigerer und interaktiver Weise fachspezifische Themen bearbeiten können.
- Übungen: Vertiefung und praktische Anwendung von Wissen, das entweder in Vorlesungen oder durch Selbststudium erworben wurde. Gruppen mit 20 Studierenden.
- Integrierte Lehrveranstaltungen: Vorlesungen mit integrierten Übungsteilen.
- Seminare: Ausarbeitung, Präsentation und Diskussion umfangreicher, von Studierenden weitgehend selbständig ausgearbeiteten Problemanalysen und -lösungen in den gewählten Spezialisierungsgebieten. Starke Betonung des Praxisbezuges.
- Workshops: Insbesondere zur Verbesserung fachübergreifender Fähigkeiten und zur Weiterentwicklung und Reflexion sozialer Verhaltensmuster und Kompetenzen.
- Berufspraktikum: Gewinnung praktischer Erfahrungen in einem der festgelegten Berufsfelder, um die im Studium erworbenen Kenntnisse gezielt anwenden und den sozialen bzw. beruflichen Kontext ihres Einsatzes kennen lernen zu können.

Prüfung

Übliche Prüfungsformen

- Schriftliche Abschlussprüfungen
- Schriftliche Zwischentests
- Schriftliche Ausarbeitungen von Problemstellungen und/oder Fallstudien
- Projektarbeiten, Bachelorarbeiten
- Präsentation von Ergebnissen aus Ausarbeitungen von Fallstudien/Projektarbeiten
- Mündliche Mitarbeit während der Kontaktphasen
- Schriftliche Reflexionen über das persönliche Lernergebnis der Lehrveranstaltung
- Führung und laufende Ergänzung des Personal Development Planes im Bereich der sozialen Kompetenzen
- Mündliche Prüfungsgespräche

Durchschnittliche Prüfungsanzahl pro Semester
7–10 Prüfungen

Durchschnittliche Dauer des Prüfungszeitraumes
Hauptprüfungstermine werden zeitlich nahe an den Abschluss der Lehrveranstaltung gelegt und sind damit über das gesamte Semester verteilt

Möglichkeit, Prüfungen zu wiederholen bzw. Freiversuche anzumelden
grundsätzlich Prüfungsantrittspflicht, zwei Wiederholungsmöglichkeiten

Praktika

Zeitpunkt
6. Semester

Dauer
mindestens 15 Wochen, auch im Ausland möglich

Unterstützung
Jobbörse über Intranet
Kontaktperson:
Karin Hasendorfer, Assistentin der Studiengangsleitung

Internationale Aspekte

Auslandsstudium
3. Semester kann an einer von über 60 Partnerhochschulen (Liste der Partnerhochschulen: http://www.fhwn.ac.at/desktopdefault.aspx?pageid=471) absolviert werden. Das International Office unterstützt bei Abwicklung; Studienleistungen werden bis zu maximal einer Semesterleistung (30 ECTS credits) anerkannt. Etwa 20 % der Studierenden eines Jahrgangs machen von diesem Angebot Gebrauch.

Art und Anzahl englischsprachiger Veranstaltungen
5 Pflichtlehrveranstaltungen (Englisch I bis V), GastlektorInnen integriert in den normalen Lehrbetrieb, Open lectures

Anteil ausländischer Studenten
ca. 5 %

Bachelorarbeit

Dauer
5. und 6. Semester

Typische Inhalte (Beispiele)

- Anwendung und Einfluss von Social Media im HR-Management
- Methoden der Personalbeurteilung im Vergleich
- Kundenzufriedenheitsanalysen für ein bestimmtes Unternehmen
- Erfolgskriterien gemeinschaftlicher Wohnkonzepte für Senioren
- Das Erkennen und Verhindern von Geldwäsche
- Bankenrating für KMUs

Studienentgelte

Studienentgelt pro Semester:
363,36 € plus ÖH-Mitgliedsbeitrag (verpflichtend), zurzeit 16.50 €

Bewerbung

Fristen
Aufnahmeprozess von Januar bis Mitte Juni. Zulassung jeweils nur zum Studienbeginn im WS (September)

Freie Plätze pro Zulassungstermin
220

Bewerbungsunterlagen
erhältlich über Internet: http://www.fhwn.ac.at/site/1008/Informationsmaterial.aspx oder postalisch über Anforderung. Sprechstunden der Studiengangsadministration (verantwortlich für Aufnahmeverfahren: Montag–Freitag, 9.00 bis 12.00 Uhr, Infoline: +43 (0) 2622 89 0 84-311

Zulassungskriterien
Allgemeine Hochschulreife, Studienberechtigungsprüfung, Berufsreifeprüfung; Information dazu: http://www.fhwn.ac.at/desktopdefault.aspx?pageid=487

Auswahlkriterien
sehr guter bis guter Schulerfolg; Motivationsschreiben, Aufnahmetestergebnis, Berufserfahrung (Dauer und Facheinschlägigkeit) – für das berufsbegleitende Programm

12.3.3 Besonderheiten und weitere wichtige Infos

Solides betriebswirtschaftliches Grundlagenstudium mit zwei Spezialisierungen
Spezialisierungsangebot:

- Banking & Finance
- Immobilienmanagement
- Management-, Organisations- & Personalberatung
- Marktkommunikation & Vertrieb
- Unternehmensrechnung & Revision

Laufende Weiterentwicklung der Sozial- & Beraterkompetenzen
Optionales Auslandssemester (3. Semester)
Optimale Studienbedingungen – straffe Organisation, Übungen in Gruppen von maximal 20 Personen
Verpflichtendes Berufspraktikum
Zwei Organisationsformen: Vollzeit und berufsbegleitende Form
Fremdsprachen-Freifächer: Französisch, Italienisch, Russisch und Spanisch

12.4 Bachelor-Programm Consulting (Business Consultancy International)

12.4.1 Allgemeines

Bezeichnung des Studiengangs
Business Consultancy International

Regelstudienzeit
6 Semester

Web-Adresse
www.fhwn.ac.at

Gegründet
2004 (Diplomstudiengang: 2003)

Akkreditierung
Akkreditiert durch Österreichischen Fachhochschulrat 2004, re-akkreditiert 2009: www.fhr.ac.at
Akkreditiert: 2011 (FIBAA) Re-Akkreditierung vorgesehen für das Jahr: 2014

Tab. 12.4 Semesterplan: Business Consultancy International

Studiengang: Business Consultancy International Module mit den zugehörigen Fächern	SWS	Semester (Credits) 1.	2.	3.	4.	5.	6.	Credits gesamt
Unternehmensberatung und Praktikum	–	–	–	–	–	–	–	–
Business Consultancy Skills I–III	10	–	–	3	5	6	–	14
Internship	–	–	–	–	–	–	24	24
Informatik und Wirtschaftsinformatik	–	–	–	–	–	–	–	–
Business Software I	3	3	–	–	–	–	–	3
Business Software II	4	–	2	3	–	–	–	5
Wirtschafts- und Rechtswissenschaften	–	–	–	–	–	–	–	–
Case Study and Elective I	3	–	–	2	3	–	–	5
Case Study and Elective II	3	–	–	–	–	5	–	5
Economics I	3	2	3	–	–	–	–	5
Economics II	4	–	–	6	–	–	–	6
Accounting	6	5	5	–	–	–	–	10
Managerial Accounting and Controlling	5	–	–	5	4	–	–	9
Corporate Finance and the Financial System	5	4	4	2	–	–	–	10
Principles of Marketing and Sales	5	4,5	3	–	–	–	–	7,5
Basic Principles of Law	5	4,5	3	–	–	–	–	7,5
Advanced Topics in Law	4	–	–	3	3	–	–	6
Management	4	–	4	4	–	–	–	8
Specialisation International Accounting and Finance	13	–	–	–	12	14	–	26
Specialisation International Marketing and Sales	13	–	–	–	12	14	–	0
Grundlagen (z. B. Mathematik)	–	–	–	–	–	–	–	–
Business Mathematics and Statistics	4	4	4	–	–	–	–	8
Research Methodology	1	–	–	–	2	–	–	2
Soft Skills und Sprachen	–	–	–	–	–	–	–	
English Skills	4	2	2	–	–	–	–	4
Personal Competency Development I	1	1	–	–	–	–	–	1
Personal Competency Development II	3	–	–	2	1	–	–	3
Intercultural Business Dimensions	2	–	–	–	–	2	–	2
Abschlussarbeit	2	–	–	–	–	3	6	9
Credits pro Semester/über alle Semester	94	30	30	30	30	30	30	180

„Mission" (Grundkonzept des Studiengangs)

Der Fachhochschul-Bachelorstudiengang Business Consultancy International (BBCi) ist speziell auf die Anforderungen des internationalen Wirtschaftslebens von heute ausgerichtet.

Die Absolventinnen und Absolventen sollen sowohl auf die Anforderungen einer globalisierten Wirtschaft vorbereitet als auch umfassend und praxisorientiert für Aufgaben in Management und Beratung ausgebildet werden.

12.4.2 Studium

Semesterplan (Studienablauf)
(siehe Tab. 12.4)

Inhalte, Schwerpunkte und Besonderheiten im Überblick
Studieninhalte im Überblick
Spezialisierungsangebot – eine von zwei Spezialisierungen ist zu wählen:

- International Accounting and Finance
- International Marketing and Sales

Wie hoch ist der Anteil der Disziplinen (bezogen auf die gesamte Studiendauer)?
(siehe Tab. 12.5)

Download der Studienbeschreibungen im Detail

Studienordnung und Prüfungsordnung
interne Dokumente, welche auf den Akkreditierungsrichtlinien beruhen (www.fhr.ac.at)

Unit- und Modulbeschreibung bzw. Veranstaltungsverzeichnis
http://www.fhwn.ac.at/site/1008/Informationsmaterial.aspx

Selbstdokumentation
diverse Berichte auf unserer Homepage, www.fhwn.ac.at

Soft Skills
Im Rahmen des Studiums werden den Studierenden auch Soft Skills wie Kommunikation, Arbeiten im Team, Auftritts- und Präsentationstechniken, Bewerbungstraining, Team- und Projektorganisation und Anwendung der Basiskompetenzen in verschiedenen Beratungssituationen näher gebracht.

Tab. 12.5 Studienschwerpunkte: Business Consultancy International

Fachrichtung	Anteil
Betriebswirtschaftslehre	25 %
Volkswirtschaftslehre	6 %
Mathematik/Statistik	4 %
Recht (Zivilrecht, Unternehmensrecht, Steuerrecht …)	8 %
Psychologie/Wirtschaftspsychologie	0 %
Informatik/Wirtschaftsinformatik	4 %
Unternehmensberatung	33 %, davon
Managementberatung	–
Personalberatung/HR-Beratung	–
IT-Beratung	–
Consulting-Methoden allgemein	–
Consulting-Projekte	–
Soft Skills	4 %
Sprachen	2 %, davon
Englisch	2 %
Sonstige	
Wissenschaftliches Arbeiten	1 %
Berufspraktikum	13 %

Lehrmethoden, Lernmethoden und didaktische Konzepte zum effektiven Studium

Im Bachelorprogramm liegt der Schwerpunkt der Ausbildung auf Vermittlung von Grundlagen und theoretischem Basiswissen. Der Großteil der Lehrveranstaltungen wird daher als Vorlesung oder Übung bzw. Integrierte Lehrveranstaltung angeboten. Fallstudien und Workshops sowie das Berufspraktikum runden das Lehrangebot ab.

- Traditionelle Vorlesungen mit vor- und nachbereitenden Literaturstudium: Vermittlung des Grundlagenwissens.
- Übungen: Vertiefung und praktische Anwendung von Wissen, das entweder in Vorlesungen oder durch Selbststudium erworben wurde.
- Integrierte Lehrveranstaltungen: Vorlesungen mit integrierten Übungsteilen.
- Fallstudien: Ausarbeitung, Präsentation und Diskussion umfangreicher, von Studierenden weitgehend selbständig ausgearbeiteten Problemanalysen und -lösungen in den gewählten Spezialisierungsgebieten. Starke Betonung des Praxisbezuges.
- Workshops: Insbesondere zur Verbesserung fachübergreifender Fähigkeiten und zur Weiterentwicklung und Reflexion sozialer Verhaltensmuster und Kompetenzen.

- Berufspraktikum: Gewinnung praktischer Erfahrungen in einem der festgelegten Berufsfelder, um die im Studium erworbenen Kenntnisse gezielt anwenden und den sozialen bzw. beruflichen Kontext ihres Einsatzes kennen lernen zu können.

Prüfung

Folgende Arten der Leistungsbeurteilung werden eingesetzt

- Schriftliche Abschlussprüfungen
- Schriftliche Zwischentests
- Schriftliche Ausarbeitungen von Problemstellungen und/oder Fallstudien
- Projektarbeiten, Bachelorarbeiten
- Präsentation von Ergebnissen aus Ausarbeitungen von Fallstudien/Projektarbeiten
- Mündliche Mitarbeit während der Kontaktphasen
- Schriftliche Reflexionen über das persönliche Lernergebnis der Lehrveranstaltung
- Führung und laufende Ergänzung des Personal Development Planes im Bereich der sozialen Kompetenzen
- Mündliche Prüfungsgespräche

Durchschnittliche Prüfungsanzahl pro Semester
7–10 Prüfungen

Durchschnittliche Dauer des Prüfungszeitraumes
Hauptprüfungstermine werden zeitlich nahe an den Abschluss der Lehrveranstaltung gelegt und sind damit über das gesamte Semester verteilt.

Möglichkeit, Prüfungen zu wiederholen bzw. Freiversuche anzumelden
grundsätzlich Prüfungsantrittspflicht, zwei Wiederholungsmöglichkeiten

Praktika

Zeitpunkt
6. Semester

Dauer
mindestens 20 Wochen, empfohlen: im Ausland zu absolvieren

Unterstützung
Jobbörse über Intranet; Kontaktperson: Virginia Grögl, MA, stv. Studiengangsleiterin und Praktikumskoordinatorin

Internationale Aspekte

Auslandsstudium
3. Semester kann an einer von über 60 Partnerhochschulen (Liste der Partnerhochschulen: http://www.fhwn.ac.at/desktopdefault.aspx?pageid=471) absolviert werden. Das International Office unterstützt bei der Abwicklung. Studienleistungen werden bis zu

maximal einer Semesterleistung (30 ECTS credit points) anerkannt. Etwa die Hälfte aller Studierenden eines Jahrgangs macht von diesem Angebot Gebrauch.

Art und Anzahl englischsprachiger Veranstaltungen
das gesamte Studienprogramm ist in englischer Sprache

Anteil ausländischer Studenten
ca. 50 %

Bachelorarbeit

Dauer
Je eine Arbeit im 5. und 6. Semester

Typische Inhalte (Beispiele)
Lehman Brothers – what led to its breakdown?
The IMF: Role, Successes and Failures
Convergence of International Accounting Standards: IFRS and US GAAP
Emotional Advertising. Humor used as an emotional technique
Blipverts – a critical assessment of subliminal advertising
Film induced tourism. Movies and television series as destination marketing tool
Sustainability Marketing.

Studienentgelte

Studienentgelt pro Semester
363,36 € plus ÖH-Mitgliedsbeitrag (verpflichtend), dzt. 16.50 €

Gegebenenfalls finanzielle Unterstützungsmöglichkeiten in Form von verbilligten Krediten, Stipendien etc.
www.stipendium.at
www.grants.at

Gegebenenfalls Ansprechpartner für Studienfinanzierung (BAföG-Amt, Studentenwerk)
www.oeh.ac.at

Bewerbung

Fristen
Aufnahmeprozess von Januar bis Ende Mai. Zulassung jeweils nur zum Studienbeginn im WS (September)

Freie Plätze pro Zulassungstermin
60

Bewerbungsunterlagen
(erhältlich über Internet: http://www.fhwn.ac.at/site/1008/Informationsmaterial.aspx oder postalisch über Anforderung. Sprechstunden der Studiengangsadministration (verantwortlich für Aufnahmeverfahren): Montag–Freitag, 9.00 bis 12.00 Uhr

Zulassungskriterien
Allgemeine Hochschulreife, Studienberechtigungsprüfung, Berufsreifeprüfung; zusätzlich Nachweis über Englischkenntnisse auf dem Niveau C1 (europ. Referenzrahmen); Information dazu: http://www.fhwn.ac.at/desktopdefault.aspx?pageid=795

Auswahlkriterien
Sehr guter bis guter Schulerfolg; Englischkenntnisse auf dem geforderten Niveau; Interesse an wirtschaftlichen Zusammenhängen

12.4.3 Besonderheiten und weitere wichtige Infos

Solides betriebswirtschaftliches Grundlagenstudium in englischer Sprache mit einer Spezialisierung
Spezialisierungsangebot

- International Accounting and Finance
- International Marketing and Sales

Laufende Weiterentwicklung der Sozial- & Beraterkompetenzen
Optionales Auslandssemester
Optimale Studienbedingungen – straffe Organisation, Übungen in Gruppen von maximal 20 Personen
Verpflichtendes Berufspraktikum

12.5 Master-Programm Consulting (Business Consultancy International)

12.5.1 Allgemeines

Bezeichnung des Studiengangs
Business Consultancy International

Regelstudienzeit
4 Semester

Web-Adresse
www.fhwn.ac.at

Gegründet
2007 (Diplomstudiengang 2003)

Tab. 12.6 Semesterplan: Business Consultancy International

Studiengang: Business Consultancy International Module mit den zugehörigen Fächern	SWS	Semester (Credits) 1.	2.	3.	4.	Credits gesamt
Unternehmensberatung	–	–	–	–	–	–
Business Consultancy I	4	–	3	3		6
Business Consultancy II	2	–	–	–	3	3
Case Study – Business Administration	1	–	2	–	–	2
Case Studies in Specialisation	2	–	2	2	–	4
Specialisation	20	8	12	16	4	40
Wirtschafts- und Rechtswissenschaften	–	–	–	–	–	–
Corporate Finance	4	6	–	–	–	6
Marketing and Sales	2	3	–	–	–	3
Management and Leadership	2	3	–	–	–	3
Applied Economics I	4	3	3	–	–	6
Applied Economics II	1	–	–	2	–	2
Special Topics in Law	4	–	3	3	–	6
Master's thesis – seminars	2	–	–	2	2	4
Grundlagen (z. B. Mathematik)	–	–	–	–	–	–
Empirical Methods	5	6	4	–	–	10
Philosophy of Scientific Research	1	–	–	2	–	2
Soft Skills und Sprachen	–	–	–	–	–	–
Advanced Competency Development	4	1	1	–	–	2
Sonstige	–	–	–	–	–	–
Study Trip	–	–	–	–	3	3
Abschlussarbeit	–	–	–	–	18	18
Credits pro Semester/über alle Semester	58	30	30	30	30	120

Akkreditierung
Akkreditiert durch den Österreichischen Fachhochschulrat 2004, re-akkreditiert 2009
Akkreditiert: 2011 (FIBAA) Re-Akkreditierung vorgesehen für das Jahr: 2014

„Mission" (Grundkonzept des Studiengangs)
Die Zielsetzung des Masterprogramms BCi besteht in der Vermittlung von Expertenwissen in den beiden angebotenen Vertiefungen (Majors) einerseits und in der Vermittlung von Führungs-, Beratungs- und Managementqualifikationen andererseits.

Tab. 12.7 Studienschwerpunkte: Business Consultancy International

Fachrichtung	Anteil
Betriebswirtschaftslehre	9 %
Volkswirtschaftslehre	7 %
Mathematik/Statistik	8 %
Recht (Zivilrecht, Unternehmensrecht, Steuerrecht …)	5 %
Psychologie/Wirtschaftspsychologie	0 %
Informatik/Wirtschaftsinformatik	0 %
Unternehmensberatung	65 %, davon
Managementberatung	–
Personalberatung/HR-Beratung	–
IT-Beratung	–
Consulting-Methoden allgemein	–
Consulting-Projekte	–
Soft Skills	2 %
Sprachen	0 %
Sonstige	
Wissenschaftliches Arbeiten	2 %
Berufspraktikum	2 %

12.5.2 Studium

Semesterplan (Studienablauf)

(siehe Tab. 12.6)

Inhalte, Schwerpunkte und Besonderheiten im Überblick

Eine von zwei Vertiefungen ist zu wählen:

- International Accounting and Finance
- International Marketing and Sales

Wie hoch ist der Anteil der Disziplinen (bezogen auf die gesamte Studiendauer)? (siehe Tab. 12.7)

Download der Studienbeschreibungen im Detail

Studienordnung und Prüfungsordnung
interne Dokumente, welche auf den Akkreditierungsrichtlinien beruhen (www.fhr.ac.at)

Unit- und Modulbeschreibung bzw. Veranstaltungsverzeichnis
http://www.fhwn.ac.at/site/1008/Informationsmaterial.aspx

Selbstdokumentation
diverse Berichte auf unserer Homepage, www.fhwn.ac.at

Soft Skills
Im Rahmen des Studiums werden den Studierenden auch Soft Skills wie Kommunikation, Arbeiten im Team, Auftritts- und Präsentationstechniken, Bewerbungstraining, Team- und Projektorganisation und Anwendung der Basiskompetenzen in verschiedenen Beratungssituationen näher gebracht.

Lehrmethoden, Lernmethoden und didaktische Konzepte zum effektiven Studium
Im Masterprogramm liegt der Schwerpunkt auf dem Selbststudium und einem holistischen Ansatz zur Problemlösung. Dies wird durch ein Zurücknehmen der Frontallehre und dementsprechend stärkeren Einsatz von Projektarbeiten, Fallstudien und Seminaren erreicht. Zum Abschluss des Studiengangs führen die Studierenden Projekte in Kleinteams durch, d. h. es wird pro Gruppe je ein echtes Beratungsprojekt für ein Start-up-Unternehmen durchgeführt, in dem das gesamte, im Studium erworbene Wissen angewendet wird.

Prüfung

Übliche Prüfungsformen

- Schriftliche Abschlussprüfungen
- Schriftliche Zwischentests
- Schriftliche Ausarbeitungen von Problemstellungen und/oder Fallstudien
- Projektarbeiten, Bachelorarbeiten
- Präsentation von Ergebnissen aus Ausarbeitungen von Fallstudien/Projektarbeiten
- Mündliche Mitarbeit während der Kontaktphasen
- Schriftliche Reflexionen über das persönliche Lernergebnis der Lehrveranstaltung
- Führung und laufende Ergänzung des Personal Development Planes im Bereich der sozialen Kompetenzen
- Mündliche Prüfungsgespräche

Durchschnittliche Prüfungsanzahl pro Semester
7–10 Prüfungen

Durchschnittliche Dauer des Prüfungszeitraumes
Hauptprüfungstermine werden zeitlich nahe an den Abschluss der Lehrveranstaltung gelegt und sind damit über das gesamte Semester verteilt.

Möglichkeit, Prüfungen zu wiederholen bzw. Freiversuche anzumelden
Grundsätzlich Prüfungsantrittspflicht, zwei Wiederholungsmöglichkeiten

Praktika

kein Praktikum vorgesehen

Internationale Aspekte

Auslandsstudium
Das 2. Semester kann (optional) an einer der Partnerhochschulen verbracht werden. Zwischen 18 und 26 ECTS credits werden im Schnitt angerechnet. Das IO unterstützt bei der Bewerbung/Abwicklung

Art und Anzahl englischsprachiger Veranstaltungen
Gesamtes Studienprogramm in englischer Sprache

Anteil ausländischer Studenten
ca. 45 %

Masterarbeit

Dauer
2 Semester

Typische Inhalte (Beispiele)
Reporting on Intangible Assets to reduce Information Asymmetry
Accounting for Financial Instruments under IFRS
Effective execution of counterparty analysis and credit derivative logic for the mitigation of a firm's Value at Risk in the energy market
Product Information Search on the Internet: A Quantitative Analysis of Internet Usage and the Perceived Trustworthiness of the Internet as a Source of Product Information
Measuring, Optimizing and Controlling Sales Performance
Green Marketing – Opportunities and Challenges
Consumer Perception based on Neuromarketing Fundamentals

Studienentgelte

Studienentgelt pro Semester
363,36 € plus ÖH-Mitgliedsbeitrag (verpflichtend), dzt. 16.50 €

Gegebenenfalls finanzielle Unterstützungsmöglichkeiten in Form von verbilligten Krediten, Stipendien etc.
www.stipendium.at
www.grants.at

Gegebenenfalls Ansprechpartner für Studienfinanzierung (BAföG-Amt, Studentenwerk)
www.oeh.ac.at

Bewerbung

Fristen
Aufnahmeprozess von Januar bis Ende Mai; Zulassung jeweils zum Wintersemester (Studienbeginn September)

Freie Plätze pro Zulassungstermin
35

Bewerbungsunterlagen
(erhältlich über Internet: http://www.fhwn.ac.at/site/1008/Informationsmaterial.aspx oder postalisch über Anforderung. Sprechstunden der Studiengangsadministration (verantwortlich für Aufnahmeverfahren): Montag–Freitag, 9.00 bis 12.00 Uhr

Zulassungskriterien
abgeschlossenes Bachelorstudium/Diplom; GMAT-Test bei nicht einschlägigem Vorstudium (minimum 480), Nachweis der Kenntnis der englischen Sprache auf dem Niveau C1 (europ. Referenzrahmen): Information:
http://www.fhwn.ac.at/desktopdefault.aspx?pageid=1449

Auswahlkriterien
Aufnahmetest in zwei Teilen: Online-Englischtest (ggf. schriftliches) und persönliches Interview. Kriterien: Studienerfolg im Vorstudium, Interesse an wirtschaftlichen Zusammenhängen

12.5.3 Besonderheiten und weitere wichtige Infos

Solides betriebswirtschaftliches Grundlagenstudium in englischer Sprache mit einer Vertiefung
Vertiefungsangebot

- International Accounting and Finance
- International Marketing and Sales

Laufende Weiterentwicklung der Sozial- & Beraterkompetenzen
Optionales Auslandssemester (2. Semester), Studienreise im 4. Semester
Optimale Studienbedingungen – straffe Organisation, Übungen in Gruppen von maximal 20 Personen

12.6 Master-Programm Consulting (Wirtschaftsberatung und Unternehmensführung)

12.6.1 Allgemeines

Bezeichnung des Studiengangs
Wirtschaftsberatung und Unternehmensführung

Regelstudienzeit
4 Semester

Web-Adresse
www.fhwn.ac.at

Gegründet
1994/95 Diplomstudiengang, ab 2005/06 Masterstudiengang

Akkreditierung
Akkreditiert: 2011 (FIBAA) Re-Akkreditierung vorgesehen für das Jahr: 2014

„Mission" (Grundkonzept des Studiengangs)
Dieses Masterstudium dient der Entwicklung vertiefender Fachkompetenz in einem von sechs Vertiefungsgebieten und der Selbstentwicklung des persönlichen Leaderships. Damit unterscheidet sich dieses Studium von anderen betriebswirtschaftlichen Programmen.

12.6.2 Studium

Semesterplan (Studienablauf)
(siehe Tab. 12.8)

Inhalte, Schwerpunkte und Besonderheiten im Überblick
Vertiefungsangebot – eine von sechs Vertiefungen ist zu wählen:

- Immobilienmanagement
- Personalmanagement und Organisationsentwicklung
- Marketing & Vertrieb
- Strategische Unternehmensführung
- Unternehmensplanung und Controlling
- Unternehmensrechnung & Revision

Tab. 12.8 Semesterplan: Wirtschaftsberatung und Unternehmensführung

Studiengang: Wirtschaftsberatung und Unternehmensführung	SWS	Semester (Credits)				Credits gesamt
Module mit den zugehörigen Fächern		1.	2.	3.	4.	
Unternehmensberatung und Praktikum	–	–	–	–	–	–
Beratungstheorie	2	3	–	–	–	3
Vertiefungsgebiet: Immobilienmanagement	2	6	12	16,5	–	34,5
Vertiefungsgebiet: Marketing und Vertrieb	2	6	12	16,5	–	34,5
Vertiefungsgebiet: Personalmanagement & Organisationsentwicklung	2	6	12	16,5	–	34,5
Vertiefungsgebiet: Strategische Unternehmensführung	2	6	12	16,5	–	34,5
Vertiefungsgebiet: Unternehmensplanung und Controlling	2	6	12	16,5	–	34,5
Vertiefungsgebiet: Unternehmensrechnung und Revision	2	6	12	16,5	–	34,5
Diplomarbeitsseminar	0,75	–	–	1,5	–	1,5
Diplomprüfung	–	–	–	–	4	4
Wirtschafts- und Rechtswissenschaften	–	–	–	–	–	–
Integrierte Betriebswirtschaft	2	3	–	–	–	3
Angewandte Ökonomik 1	1	2	–	–	–	2
Angewandte Ökonomik 2	2	–	4	–	–	4
Recht für Berater und Führungskräfte	2	3	–	–	–	3
Internationales Wirtschaftsrecht	2	3	–	–	–	3
Vertiefendes Wirtschaftsrecht 1	2	–	3	–	–	3
Vertiefendes Wirtschaftsrecht 2	2	–	–	3	–	3
Grundlagen (z. B. Mathematik)	–	–	–	–	–	–
Wissenschaftstheorie	1	–	1,5	–	–	1,5
Qualitative Methoden	1	–	1,5	–	–	1,5
Quantitative Methoden	1	–	–	1,5	–	1,5
Statistik und SPSS	1	–	–	1,5	–	1,5
Soft Skills und Sprachen	–	–	–	–	–	–
Einführung in Leadership/Organisation/Wandel und Führungslaboratorium	2	3	–	–	–	3
Leadership Awareness	2	–	3	–	–	3
Lernraum	2	–	–	3	–	3

Tab. 12.8 Fortsetzung Semesterplan: Wirtschaftsberatung und Unternehmensführung

Studiengang: Wirtschaftsberatung und Unternehmensführung	SWS	Semester (Credits)				Credits gesamt
Module mit den zugehörigen Fächern		1.	2.	3.	4.	
Lernreise	2	–	–	–	3	3
English: Advanced Skills 1	2	3	–	–	–	3
English: Advanced Skills 2	2	–	3	–	–	3
Professionelle Kompetenzentwicklung 1	2	3	–	–	–	3
Professionelle Kompetenzentwicklung 2	2	–	3	–	–	3
Intercultural Management	2	–	–	3	–	3
Global Business Issues	2	–	–	–	3	3
Abschlussarbeit	–	–	–	–	20	20
Credits pro Semester/über alle Semester	–	–	–	–	–	292,5

Pflichtfremdsprache
Englisch

Fremdsprachen-Freifächer
Spanisch, Französisch, Italienisch oder Russisch

Inhalte, Schwerpunkte und Besonderheiten im Überblick

Wie hoch ist der Anteil der Disziplinen (bezogen auf die gesamte Studiendauer)?
(siehe Tab. 12.9)

Download der Studienbeschreibungen im Detail

Studienordnung und Prüfungsordnung
interne Dokumente, welche auf den Akkreditierungsrichtlinien beruhen (www.fhr.ac.at)

Unit- und Modulbeschreibung bzw. Veranstaltungsverzeichnis
http://www.fhwn.ac.at/site/1008/Informationsmaterial.aspx

Selbstdokumentation
diverse Berichte auf unserer Homepage, www.fhwn.ac.at

Soft Skills
Im Rahmen des Studiums werden den Studierenden zahlreiche Soft Skills wie etwa professionelle Kompetenzentwicklung als Berater und Führungskraft, Leadership Awareness Trainings, interkulturelles Lernen näher gebracht.

Tab. 12.9 Studienschwerpunkte: Wirtschaftsberatung und Unternehmensführung

Fachrichtung	Anteil
Betriebswirtschaftslehre	2,5 %
Volkswirtschaftslehre	5 %
Mathematik/Statistik	5 %
Recht (Zivilrecht, Unternehmensrecht, Steuerrecht …)	10 %
Psychologie/Wirtschaftspsychologie	0 %
Informatik/Wirtschaftsinformatik	0 %
Unternehmensberatung	52,5 %, davon
Managementberatung	–
Personalberatung/HR-Beratung	–
IT-Beratung	–
Consulting-Methoden allgemein	–
Consulting-Projekte	–
Soft Skills	20 %
Sprachen	5 %, davon
Englisch	5 %
Sonstige	0 %

Lehrmethoden, Lernmethoden und didaktische Konzepte zum effektiven Studium

- Traditionelle Vorlesungen mit vor- und nachbereitenden Literaturstudium: Vermittlung des Grundlagenwissens, sodass die Studierenden in weiterer Folge in zunehmend selbständigerer und interaktiver Weise fachspezifische Themen bearbeiten können.
- Übungen: Vertiefung und praktische Anwendung von Wissen, das entweder in Vorlesungen oder durch Selbststudium erworben wurde. Gruppen mit 20 Studierenden.
- Integrierte Lehrveranstaltungen: Vorlesungen mit integrierten Übungsteilen.
- Seminare: Ausarbeitung, Präsentation und Diskussion umfangreicher, von Studierenden weitgehend selbständig ausgearbeiteten Problemanalysen und -lösungen in den gewählten Spezialisierungsgebieten. Starke Betonung des Praxisbezuges.
- Workshops: Insbesondere zur Verbesserung fachübergreifender Fähigkeiten und zur Weiterentwicklung und Reflexion sozialer Verhaltensmuster und Kompetenzen.
- Leadership-Workshops: verschiedene Formen erlebnisorientierter Didaktik

Prüfung

Übliche Prüfungsformen

- Schriftliche Abschlussprüfungen
- Schriftliche Zwischentests
- Schriftliche Ausarbeitungen von Problemstellungen und/oder Fallstudien
- Projektarbeiten, Diplomarbeiten
- Präsentation von Ergebnissen aus Ausarbeitungen von Fallstudien/Projektarbeiten
- Mündliche Mitarbeit während der Kontaktphasen
- Schriftliche Reflexionen über das persönliche Lernergebnis der Lehrveranstaltung
- Führung und laufende Ergänzung des Personal Development Planes im Bereich der sozialen Kompetenzen
- Mündliche Prüfungsgespräche

Durchschnittliche Prüfungsanzahl pro Semester
10–15 Prüfungen

Durchschnittliche Dauer des Prüfungszeitraumes
Hauptprüfungstermine werden zeitlich nahe an den Abschluss der Lehrveranstaltung gelegt und sind damit über das gesamte Semester verteilt

Möglichkeit, Prüfungen zu wiederholen bzw. Freiversuche anzumelden
grundsätzlich Prüfungsantrittspflicht, zwei Wiederholungsmöglichkeiten

Praktika
kein Praktikum vorgesehen

Internationale Aspekte

Auslandsstudium
3. Semester kann an einer von über 60 Partnerhochschulen (Liste der Partnerhochschulen: http://www.fhwn.ac.at/desktopdefault.aspx?pageid=471) absolviert werden. Das International Office unterstützt bei Abwicklung; Studienleistungen werden bis zu maximal einer Semesterleistung (30 ECTS credits) anerkannt. Etwa 20 % der Studierenden eines Jahrgangs machen von diesem Angebot Gebrauch.

Art und Anzahl englischsprachiger Veranstaltungen
bis zu 25 %

Anteil ausländischer Studenten
ca. 10 %

Masterarbeit

Dauer
1–2 Semester

Typische Inhalte (Beispiele)

- Chancen und Risiken von IFRS aus Shareholdersicht
- Strategisches Launching eines neuartigen Produkts
- Wohnbauten für Nischenmärkte
- Ökomarketing als Teilaspekt der Markenneuausrichtung
- Die Fortbestehensprognose: Relevanz und Ausgestaltung

Studienentgelte

Studienentgelt pro Semester
363,36 € plus ÖH-Mitgliedsbeitrag (verpflichtend), dzt. 16.50 €

Gegebenenfalls Ansprechpartner für Studienfinanzierung (BAföG-Amt, Studentenwerk)
www.stipendium.at

Bewerbung

Fristen
Aufnahmeprozess von Januar bis Mitte Juni. Zulassung jeweils nur zum Studienbeginn im WS (September)

Freie Plätze pro Zulassungstermin
175

Bewerbungsunterlagen
erhältlich über Internet: http://www.fhwn.ac.at/site/1008/Informationsmaterial.aspx oder postalisch über Anforderung. Sprechstunden der Studiengangsadministration (verantwortlich für Aufnahmeverfahren):
Montag–Freitag, 9.00 bis 12.00 Uhr, Infoline: +43 (0) 2622 89 0 84-311

Zulassungskriterien
facheinschlägiges Bachelor- oder Diplomstudium, das mindestens 30 ECTS wirtschaftswissenschaftlicher Fächer sowie 6 ECTS Englisch umfasst;
http://www.fhwn.ac.at/desktopdefault.aspx?pageid=487

Auswahlkriterien
sehr guter bis guter Schulerfolg; Motivationsschreiben, Kurzessay zu einem vorgegebenen Thema im Bereich Leadership und/oder Organisation, Berufserfahrung (Dauer und Facheinschlägigkeit)

12.6.3 Besonderheiten und weitere wichtige Infos

Vertiefungsangebot – eine von sechs Vertiefungen ist zu wählen:

- Immobilienmanagement
- Personalmanagement und Organisationsentwicklung
- Marketing & Vertrieb
- Strategische Unternehmensführung
- Unternehmensplanung und Controlling
- Unternehmensrechnung & Revision

Laufende Weiterentwicklung der Leadership- und Beratungskompetenzen
Optionales Auslandssemester
Optimale Studienbedingungen – klare Organisation, Übungen in Gruppen von maximal 20 Personen
Drei Organisationsformen:
in der Tages- und Abendform an ca. 4 Halbtagen/Abenden pro Woche; in der Blockform freitags und samstags ganztägig

13 Hochschule für Wirtschaft und Umwelt Nürtingen-Geislingen

13.1 Allgemeines

13.1.1 Allgemeine Strukturdaten

Bildrechte: Hochschule für Wirtschaft Nürtingen-Geislingen

Fachhochschule in öffentlicher Trägerschaft

Prozessmanagement

Adresse
Neckarsteige 6–10
72622 Nürtingen
Tel.: +49 (0) 7022 201 332

Organisatorische Einheit, der der Studiengang zugeordnet ist
Fakultät II – Agrarwirtschaft, Volkswirtschaft und Management

Web-Adresse
http://www.hfwu.de

Gründungsjahr
1949

Anzahl Studierende insgesamt
ca. 4080

Unternehmensrestrukturierung und Insolvenzmanagement

Adresse
Hochschule für Wirtschaft und Umwelt
Nürtingen-Geislingen
Parktstraße 4
73312 Geislingen/Steige
Tel.: +49 (0) 7331 22 520
Fax: +49 (0) 7331 22 500

Organisatorische Einheit, der der Studiengang zugeordnet ist
Fakultät III Bereich Wirtschaftsrecht

Web-Adresse
http://www.hfwu.de

Gründungsjahr
1949

Anzahl Studierende insgesamt
ca. 4080

13.1.2 Ausstattung der Hochschule

Unternehmensrestrukturierung und Insolvenzmanagement
(siehe Tab. 13.1)

Prozessmanagement
(siehe Tab. 13.2)

13.1.3 Beschreibung der Hochschule und des Hochschulstandortes

Die Hochschule für Wirtschaft und Umwelt Nürtingen-Geislingen ist eine von 21 Hochschulen für Angewandte Wissenschaften in Baden-Württemberg, die sich neben den Universitäten ein eigenes Profil als akademische Bildungseinrichtung erworben hat. Unsere Schwerpunkte liegen in einer praxisbezogenen Lehre, anwendungsorientierter Forschung und die Ausrichtung auf Schlüsselqualifikation. Zur Sicherung und Steigerung der Qualität der Lehre hat die Hochschule für Wirtschaft und Umwelt Nürtingen-Geislingen zahlreiche Kooperationen mit Hochschulen aus aller Welt.

Tab. 13.1 Hochschulausstattung: Nürtingen-Geislingen – Prozessmanagement

–	Nähere Informationen
Bibliothek	105.000 Medieneinheiten, e-books, juris-Datenbank, beck-online
Rechnerzugang, Pools	3 PC-Pools, jeder Studierende mit eigenem E-Mail-Account
Wireless LAN	kostenlos für alle Studierenden
International Office/Auslandsamt	Tel.: 49 (0) 7022 201 304 E-Mail: iris.ramme@hfwu.de
Frei zugängliche Sprachkurse	Englisch, Französisch, Spanisch
Career Center/Karriere-Service	-
Wohnen auf dem Campus	3 Studentenwohnheime
Cafeterien und Mensen	2 Cafeterien vorhanden, Mittagessen in der Mensa im Altbauareal Nürtingen und in der WMF
Besondere Veranstaltungen und „studium generale" für alle Studiengänge und alle Semester	Angebote in jedem Semester
Themenverwandte Vereine	Wijus e. V.

Tab. 13.2 Hochschulausstattung: Nürtingen-Geislingen – Unternehmensrestrukturierung und Insolvenzmanagement

–	Nähere Informationen
Bibliothek	105.000 Medieneinheiten, e-books, juris-Datenbank, beck-online
Rechnerzugang, Pools	3 PC-Pools, jeder Student mit eigenem E-Mail-Account
Wireless LAN	–
International Office/Auslandsamt	–
Frei zugängliche Sprachkurse	WAF Weiterbildungsakademie der Hochschule
Career Center/Karriere-Service	–
Wohnen auf dem Campus	3 Studentenwohnheime vorhanden
Semestertickets für ÖPNV/Deutsche Bahn	–
Cafeterien und Mensen	2 Cafeterien vorhanden, Mittagessen im Betriebsrestaurant der WMF
Besondere Veranstaltungen und „studium generale" für alle Studiengänge und alle Semester	Angebote in jedem Semester
Themenverwandte Vereine	Wijus e. V.

Am Standort Nürtingen wird der berufsbegleitende Masterstudiengang „Prozessmanagement (M. Sc.)" angeboten. Die große Kreisstadt Nürtingen mit 40.000 Einwohnern liegt im Herzen der Region Stuttgart, dem wirtschaftsstärksten Raum Europas. Es findet ein reger Austausch mit den Unternehmen der Region statt. Zwei weltweit agierende Großunternehmen der Region haben diesen berufsbegleitenden Masterstudiengang Prozessmanagement gefordert. Im Beirat des Studiengangs engagieren sich Top-Manager aus diesen Unternehmen und aus dem prosperierenden Mittelstand. Nürtingen selbst hat einen besonderen Reiz durch seinen historischen Stadtkern und die Lage am Neckar. Wer die Natur sucht, findet sie vor der Tür auf der Schwäbischen Alb. In nur 20 Minuten ist die Landeshauptstadt Stuttgart mit ihrer ganzen kulturellen Vielfalt zu erreichen.

Am Standort Geislingen wird außerdem der Studiengang „Unternehmensrestrukturierung und Insolvenzmanagement (LL.M.)" angeboten. Die Fünftälerstadt Geislingen liegt zwischen Ulm und Stuttgart, an Standorten nahezu aller großen überregional tätigen und renommierten Insolvenzverwalterkanzleien, Unternehmensberatungen und Banken in Deutschland und bietet daher auch eine unmittelbare räumliche Nähe zu den Partnern und dem Netzwerk des Studiengangs.

13.2 Consulting: Strukturdaten für Masterprogramm

13.2.1 Allgemeines

Prozessmanagement

Abschluss

Master of Science (berufsbegleitend/Weiterbildungsstudiengang) in Prozessmanagement

Ausbildung für folgende Berufsfelder

- Managementberatung
  - Organisation/Prozess- und Qualitätsmanagement

- Personalberatung/HR-Beratung
  - Personal Konzepte

- IT-Beratung

- Sonstige Berufsfelder
  - Interne Organisationsberater
  - Prozessberater

Das Masterprogramm setzt im Gegensatz zu einem Bachelor-Programm Berufserfahrung voraus. Außerdem wird eine höhere persönliche Reife, hohe Belastungsfähigkeit, Selbstdisziplin und die Fähigkeit zum Selbststudium vorausgesetzt.

Unternehmensrestrukturierung und Insolvenzmanagement

Abschluss

Master of Laws (LL.M.) nicht konsekutiver Studiengang, übergreifender Master (Zulassung von BWL-Abschlüssen)

Ausbildung für folgende Berufsfelder

- Managementberatung
  - Strategie
  - Organisation/Prozess- und Qualitätsmanagement
  - Führung
  - Restrukturierung

- Personalberatung/HR-Beratung
  - Personalrestrukturierung
  - Personalabbau
  - Transfergesellschaften

- IT-Beratung
  - WINSOLVENZ

Das Masterprogramm ist ein zweiter berufsqualifizierter Hochschulabschluss. Der Studiengang sichert eine erfolgreiche und zukunftsorientierte Berufstätigkeit bei Unternehmensberatungen, Insolvenzverwaltern und Großkanzleien, Banken sowie mittleren und größeren Wirtschaftsunternehmen.

13.2.2 Lehre und Forschung

Prozessmanagement

Anzahl der hauptamtlich Lehrenden

5 Professoren der HfWU. 1 Professor einer anderen staatlichen Hochschule.
Daraus ergibt sich eine Betreuungsintensität von einem hauptamtlich Lehrenden auf maximal 15 Studierende, wenn man davon ausgeht, dass die Betreuung hauptsächlich vom Studiendekan geleistet wird. Andernfalls reduziert sich die Zahl von Studierenden je Professor noch einmal.

Anzahl von Studierenden in einer Lehrveranstaltung

Der stärkste Kurs war bisher mit 16 Studierenden besetzt.

Anzahl Studenten und Absolventen im Bereich Consulting

Master: 25 Studierende   28 Absolventen

Kompetenzen und Schwerpunkte zentraler Lehrkräfte

Prof. Dr. Friedemann Baisch

Schwerpunkte
Change Management und Prozessmanagement

Fachgebiete
Change Management und Prozessmanagement

Funktion
Studiendekan MSc Prozessmanagement Studiengang Internationales Management, Volkswirtschaftslehre

Forschungsgebiet
General Management

Prof. Dr. Thomas Barth

Schwerpunkt
Controlling (im Master insbesondere Prozesskostenrechnung) und Rechnungswesen

Prof. Dr. Lisa Schwalbe

Schwerpunkt
Prozesse des Qualitätsmanagements

Fachgebiete
Ver-, Entsorgungs- und Umwelttechnik

Funktion
Prodekanin Fakultät IV Studiendekanin Studiengang Energie- und Ressourcenmanagement
Stellvertr. Gleichstellungsbeauftragte (Fakultät III + IV)

Forschungsgebiet
Ver-, Entsorgungs- und Umwelttechnik

Prof. Dr. Erskin Blunck

Schwerpunkt
Strategische Konzepte: insbesondere mit market-based view

Fachgebiet
Internationales Management

Funktion
Studiendekan Internationales Management

Forschungsgebiet
Internationales Management

Prof. Dr. Elmar Bräkling

Schwerpunkt
Supply Chain Management und Vertragsmanagement

Fachgebiete
Allgemeine Betriebswirtschaftslehre, insbesondere Beschaffung und Logistik

Forschungsgebiete
Beschaffungsmärkte, Beschaffungsprozesse und -methoden, Beschaffungsorganisation, Vertragsmanagement und Verhandlungsführung

Forschung
Die Forschungsleistungen sind erst im Aufbau befindlich. Eine Studienreihe Prozessmanagement ist zur Veröffentlichung geplant.

Integration des Studiengangs Consulting
Der Studiengang ist über den Fokus auf die Vermittlung von Handlungskompetenz (Schlüsselqualifikation aber speziell auch Beratungskompetenz) intensiv mit der übergeordneten Lehr- und Lernkonzeption der Hochschule verbunden. Bei verschiedenen Veranstaltungen (Exkursionen, Vorträge, Management-Gesprächen) findet eine enge Zusammenarbeit mit dem MBA-Studiengang Internationales Management statt.

Einbindung von Externen
Der Masterstudiengang Prozessmanagement hat einen Beirat. Dieser ist mit neun Persönlichkeiten aus Unternehmen, der Hochschullandschaft und zwei Professoren besetzt. Aufgabe des Beirats ist die Sicherstellung praxisrelevanter Themen im Studiengang und die Unterstützung mit Exkursionen, Lehrbeauftragten und Ressourcen.

Studienberatung

Allgemeine Studienberatung
Frau Dipl.-Geogr. Dagmar Scheuer
Tel.: +49 (0) 7022 201 332
E-Mail: dagmar.scheuer@hfwu.de

Detailfragen
siehe Allgemeine Studienberatung

Verbesserung und Entwicklung der Studienprogramme
Es erfolgt eine permanente Evaluation der Lehre. Die Evaluationsergebnisse werden den Lehrenden rückgemeldet. Die Studienganleitung schaltet sich je nach Ergebnis ein.

Während des zweiten Semesters führen die Studierenden ein Praxisprojekt in der entsendenden Firma durch.

Im Verlauf des Studiums werden den Studierenden die Funktionalitäten von Excel, MS Visio und Viflow nähergebracht.

Unternehmensrestrukturierung und Insolvenzmanagement

Anzahl der hauptamtlich Lehrenden
10
Daraus ergibt sich eine Betreuungsintensität von einem hauptamtlich Lehrenden auf 2,5 Studierende

Anzahl von Studierenden in einer Lehrveranstaltung
25 Studierende

Anzahl Studenten und Absolventen im Bereich Consulting
Master: 9 Studenten (SS2010) 9 Absolventen (SS2010)

Kompetenzen und Schwerpunkte zentraler Lehrkräfte

Prof. Dr. jur. Tobias Huep

Schwerpunkt
Deutsches und internationales Wirtschaftsrecht

Fachgebiet
Deutsches und Internationales Wirtschaftsrecht

Funktion
Studiendekan Studiengang Unternehmensrestrukturierung und Insolvenzmanagement

Herr Prof. Dr. rer.pol. Reinhard Heyd

Schwerpunkte
Rechnungswesen/Controlling

Fachgebiet
Rechnungswesen/Controlling

Forschungsgebiet
Internationale Rechnungslegung

Prof. Dr. Frank Reinhardt

Schwerpunkt
BWL, insbesondere Unternehmensberatung und Wirtschaftsprüfung

Fachgebiet
Wirtschaftsrecht

Prof. Dr. Heike Mayr-Lang

Schwerpunkt
Wirtschaftswissenschaften, insbesondere Finanzwirtschaft und quantitative Methoden

Fachgebiet
Wirtschaftswissenschaften, insbesondere Finanzwirtschaft und quantitative Methoden

Forschung
Im Masterstudiengang Unternehmensrestrukturierung und Insolvenzmanagement findet eine anwendungsorientierte Forschung statt. Praxisprojekt bspw.
„Beratung Insolvenzkanzleien" – Erstellung eines Kanzleihandbuch in Zusammenarbeit mit einer namhaften deutschen Insolvenzverwalterkanzlei.

Integration des Studiengangs Consulting
Der Masterstudiengang Unternehmensrestrukturierung und Insolvenzmanagement ist stark interdisziplinär ausgerichtet. Der Studiengang baut unmittelbar auf den Grundlagen der Bachelorstudiengänge Wirtschaftsrecht und Betriebswirtschaftslehre auf.

Einbindung von Externen
Der Masterstudiengang hat ein großes Netzwerk von externen Unternehmensvertretern und Hochschuldozenten, wie z. B. mit Rödl & Partner Wirtschaftsprüfung ; KPMG München und Frankfurt; Ernst & Young Stuttgart; Deloitte Frankfurt, Düsseldorf; Rölfs Partner Frankfurt, Stuttgart, Düsseldorf; Schultze & Braun Achern, Frankfurt, Nürnberg; Grub & Brugger Stuttgart, München; Derra, Meyer & Partner Ulm, Stuttgart; Schneider & Geiwitz Stuttgart, Ulm; PLUTA Rechtsanwalts GmbH Ulm, Stuttgart, München; Wellensiek Rechtsanwälte Heidelberg, München; Hickethier, Losch & Partner Stuttgart, Reutlingen; Fröhlich Insolvenzverwaltung Ulm; CMS Hasche Sigle Stuttgart; Gleiß Lutz Stuttgart; Anhäuser & Kollegen Karlsruhe, Ulm.

Studienberatung

Allgemeine Studienberatung
Frau Cornelia Böhm
Tel. +49 (0) 7331 22 553
E-Mail: cornelia.boehm@hfwu.de

Detailfragen
Herr Prof. Tobias Huep
Tel. +49 (0) 7331 22 581
E-Mail: tobias.huep@hfwu.de

Verbesserung und Entwicklung der Studienprogramme

In jedem Semester findet eine Evaluation der Lehre statt. Außerdem gibt es regelmäßige Gespräche mit Studierenden über die Verwendung der Studiengebühren. Es finden regelmäßig Beratungen zwischen den Studiendekanen und den jeweiligen Semestersprechern sowie studentische Vertreter im Fakultätsrat statt.

Im Rahmen des Studiums wird den Studenten die Funktion der Software WINsolvenz näher gebracht.

13.3 Master-Programm Consulting (Prozessmanagement)

13.3.1 Allgemeines

Bezeichnung des Studiengangs
Prozessmanagement

Regelstudienzeit
4 Semester

Web-Adresse
http://www.pzm.hfwu.de

Gegründet
2007

Akkreditierung
2007 FIBAA   Re-Akkreditierung vorgesehen für das Jahr: 2012

„Mission" (Grundkonzept des Studiengangs)
Die Unternehmen müssen besser darin werden, ihre Arbeitsabläufe exzellent zu organisieren. Dazu bilden wir an der HfWU Professionals aus.

13.3.2 Studium

Semesterplan (Studienablauf)
(siehe Tab. 13.3)

Tab. 13.3 Semesterplan: Prozessmanagement

Studiengang: Prozessmanagement Module mit den zugehörigen Fächern	SWS	Semester (Credits) 1.	2.	3.	4.	Credits gesamt
Unternehmensberatung und Praktikum	–	–	–	–	–	39
Einführung in das Prozessmanagement	10	1	–	–	–	1
Datenauswertung und Statistik	10	1	–	–	–	1
Prozessdokumentation und -analyse	40	2	–	–	–	2
Prozesse toolgestützt modellieren	10	1	–	–	–	1
Lean Management und Wertstrom	20	2	–	–	–	2
Prozessoptimierung – evolutionär	40	3	–	–	–	3
Prozessoptimierung – revolutionär	20	3	–	–	–	3
Konkurrierende Konzepte zum Prozessmanagement	10	1	–	–	–	1
Prozesskostenrechnung und Kostenmanagement	20	2	–	–	–	2
Performance Measurement und Prozesskennzahlen	10	1	–	–	–	1
Change Management	28	–	2	–	–	2
Lean Administration	20	–	2	–	–	2
Projektmanagement – Methodik	20	–	2	–	–	2
Projektmanagement – Praxisprojekt	20	–	3	–	–	3
Systematische Beratungskompetenz	60	–	3	–	–	3
Konzepte des Qualitätsmanagement	20	–	–	3	–	3
Design für Quality – Entwicklungsprozesse	16	–	–	2	–	2
Service Engineering im Dienstleistungsmanagement	20	–	–	2	–	2
Risikomanagement, Audit und Revision	28	–	–	3	–	3
Informatik und Wirtschaftsinformatik	–	–	–	–	–	5
IT-Konzepte mit Prozessausrichtung	24	–	2	–	–	2
Zusammenarbeit IT-Berater-Fachabteilung	16	–	1	–	–	1
Prozess-Referenzmodelle	20	–	2	–	–	2
Wirtschafts- und Rechtswissenschaften	–	–	–	–	–	7
Personalentwicklung	10	–	1	–	–	1
Vertragsmanagement	16	–	1	–	–	1
Supply Chain Management in Produktion und Einkauf	32	–	–	2	–	2
Supply Chain Management in Vertrieb und Distribution	30	–	–	3	–	3
Softskills und Sprachen	–	–	–	–	–	7
Persönlichkeit 1 : Grundlagen der Eigendiagnostik	10	1	–	–	–	1
Persönlichkeit 2: Stärken-Schwächen-Analyse	10	–	1	–	–	1

Tab. 13.3 Fortsetzung Semesterplan: Prozessmanagement

Studiengang: Prozessmanagement Module mit den zugehörigen Fächern	SWS	Semester (Credits)				Credits gesamt
		1.	2.	3.	4.	
Persönlichkeit 3: individuelle Entwicklungs-Road map	10	–	–	1	–	1
Kommunikative Kompetenz	28	–	–	2	–	2
Visualisierung und Konzeption	26	–	–	2	–	2
Sonstige		–	–	–	–	2
Moderation	20	2	–	–	–	2
Abschlussarbeit	–	–	–	–	30	30
Credits pro Semester/über alle Semester	–	20	20	20	30	90

Die angegebenen SWS sind die Gesamtanzahl von Lehreinheiten á 45 Minuten.

Inhalte, Schwerpunkte und Besonderheiten im Überblick

Wie hoch ist der Anteil der Disziplinen (bezogen auf die gesamte Studiendauer)? (siehe Tab. 13.4)

Download der Studienbeschreibungen im Detail

Studienordnung und Prüfungsordnung
besonderer Teil:
http://www.hfwu.de/fileadmin/user_upload/pruefungsamt/pdf/ma_pm_040210.pdf
allgemeiner Teil:
http://www.hfwu.de/de/zentrales-pruefungsamt/studien-pruefungsordnungen.html

Unit- und Modulbeschreibung bzw. Veranstaltungsverzeichnis
auf Anfrage

Selbstdokumentation
auf Anfrage

Soft Skills

Im Fokus der Entwicklung steht die Stärkung der Beratungskompetenz. Dies geschieht zum einen durch entsprechende Fächer (Persönlichkeit I, II und III. Kommunikative Kompetenz. Visualisierung. Moderation) und ganz gezielt durch einen Schwerpunkt im Bereich „systemische Beratungskompetenz". Durch die begrenzte Zahl von maximal 15 Studierenden gehen die Lehrbeauftragten auch individuell auf die Studierenden ein. Besonders im Rahmen der Initiierung, Durchführung und Vorstellung des Praxisprojektes aus den entsendenden Unternehmen, aber auch bei der Initiierung, Durchführung und Verteidigung der Masterarbeit wurden besondere Lerninseln geschaffen.

Tab. 13.4 Studienschwerpunkte: Prozessmanagement

Fachrichtung	Anteil
Betriebswirtschaftslehre	41,25 %
Volkswirtschaftslehre	0 %
Mathematik/Statistik	2,5 %
Recht (Zivilrecht, Unternehmensrecht, Steuerrecht …)	1,25 %
Psychologie/Wirtschaftspsychologie	5 %
Informatik/Wirtschaftsinformatik	6,25 %
Unternehmensberatung	17,5 %, davon
Managementberatung	11,25 %
Personalberatung/HR-Beratung	0 %
IT-Beratung	6,25 %
Consulting-Methoden allgemein	0 %
Consulting-Projekte	0 %
Soft Skills	11,25 %
Sprachen	0 %
Sonstige	
Prozessmanagement	15 %

Lehrmethoden, Lernmethoden und didaktische Konzepte zum effektiven Studium

Die Studierenden stehen im Mittelpunkt aller Aktivitäten. Aus diesem Grund werden die Lehrziele der Dozenten mit den Lernzielen der Studierenden abgeglichen. Dies geschieht einerseits durch die Einführungsveranstaltung zum Studiengang und andererseits durch einen inhaltlichen Abgleich der verschiedenen Fächer.

Die Studierenden sollen an exemplarischen Beispielen oder an praxisnahen Problemstellungen lernen können. Fallbeispiele, Exkursionen und Gastreferenten sind deshalb wichtige Lehrmethoden im Studiengang.

Die Studierenden sollen selbständig Lernen. Sie sollen eigene bevorzugte Lerntechniken einsetzen können, gleichzeitig diese jedoch auch erweitern und verbessern (Lernen lernen). Das selbständige Lernen wird zeitlich im Workload für Vor- und Nachbereitungen berücksichtigt. Aufgabe der Lehrenden ist es, diesen Prozess durch entsprechende Materialien und zeitliche Planungen zu unterstützen.

Die Studierenden sollen zu einem ganzheitlichen Lernen angeregt werden. Dies beinhaltet das Soziale Lernen, die Verbindung von Theorie und Praxis, das Denken in vernetzten Systemen. Dafür ist die mehrschichtige Reflektion eigener Lernprozesse z. B. im

Fach „Projektmanagement 2" gedacht, genauso wie Exkursionen oder der Austausch innerhalb der Erstellungsphase der Masterarbeit.

Prüfung

Übliche Prüfungsformen
Klausuren, mündliche Prüfungen, Referate, Hausarbeiten, Projekte, sonstige Studienleistungen

Durchschnittliche Prüfungsanzahl pro Semester
9

Durchschnittliche Dauer des Prüfungszeitraumes
fortlaufend während des Semesters, da berufsbegleitend

Möglichkeit, Prüfungen zu wiederholen bzw. Freiversuche anzumelden
eine Wiederholung, dann nur noch mit Härteantrag eine weitere Wiederholung.

Praktika

Während des Studiums sind keine Praktika vorgesehen, da es sich um einen berufsbegleitenden Studiengang handelt. Allerdings wird im 2. Semester ein begleitendes Praxis-Projekt durchgeführt.

Internationale Aspekte

Auslandsstudium
Über den Masterstudiengang Management und Finance werden auch für die Studierenden im Masterstudiengang Prozessmanagement kurze Studiumssequenzen im Ausland angeboten (zuletzt in Fresno/Kalifornien). Das Angebot wurde bisher zwar angefragt, aber noch nicht genutzt.

Art und Anzahl englischsprachiger Veranstaltungen
keine

Anteil ausländischer Studierender
keine

Masterarbeit

Dauer
4 Monate

Typische Inhalte
Konzeption eines Prozessreifegradmodells. Prozessoptimierung im Bereich Wareneingang. Prozessoptimierung im Bereich Controlling-Prozesse. Change Management als Flankierung der Umwandlung zu einem prozessorientierten Unternehmen.

Studienentgelte

Studienentgelt pro Semester
2.500 € für die ersten drei Semester. Im vierten Semester 1.500 € während der Erstellung und Betreuung der Masterarbeit.

Langzeitstudienentgelte
bei längerem Verbleib werden wieder 2.500 € fällig

Finanzielle Unterstützungsmöglichkeiten in Form von verbilligten Krediten, Stipendien etc.
Studierende können durch den Festo-Bildungsfond (www.festo.com/cms/de_de) unterstützt werden.

Ansprechpartner für Studienfinanzierung (BAföG-Amt, Studentenwerk)
Ansprechpartner ist das Studentenwerk Hohenheim.

Studentenwerk Tübingen – Hohenheim AdöR
Amt für Ausbildungsförderung
Kirchnerstraße 5
70599 Stuttgart
Tel.: +49 (0) 7071 75011 0
Fax: +49 (0) 7071 75011 59

Bewerbung

Fristen
Einmal im Jahr. 1. Juni

Freie Plätze pro Zulassungstermin
15

Bewerbungsunterlagen
Bitte nutzen Sie für Bewerbungen unser Online-Bewerbungsportal unter:
http://www.hfwu.de/de/zg/bewerbung/online-bewerbung-master-studiengaenge.html

Zulassungskriterien
Bewerber müssen ein abgeschlossenes Erststudium und zwei Jahre Berufserfahrung mit Einbindung in Geschäftsprozesse besitzen, es sei denn sie haben das Erststudium in einem dualen Studiengang absolviert. In diesem Fall sollten die Bewerber ein Jahr Berufserfahrung vorweisen können. Im weiteren Verfahren sind die Note des Erststudiums und das Ergebnis eines Auswahlgesprächs ausschlaggebend.

Auswahlkriterien
siehe Zulassungskriterien

13.3.3 Besonderheiten und weitere wichtige Infos

Die Studierenden haben während des Studiums verschiedene Exkursionsmöglichkeiten. Außerdem gibt es ein aktives Alumni-Netzwerk. Die Studierenden können weiterhin an den Nürtinger Prozess- und Organisationsmanagement-Gesprächen teilnehmen.

13.4 Master-Programm Consulting (Unternehmensrestrukturierung und Insolvenzmanagement)

13.4.1 Allgemeines

Bezeichnung des Studiengangs
Unternehmensrestrukturierung und Insolvenzmanagement (LL.M.)

Regelstudienzeit
3 Semester

Web-Adresse
www.uri.hfwu.de

Gegründet
2005

Akkreditierung
2007 FIBAA   Re-Akkreditierung vorgesehen für das Jahr: 2013

„Mission" (Grundkonzept des Studiengangs)
„Die Krise als Chance"
Der Masterstudiengang konzentriert sich umfassend auf den Bereich der Restrukturierung von Unternehmen sowie des Insolvenzmanagements. Die Bewältigung von Krisen im Lebenszyklus eines Unternehmens bildet den Schwerpunkt des Studiengangs. Die damit einhergehenden komplexen Probleme werden in ihren juristischen und betriebswirtschaftlichen Fragestellungen verknüpft behandelt – aus der Sicht des betroffenen Unternehmens, der Unternehmensberatung bis hin zur Rolle des Insolvenzverwalter, aber auch aus Sicht der Gläubiger, insbesondere der Finanzinstitute und sonstiger Großgläubiger.

13.4.2 Studium

Semesterplan (Studienablauf)
(siehe Tab. 13.5)

Tab. 13.5 Semesterplan: Unternehmensrestrukturierung und Insolvenzmanagement

Studiengang: Unternehmensrestrukturierung und Insolvenzmanagement (LL.M.)	SWS	Semester (Credits)			Credits gesamt
Module mit den zugehörigen Fächern		1.	2.	3.	
Unternehmensberatung und Praktikum	–	–	–	–	–
I.1.1. Krisenerkennung und -prävention	2	2	–	–	2
I.1.2. Krisenmanagement	2	2	–	–	2
I.1.3. Bilanzanalyse	2	3	–	–	3
I.4.1. Unternehmenssanierung	3	4	–	–	4
I.4.2. Buchführung und Rechnungswesen	1	1	–	–	1
I.4.3. Kredit- und Forderungsmanagement	1	1	–	–	1
I.6.1. Restrukturierungs- und Sanierungsberatung	1	1	–	–	1
I.6.2. Insolvenznahe Beratung – Großgläubiger Beratung	1	1	–	–	1
II.1.1. Unternehmensbewertung	2	–	2	–	2
II.1.2. Fortführungsprognose und Sanierungsgutachten	2	–	3	–	3
II.3.1. Finanzwirtschaftliche Sanierung und Bilanzsanierung	2	–	2	–	2
II.3.2. Leistungswirtschaftliche Sanierung	2	–	2	–	2
II.3.3. Controlling	1	–	1	–	1
III.1.1. Unternehmensführung und Turnaround-Management	1	–	–	2	2
III.1.2. Krisen-PR	1	–	–	2	2
III.1.3 Haftungsrecht	1	–	–	1	1
Wirtschafts- und Rechtswissenschaften	–	–	–	–	–
I.2.1. Gesellschafts- und Konzernrecht	2	2	–	–	2
I.2.2. Sachenrecht	2	2	–	–	2
I.2.3. Umwandlungsrecht	1	1	–	–	1
I.3.1. Gerichtliche Forderungsdurchsetzung	2	2	–	–	2
I.3.2. Einstweiliger Rechtsschutz	1	1	–	–	1
I.3.3. Internationales Verfahrensrecht	1	1	–	–	1
II.2.1. Recht der Unternehmensübertragung	2	–	2	–	2
II.2.2. Unternehmensbezogenes Haftungs- und Strafrecht in der Krise	2	–	2	–	2
II.2.3. Gewerbliche Schutzrechte in der Krise	1	–	1	–	1

Tab. 13.5 Fortsetzung Semesterplan: Unternehmensrestrukturierung und (...)

Studiengang: Unternehmensrestrukturierung und Insolvenzmanagement (LL.M.)		SWS	Semester (Credits)			Credits gesamt
Module mit den zugehörigen Fächern			1.	2.	3.	
II.2.4.	Vertragsgestaltung	2	–	3	–	3
I.5.1.	Regelverfahren bis zur Insolvenzeröffnung	2	2	–	–	2
I.5.2.	Regelverfahren ab der Insolvenzeröffnung	2	2	–	–	2
I.5.3.	Insolvenzarbeitsrecht – Grundlagen	1	1	–	–	1
I.5.4.	Verbraucherinsolvenzverfahren und Restschuldbefreiung	1	1	–	–	1
I.5.5.	Internationales Insolvenzrecht	1	1	–	–	1
II.4.1.	Insolvenzanfechtung	2	–	2	–	2
II.4.2.	Insolvenzplanverfahren	1	–	1	–	1
II.4.3.	Insolvenzarbeitsrecht -Vertiefung	1	–	1	–	1
II.4.4.	Insolvenz-Steuerrecht	1	–	1	–	1
II.4.5.	Bilanzierung und Rechnungslegung in der Krise	2	–	2	–	2
Soft Skills und Sprachen		–	–	–	–	–
III.2.1.	Projektmanagement	2	–	–	2	2
III.2.2.	Wirtschaftsmediation	1	–	–	1	1
III.2.3.	Negotiation in English	2	–	–	3	3
III.2.4.	Das insolvenz- und krisenbezogene Mandat	1	–	–	2	2
Sonstige		–	–	–	–	–
II.5.	Seminar	2	–	4	–	4
Abschlussarbeit		–	–	–	17	17
Credits pro Semester/über alle Semester		63	31	29	30	90

Inhalte, Schwerpunkte und Besonderheiten im Überblick

Inhaltlicher Schwerpunkt ist die Beratung und Begleitung des Unternehmens in der Krise bis ins Insolvenzverfahren. Dazu ist insbesondere die Vermittlung von Kenntnissen an der Schnittstelle von Recht und Wirtschaft erforderlich. Kennzeichnend ist unter anderem der hohe Anteil externer Praktiker als Dozenten. Besonderheiten und spezielle Angebote existieren, wie z. B.: die Schulung an der insolvenzverfahrensspezifischen Software „WINsolvenz".

Wie hoch ist der Anteil der Disziplinen (bezogen auf die gesamte Studiendauer)? (siehe Tab. 13.6)

Tab. 13.6 Studienschwerpunkte: Unternehmensrestrukturierung und Insolvenzmanagement

Fachrichtung	Anteil
Betriebswirtschaftslehre	10 %
Volkswirtschaftslehre	0 %
Mathematik/Statistik	0 %
Recht (Zivilrecht, Unternehmensrecht, Steuerrecht ...)	40 %
Psychologie/Wirtschaftspsychologie	0 %
Informatik/Wirtschaftsinformatik	0 %
Unternehmensberatung	40 %, davon
Managementberatung	0 %
Personalberatung/HR-Beratung	10 %
IT-Beratung	10 %
Consulting-Methoden allgemein	0 %
Consulting-Projekte	0 %
Soft Skills	10 %
Sprachen	0 %

Download der Studienbeschreibungen im Detail

Studienordnung und Prüfungsordnung
http://www.hfwu.de/fileadmin/user_upload/pruefungsamt/pdf/ma_uri_040210.pdf

Unit- und Modulbeschreibung bzw. Veranstaltungsverzeichnis
http://www.hfwu.de/de/4fwr/unternehmensrestrukturierung-insolvenzmanagement.html

Soft Skills

Den Studierenden werden während des Studiums Sprachkompetenz mit Negotiation in English, praxisorientierte Lösungskompetenz, Verhandlungsführung („Harvard Modell"), Wirtschaftsmediation, Selbstorganisationsfähigkeit und Kritikfähigkeit durch diskursive Lernformen näher gebracht.

Lehrmethoden, Lernmethoden und didaktische Konzepte zum effektiven Studium

Vorlesungen, Seminare, Exkursionen, Projektarbeit und Fallstudien

Prüfung

Übliche Prüfungsformen
Klausuren, mündliche Prüfungen, Referate, Hausarbeiten, Projekte

Durchschnittliche Dauer des Prüfungszeitraumes
3 Wochen

Möglichkeit, Prüfungen zu wiederholen bzw. Freiversuche anzumelden
Möglichkeiten Prüfungen zu wiederholen bzw. Freiversuche anzumelden besteht durch bestimmte Anträge über das zuständige Prüfungsamt.

Praktika

Es besteht keine Praktikapflicht, jedoch besteht die Möglichkeit studienbegleitender Praktika-Vermittlung über die Studiengangsleitung sowie das International Office.

Internationale Aspekte

Auslandsstudium
Ein Auslandsstudium wird derzeit nicht angeboten, ist aber integrierbar und wird über die Hochschule auf Wunsch unterstützt.

Art und Anzahl englischsprachiger Veranstaltungen
1 englischsprachige Lehrveranstaltung

Anteil ausländischer Studenten
gegenwärtig nicht

Masterarbeit

Dauer
4 Monate

Typische Inhalte
Insolvenzmanagement, Unternehmensberatung in der Krise, Restrukturierungsbezogene Themen, Unternehmenssanierung

Beispiele

- „Die Ermittlung des sanierungsfähigen Kerns eines Unternehmens in der Insolvenz mittels der BCG-Matrix"
- „Debt to Equity Swaps"
- „Grundsätze der ordnungsgemäßen Schlussrechnungslegung und deren Prüfung"
- „Der Sanierungskredit, Erkennen-Bewerten-Risiken"

Studienentgelte

Studienentgelt pro Semester
500 € + Verwaltungsgebühr

Finanzielle Unterstützungsmöglichkeiten in Form von verbilligten Krediten, Stipendien etc. Förderstipendien möglich über Eigeninitiative der Studenten mit Unterstützung der Hochschule
Ansprechpartner für Studienfinanzierung (BAföG-Amt, Studentenwerk)
BaföG-Amt und Studentenwerk Hohenheim:
http://www.hfwu.de/de/campus-studentisches/bafoeg.html

Bewerbung

Fristen
Zulassungen zum Studiengang finden immer zum Sommersemester statt. Die Frist hierfür ist der 15. Februar des jeweiligen Jahres.

Freie Plätze pro Zulassungstermin
ca. 20 Plätze

Bewerbungsunterlagen
Bewerbungen zum Masterstudiengang sind nur online über das Portal von uni-asist: http://www.uni-assist.de/ möglich.

Zulassungskriterien
Nachweis eines abgeschlossenen Studiums an einer deutschen Hochschule oder Berufsakademie oder ein vergleichbarer Abschluss an einer ausländischen Hochschule:
in einem wirtschaftswissenschaftlichen Bachelor- oder Diplom-Studiengang
oder
im Studiengang Wirtschaftsrecht oder Wirtschaftsrecht/Business Law(Abschlussgrad: Diplom-Wirtschafsjurist (FH) oder Bachelor of Laws – LL.B.)
oder
mit dem Abschlussgrad Diplom-Rechtspfleger (FH), Diplom-Verwaltungswirt (FH), Diplom-Finanzwirt (FH) oder als Württembergischer Notariatsassessor
oder
mit einem Ersten oder Zweiten juristischen Staatsexamen

Auswahlkriterien

Es findet ein Auswahlgespräch nach Ablauf der Bewerbungsfrist statt. Es besteht aus einem 15-minütigen Gespräch, indem der Bewerber ein entsprechendes fachliches Grundverständnis, die berufliche Erfahrungen und die Motivation für diesen Studiengang nachweisen. Das Auswahlgespräch und die Abschlussnote müssen insgesamt bei 2,5 oder besser liegen um in das Zulassungsverfahren mit aufgenommen werden zu können.

13.4.3 Besonderheiten und weitere wichtige Infos

Der Studiengang „Unternehmensrestrukturierung und Insolvenzmanagement (LL.M.)" am Standort Geislingen bietet Ihnen kurze Studienzeiten und kleine Semestergruppen, die eine optimale individuelle Betreuung ermöglichen. Die Studienkonzeption und ihre Umsetzung durch hochqualifizierte Dozenten garantieren praxisbezogene Lehre und anwendungsorientierte Forschung zur unmittelbaren Vorbereitung auf ein attraktives und herausforderndes Berufsfeld.

14 Hochschule für Wirtschaft Zürich

14.1 Allgemeines

14.1.1 Allgemeine Strukturdaten

Bildrechte: Hochschule für Wirtschaft Zürich

Fachhochschule

Adresse
HWZ Hochschule für Wirtschaft Zürich
Lagerstrasse 5
Postfach
CH-8021 Zürich
Tel.: +41 (0)43 322 26 00
Fax: +41 (0)43 322 26 01

Organisatorische Einheit, der der Studiengang zugeordnet ist:
Center for Business Engineering

Web-Adresse
http://www.fh-hwz.ch/

Tab. 14.1 Hochschulausstattung: Hochschule für Wirtschaft Zürich

–	Nähere Informationen
Wireless LAN	Ganzes Haus
Career Center/Karriere-Service	Jobausschreibungen auf unserer Website: http://www.fh-hwz.ch/g3.cfm/s_page/51080/s_name/offenestellen
Cafeterien und Mensen	Cafeteria
Besondere Veranstaltungen und „studium generale" für alle Studiengänge und alle Semester	Podiumsdiskussionen, Ringvorlesung mit großer Party (jeweils am Ende des Sommersemesters)

Gründungsjahr

1986

Anzahl Studierende insgesamt

ca. 1800

14.1.2 Ausstattung der Hochschule

(siehe Tab. 14.1)

14.1.3 Beschreibung der Hochschule und des Hochschulstandortes

Die HWZ Hochschule für Wirtschaft Zürich ist Mitglied der Zürcher Fachhochschule. Gegründet wurde sie 1986 als berufsbegleitende HWV Zürich durch den Verband für Bildung und Beruf KV Schweiz und die Stiftung Juventus-Schulen Zürich. Mit über 1800 Studierenden und rund 300 Dozierenden ist die HWZ heute die größte berufsbegleitende Hochschule im Bereich Wirtschaft der Schweiz. Die HWZ ist situiert im Herzen von Zürich, 3 Minuten vom HB entfernt, im modernen „Sihlhof". Dem Gebäude der HWZ wurde von der Stadt Zürich die Auszeichnung für gute Bauten verliehen.

Die HWZ in Kürze

- Mitglied der Zürcher Fachhochschule (ZFH)
- Akkreditierung durch das Bundesamt für Berufsbildung und Technologie (BBT)
- Privat und unabhängig
- Komplettangebot: Bachelor, Master, Doktorat und weitere Programme
- Internationales akademisches Netzwerk und Partner aus der Wirtschaft
- Praxistätigkeit der Studierenden und Dozierenden
- Aktive Alumni-Vereinigung mit über 2500 Mitgliedern

14.2 Consulting: Strukturdaten für Masterprogramm

14.2.1 Allgemeines

Abschluss
Master of Advanced Studies in Business Consulting ZFH

Ausbildung für folgende Berufsfelder

- Managementberatung
  - Strategie
  - Organisation/Prozess- und Qualitätsmanagement
  - Führung
- Personalberatung/HR-Beratung
  - Coaching
  - Sonstiges
  - Konflikte und Intervention
- IT-Beratung
  - IT-Consulting
  - IT-Projektmanagement

14.2.2 Lehre und Forschung

Anzahl der hauptamtlich Lehrenden
Keine, unsere Dozierenden sind alles Personen aus der Praxis, die für die entsprechenden Unterrichtsstunden einen Auftrag erhalten.

Anzahl von Studierenden in einer Lehrveranstaltung
Master of Advanced-Studiengänge: maximal 30

Anzahl Studenten und Absolventen im Bereich Consulting
Master: 17 Studenten   52 Absolventen

Kompetenzen und Schwerpunkte zentraler Lehrkräfte

Dr. Jutta Chalupsky

Fach
Beratungskompetenz

Prof. Dr. Giampiero Beroggi

Fach
Decision Support Tools

Christoph Gull

Fach
Management von Beratungsunternehmen

Dr. Iwan von Wartburg

Fach
Innovationsmanagement

Marc Richter

Fach
Consultingprozesse

Forschung
Die Forschung in der HWZ befasst sich mit Strategischem Management. Da es sich beim MAS Business Consulting um einen Weiterbildungsmaster handelt, wird in diesem Bereich nicht geforscht.

Integration des Studiengangs Consulting
Wir bieten den Studiengang MAS Business Consulting zusammen mit dem Studiengang MAS Business Engineering an. Die beiden Klassen besuchen auch gemeinsame Module (ca. 2/3 des ganzen Studienganges). Der Studiengang ist im Center für Business Engineering eingeordnet. In diesem Center bieten wir auch noch einen Master of Advanced Studies in Project Management und einen MAS in Quality Leadership an. Teils Themen werden in all diesen Studiengängen in gleicher Weise unterrichtet und können so auch bei einem Wechsel angerechnet werden.

Einbindung von Externen
Der Studiengang wird von einem Beirat unterstützt, der sich ausschließlich aus Personen der Wirtschaft zusammensetzt und der folgende Aufgaben hat:

- Qualitätssicherung: Der Beirat wird ein- bis zweimal jährlich mittels konsolidierten Evaluationen über die Zufriedenheit der Studierenden informiert, sowie auch über den Stand der Anmeldungen. Die Studienleitung informiert über Verbesserungspotentiale und die dazugehörigen Maßnahmen.
- Sparringpartner für Masterthesen: Wenn unsere Studierenden in der eigenen Firma kein geeignetes Thema für eine Masterarbeit finden, stellen unsere Beirate immer wieder interessante Themen zur Auswahl.

- Puls in die Wirtschaft: Alle Beiratsmitglieder sind hochangesehene Wirtschaftsfachleute. Sie wissen, was heute und in nächster Zukunft in der Wirtschaft gefragt ist. Daher werden sie bei Studiengangsanpassungen auch als beratende Unterstützung beigezogen.

Studienberatung

Allgemeine Studienberatung
Gabriella Signer
Studien- und Projektleitung Weiterbildung
Lagerstrasse 5
Postfach
CH-8021 Zürich
Tel.: +41 43 322 26 26
E-Mail: gabriella.signer@fh-hwz.ch

Verbesserung und Entwicklung der Studienprogramme

Es wird nach jedem Modul eine Evasys-Umfrage bei den Studierenden durchgeführt. Diese Umfrage wird an die entsprechenden Dozenten oder Dozentinnen verschickt und mit ihnen besprochen. Es werden keine Weiterbildungen angeordnet, aber bei Bedarf natürlich empfohlen.

Die Studiengangsleiterin besucht außerdem regelmäßig die Klassen, um ein allgemeines Feedback zu erhalten und ggf. Verbesserungsmaßnahmen zu ergreifen.

Während des Studiums werden den Studierenden die Funktionalitäten der Anwendungssysteme von SAP und Microsoft Excel näher gebracht.

14.3 Master-Programm Consulting

14.3.1 Allgemeines

Bezeichnung des Studiengangs
Master of Advanced Studies in Business Consulting ZFH

Regelstudienzeit
5 CAS (Certificate of Advanced Studies) à 4 Monaten, Präsenzunterricht (2 Tage/14 täglich) + 1 Semester Masterarbeit ohne Präsenzunterricht:

- davon 2 Pflicht-CAS
- 2 Wahl-CAS (Wahl aus 5 möglichen CAS)
- 1 Studienspezifisches CAS

Web-Adresse

www.fhhwz.ch/businessconsulting

Gegründet

2006

Akkreditierung

Keine Akkreditierung, Der MAS ist vom Fachhochschulrat des Kantons Zürich und damit eidgenössisch anerkannt.

„Mission" (Grundkonzept des Studiengangs)

An den Schnittstellen zwischen Beratung, Management, Prozessen und Informatik besteht immer Bedarf der Klärung und Abstimmung. Mit den beiden Studiengängen MAS Business Engineering und MAS Business Consulting werden Sie für diesen Dialog bestens gerüstet

14.3.2 Studium

Semesterplan

(siehe Tab. 14.2)

Inhalte, Schwerpunkte und Besonderheiten im Überblick

Wie hoch ist der Anteil der Disziplinen (bezogen auf die gesamte Studiendauer)? (siehe Tab. 14.3)

Download der Studienbeschreibungen im Detail

Studienordnung und Prüfungsordnung
sind nur für Studierende ersichtlich

Unit- und Modulbeschreibung bzw. Veranstaltungsverzeichnis
http://www.fh-hwz.ch/g3.cfm/s_page/62230/s_name/masba (detaillierte Beschreibungen in der Broschüre)

Soft Skills

Besonderer Wert wird auf die Ausbildung der Führungskompetenz gelegt. Die Studierenden führen eine Führungs- und Persönlichkeitstagebuch. Sie erhalten regelmäßig Feedback von der Dozentin, so dass die Eigenreflexion gefördert wird.

Lehrmethoden, Lernmethoden und didaktische Konzepte zum effektiven Studium

Zu den allgemeinen Lehrmethoden gehören praxisorientiertes Arbeiten, Gruppenarbeiten, Lehrdiskussionen und Umsetzung der Theorie mit Fragestellungen zur eigenen Arbeit, um den Praxistransfer sicher zu stellen.

Tab. 14.2 Semesterplan: Master of Advanced Studies in Business Consulting ZFH

Studiengang: Master of Advanced Studies in Business Consulting ZFH	Tage/ Semester	Credits gesamt
CAS mit dazugehörigen Fächern		
CAS Consulting & Communication (Pflicht)	–	–
Beratungskompetenz	3	3
Kommunikation und Verhandeln	2	2
Projektmanagement	2	2
Interkulturelle Kommunikation	3	2
Präsentationstechnik	2	1
CAS Management & Leadership (Pflicht)	–	–
Strategisches Management	3	2
Führungssysteme & Prozessmanagement	2	2
Supply Chain Management	2	2
Marketing und Verkaufsmanagement	1	1
Finanzmanagement	1	1
Leadership Management	2	2
Wahl-CAS 2 aus 5, werden von Partnerorganisationen angeboten	–	20
CAS Process Management (Wahl) ECTS werden nicht auf Modulebene vergeben	–	10
Strategische Prozessorganisation	3	–
Methode und Techniken der Prozessgestaltung	3	–
Kontinuierliches Prozessmanagement	3	–
BPMN & Prozessautomatisierung	3	–
Prüfung	1	–
CAS Change Management (Wahl) ECTS werden nicht auf Modulebene vergeben	–	10
Grundlagen Change Management	2	–
Initiierung von Veränderungsprozessen	2	–
Gestaltung von Veränderungsprozessen	2	–
Festigung von Veränderungsprozessen	2	–
Gruppendynamik in Veränderungsprozessen	4	–
CAS IT Service Management (Wahl) ECTS werden nicht auf Modulebene vergeben	–	10

Tab. 14.2 Fortsetzung Semesterplan: Master of Advanced Studies in Business Consulting ZFH

Studiengang: Master of Advanced Studies in Business Consulting ZFH	Tage/ Semester	Credits gesamt
CAS mit dazugehörigen Fächern		
Service Strategy	3	–
Service Design	3	–
Service Transition	3	–
Service Operation	3	–
Continual Service Improvement	3	–
CAS IT Architecture (Wahl) ECTS werden nicht auf Modulebene vergeben	–	10
Architektur-Management	1	–
Software-Architektur Grundlagen	2	–
RUP and Iterativ Development	1	–
Technology Landscape	1	–
Software-Architektur Vertiefung	2	–
System Integration	2	–
Modelgetriebene Software-Entwicklung	1	–
Serviceorientierte Architektur	2	–
CAS Software Quality (Wahl) ECTS werden nicht auf Modulebene vergeben	–	10
Quality & Process	8	–
Software Tester	3	–
Prüfung	1	–
CAS Consulting Competence (Studiengangspezifisch)	–	–
Consulting-Prozesse	3	3
Consulting-Produkte	3	3
Decision Support Tools	3	2
Innovationsmanagement	3	2
ECTS für den gesamten Studiengang	–	60

An der Hochschule für Wirtschaft Zürich gibt es keine festen Semester. Es werden CAS á 4 Monate durchgeführt. Die angegebenen Tage/ECTS sind pro CAS.

Tab. 14.3 Studienschwerpunkte: Master of Advanced Studies in Business Consulting ZFH

Fachrichtung	Anteil
Betriebswirtschaftslehre	40 %
Volkswirtschaftslehre	0 %
Mathematik/Statistik	0 %
Recht (Zivilrecht, Unternehmensrecht, Steuerrecht …)	5 %
Psychologie/Wirtschaftspsychologie	5 %
Informatik/Wirtschaftsinformatik	0 %
Unternehmensberatung	30 %, davon
Managementberatung	9 %
Personalberatung/HR-Beratung	0 %
IT-Beratung	0 %
Consulting-Methoden allgemein	15 %
Consulting-Projekte	6 %
Soft Skills	10 %
Sprachen	0 %
Sonstige	10 %, davon
Prozessmanagement	10 %

Prüfung

Übliche Prüfungsformen
Hausarbeiten (einzeln oder in Gruppen), Präsentationen

Durchschnittliche Prüfungsanzahl pro Semester
pro Modul 1

Durchschnittliche Dauer des Prüfungszeitraumes
Hausarbeit im Umfang von ca. 10 h

Möglichkeit, Prüfungen zu wiederholen bzw. Freiversuche anzumelden
Nacharbeiten einer Hausarbeit ist möglich, Prüfungen können im nächsten Jahr wiederholt werden. In Ausnahmefällen ist eine mündliche Prüfung möglich.

Masterarbeit

Dauer
5 Monate, 20.000 bis 40.000 Worte, kann auch zu zweit geschrieben werden (1.5-facher Umfang)

Typische Inhalte
Praxisorientierte Arbeit mit wissenschaftlichem Aufbau. Die Arbeit wird meistens Anhand einer Fragestellung innerhalb der eigenen Firma geschrieben.

Studienentgelte

Studienentgelt pro Semester
5 CAS + Masterarbeit zwischen CHF 34.000 bis 38.000 (ca. € 24.000 bis 27.000), abhängig von den Wahl-CAS (unterschiedliche Preise bei den Wahl-CAS)

Langzeitstudienentgelte
keine

Finanzielle Unterstützungsmöglichkeiten in Form von verbilligten Krediten, Stipendien etc.
keine

Ansprechpartner für Studienfinanzierung (BAföG-Amt, Studentenwerk)
keine

Bewerbung

Fristen
bis unmittelbar vor Studienbeginn, mit dem Risiko, dass der Studiengang ausgebucht ist

Freie Plätze pro Zulassungstermin
25

Bewerbungsunterlagen
Das Anmeldeformular für den Studiengang finden Sie unter http://www.fh-hwz.ch/display.cfm/id/100667

Zulassungskriterien

- Bachelor oder äquivalenter Abschluss (HWV, FH, Uni, ETH etc.) sowie mindestens zwei Jahre relevante Berufserfahrung.
- Personen mit Abschlüssen von TS, HF und höheren Fachprüfungen mit eidg. Diplom oder vergleichbarer Ausbildung können „sur dossier" aufgenommen werden, sofern sie mehrjährige relevante Berufs- und Führungserfahrung aufweisen.

Auswahlkriterien
keine

15 Hochschule Kempten

15.1 Allgemeines

15.1.1 Allgemeine Strukturdaten

Bildrechte: Hochschule Kempten

Fachhochschule

Adresse
Hochschule Kempten
Professional School of Business & Technology
Bahnhofstrasse 61
87435 Kempten
Tel.: +49 (0) 831 2523 125
Fax: +49 (0) 831 2523 337

Tab. 15.1 Hochschulausstattung: Hochschule Kempten

–	Nähere Informationen
Bibliothek	täglich geöffnet
Rechnerzugang, Pools	Zugang zu Computerlaboren
Wireless LAN	WLAN in allen Räumen der Professional School
International Office/Auslandsamt	Öffnungszeiten: Mo, Di, Do, Fr 8:00–12:00 Uhr Fax: +49 (0) 831 2523 289 E-Mail: auslandsamt@fh-kempten.de
Frei zugängliche Sprachkurse	–
Career Center/Karriere-Service	Täglich geöffnet
Wohnen auf dem Campus	Studentenwohnheime in Campusnähe
Semestertickets für ÖPNV/Deutsche Bahn	Nutzung aller Linien des Regional- und Stadtverkehrs der Stadt Kempten
Cafeterien und Mensen	zusätzlich Dach-Restaurant im Gebäude der Professional School
Besondere Veranstaltungen und „studium generale" für alle Studiengänge und alle Semester	–
Kindergarten (Unterstützung von Studenten mit Kindern (z. B. durch das Studentenwerk))	–

Organisatorische Einheit, der der Studiengang zugeordnet ist:
Professional School of Business & Technology

Web-Adresse
www.mba-kempten.de

Gründungsjahr
1977

Anzahl Studierende insgesamt
ca. 4000

15.1.2 Ausstattung der Hochschule

(siehe Tab. 15.1)

15.1.3 Beschreibung der Hochschule und des Hochschulstandortes

Das Studienprogramm an der Hochschule für angewandte Wissenschaften – Fachhochschule Kempten ist praxisnah und interdisziplinär ausgerichtet. Während des Studiums soll den Studierenden die Fähigkeit zur selbstständigen Anwendung wissenschaftlicher Methoden vermittelt werden. Zur Erreichung dieses Zieles wurden Problemstellungen aus der beruflichen Praxis in die verschiedenen Module integriert. Ein Abschluss an der Fachhochschule Kempten befähigt die Studierenden spezielle Fach- und Managementaufgaben erfüllen zu können. Dazu werden den Studierenden neben theoretischen Grundlagen und methodischen Betrachtungsweisen auch verschiedene Soft Skills wie beispielsweise kommunikative Kompetenzen näher gebracht.

An der Hochschule Kempten studieren aktuell ca. 4000 Studenten. Die Hochschule verfügt über einen eigenen Campus in zentraler Lage in Kempten.

15.2 Consulting: Strukturdaten für Masterprogramm

15.2.1 Allgemeines

Abschluss
MBA (Weiterbildungsmaster)

Ausbildung für die folgenden Berufsfelder

- Managementberatung

- Personalberatung/HR-Beratung

Anzahl der hauptamtlich Lehrenden
Es handelt sich um einen Weiterbildungsmaster. Die Dozenten unterrichten daher in der Regel nebenberuflich. Der Studiengangsleiter kümmert sich in Vollzeit um den MBA.

Anzahl von Studierenden in einer Lehrveranstaltung
Die Teilnehmeranzahl liegt in der Regel zwischen 10-20 Teilnehmern. Bei einigen wenigen Seminaren kann diese auch 30 Teilnehmer betragen.

Anzahl Studenten und Absolventen im Bereich Consulting
Master:		80 Studenten		150 Absolventen

15.2.2 Lehre und Forschung

Kompetenzen und Schwerpunkte zentraler Lehrkräfte

Prof. Dr. Christoph Desjardins
Hochschule Kempten

Fächer
Strategic Change, Business Transformation, Projects & Management Psychology

Prof. Dr. Christoph Desjardins ist seit 2003 Professor für International Consulting and Human Resources an der Hochschule Kempten. Nach dem Grundstudium der Volkswirtschaft an der Universität Konstanz erwarb er einen Abschluss als Arbeits- und Organisationspsychologe an der Universität Münster. Seine Berufstätigkeit begann er im Bereich Strategische Planung der internationalen Werbeagentur Grey.

Vor und nach dieser Tätigkeit sammelte er Erfahrung als freier Trainer und Moderator. Von 1994 bis 2003 arbeitete er für die Unternehmensberatung Accenture als Berater und Manager. Während dieser Zeit promovierte er außerdem an der Universität Frankfurt.

Dr. Desjardins arbeitete als Projektmanager in zahlreichen internationalen und nationalen Projekten in verschiedenen Industrien. Er ist Experte für Change Management und Leadership Development. Seine Forschungsschwerpunkte liegen in den Bereichen Führungsproduktivität und emotionale Intelligenz.

Prof. Dr. Christoph Desjardins ist der Studiengangsleiter des MBA Programms. Er trägt außerdem seit Frühjahr 2010 als Leiter der Professional School for Business & Technology die Gesamtverantwortung für die Weiterbildung an der Hochschule Kempten.

Mag. Alexander Dietscher
Selbständiger Berater

Fach
Business Transformation

Herr Mag. Alexander Dietscher hat an der Universität Linz Wirtschaftsinformatik mit Spezialisierung auf Organisationsanalyse, -design, Marketing und Betriebspädagogik studiert. Danach hat er zehn Jahre hat er für große Konzerne in Europa, Asien und Afrika in unterschiedlichen Branchen gearbeitet. Er war dabei für die Planung, Durchführung und die Kontrolle von Projekten mit bis zu 150 Beratern verantwortlich.

Seine speziellen Erfahrungsbereiche liegen im Bereich von Strategie und deren Umsetzung, Change Management, Organisationstransformationsplanung, Business Transformation, Merger und Akquisitionen, Human Resources, Kulturveränderungen, Ausbildung und Coaching von Führungskräften.

In 2003 hat er EVO-Consulting gegründet, eine Firma, die sich auf die Unterstützung von Projekten im Bereich Employee, Vision und Organisation spezialisiert. EVO-Consulting offeriert Services im Bereich Change Management, Mitarbeiter, Team – und Führungskräfteentwicklung, Organisationsaudits und -entwicklungen, Prozess – und Projektmanagement, sowie Strategieentwicklung und -umsetzung. Zu den Kunden zählen Organisationen wie SAP, Merck, MSD, Abbott, Western Union, Kaufland, IOM, Bridgestone, Schering Plough und Essex.

Dr. Mark Baker
Selbständiger Berater

Fächer
Business Communication, Cross-Cultural Behaviour, Self-Management (Wahlpflichtfach)

Dr. Mark Baker ist als selbständiger Coach und Trainer tätig. Er lebt seit 2002 in Deutschland. Sein Beratungsunternehmen bietet Einzel-, Gruppen- und Telefoncoaching auf den Gebieten Emotionale Intelligenz und Selbstmanagement an. Dr. Baker hat für mehrere öffentliche und private medizinische Einrichtungen in den USA gearbeitet, bevor er 1982 in der Nähe von San Francisco eine private Praxis für Psychotherapie und Coaching eröffnete. Seit 2002 arbeitet er als selbständiger Berater in Deutschland.

Dr. Baker hat einen B.A. in Psychology an der University of California, Berkeley, einen M.Ed. in Counseling Psychology der Lewis and Clark University in Portland sowie einen Ph.D. in Professional Psychology der United States International University, San Diego.

Prof. Dr. Thomas Dobbelstein
Duale Hochschule Baden-Württemberg

Fach
International Market Analysis and Development (General Track)

Prof. Dr. Dobbelstein ist neben seiner Professur an der Dualen Hochschule Baden-Württemberg wissenschaftlicher Leiter des Marktforschungsinstitutes Customer Research 42 (wwwcr42.de). Das Institut führt qualitative und quantitative Marktforschung in den Bereichen Kundenzufriedenheits- und Imageanalysen, Marktpotenzialstudien sowie gezielte Konkurrenz- und Wettbewerbsanalysen durch. Neben namhaften deutschen Kunden wie Focus, Madeleine, Keller&Kalmbach, Mercedes, AOK gehören auch viele internationale Unternehmen und Marken wie Ackermann, Antron, Alcan, Carana oder Alois Lagder zum Kundenstamm.

Vor seine Professur war Prof. Dr. Dobbelstein in der Geschäftsführung eines mittelständischen Großhandelsunternehmens mit ca. 450 Beschäftigten für die Bereiche Marketing und Vertrieb verantwortlich. Er promovierte an der Universität zu Köln und war während dieser Zeit wissenschaftlicher Mitarbeiter am Institut für Handelsforschung an der Universität zu Köln. Er studierte Wirtschaftswissenschaften mit dem Abschluss Dipl. Kaufmann an der Universität Marburg und der Universität zu Köln.

Jonathan Foster-Pedley
Henley Business School

Fach
International Strategy

Jon Foster-Pedley ist Dean der Niederlassung der Henley Business School in Johannesburg, Südafrika. Davor war er als Gründungsdirektor & Senior Lecturer der Business School der University of Cape Town tätig. Er ist CEO der Firma Foster-Pedley Learning und Ko-Gründer und Mitinhaber des Web 2.0 Internetportals huddlemind.net. Seine Karriere startete Jon Foster-Pedley als Pilot und später als Manager bei Airbus in Toulouse, Frankreich. Jon Foster-Pedley ist englischer Staatsbürger und lebt seit mehr als 15 Jahren in Südafrika. Er hat Abschlüsse der Business Schools der Ashridge University und des Henley Management Colleges.

Forschung
Ab 2011 wird das Journal of Applied Leadership und Management herausgegeben, das Forschungsergebnisse der Dozenten und Teilnehmer des MBA Programms veröffentlicht.

Integration des Studiengangs Consulting
Bei dem Studiengang handelt sich um einen eigenständigen Weiterbildungsmaster, der nicht in andere Angebote der Hochschule integriert ist.

Einbindung von Externen
Der Hochschulrat setzt sich aus Vertretern der regionalen Wirtschaft zusammen.
Für das MBA-Programm existieren Kooperationen mit der University of Cape Town, Südafrika und der Graduate Business School der Queensland University of Technology.

Studienberatung

Allgemeine Studienberatung
Margit Stirnweis
Tel.: +49 (0) 831 2525 105
Fax: +49 (0) 831 2523 106
E-Mail: Studienberatung@fh-kempten.de

Detailfragen
Professional School of Business and Technology
Tel.: +49 (0) 831 2523 125
E-Mail: info@mba-kempten.de

15.3 Master-Programm Consulting

15.3.1 Allgemeines

Bezeichnung des Studienganges
MBA International Business Management and Leadership

Regelstudienzeit
4 Semester

Web-Adresse
http://www.hochschule-kempten.de/weiterbildung/mba/teilzeit-4-semester/konzept.html

Gegründet
2002

Akkreditierung
2006 FIBAA
http://www.fibaa.de/dokumente/progakkred_k2h/FH-Kempten_MBA-Inter-Bizz-Consulting_Kurz_End.pdf

15.3.2 Studium

Semesterplan (Studienablauf)
(siehe Tab. 15.2)

Inhalte, Schwerpunkte und Besonderheiten im Überblick

Wie hoch ist der Anteil der Disziplinen (bezogen auf die gesamte Studiendauer)? (siehe Tab. 15.3)

Download der Studienbeschreibungen im Detail

Studienordnung und Prüfungsordnung
http://www.hochschule-kempten.de/weiterbildung/mba/aufbau-inhalte/studien-und-pruefungsordnung.html

Soft Skills
Während des Studiums wird die Ausbildung der Sozialen Kompetenz der Studierenden gefördert. Neben Vorlesungen, wie bspw. Business Communication und Cross Cultural Behavior, gibt es die Möglichkeit Wahlvorlesungen zu besuchen, die sich direkt mit den Themen Leadership und Mitarbeitermotivation befassen.

Tab. 15.2 Semesterplan: MBA International Business Management and Leadership

Studiengang: MBA International Business Management and Leadership	SWS	Semester (Credits)				Credits gesamt
Module mit den zugehörigen Fächern		1.	2.	3.	4.	
Unternehmensberatung und Praktikum	–	–	–	–	–	–
Intern. Supply Chain Management 1	3	–	3	–	–	3
Intern. Supply Chain Management 2	3	–	3	–	–	3
Intern. Supply Chain Management 3	3	–	3	–	–	3
Internal Strategy	5	–	5	–	–	5
International Human Resources 1	3	–	–	3	–	3
International Human Resources 2	3	–	–	3	–	3
International Human Resources 3	3	–	–	3	–	3
Strategic Change [1]	4	4	–	–	–	4
Int. Market Analysis & Development [1]	3	–	–	4	–	4
Business Transformation [1]	4	–	–	5	–	5
Strategic Logistics Management [2]	4	4	–	–	–	4
Internal Logistics Processes [2]	3	–	3	–	–	3
Management of Logistics Networks [2]	3	–	–	4	–	4
Supplier & Inventory Management [2]	4	–	–	5	–	5
HR-Policies and Tools [3]	4	4	–	–	–	4
Organizational Development and Change [3]	3	–	–	3	–	3
Strategic HR [3]	3	–	–	4	–	4
Int. Project Management 1 [4]	4	4	–	–	–	4
Int. Project Management 2 [4]	4	–	–	5	–	5
Wirtschafts- und Rechtswissenschaften	–	–	–	–	–	–
International Marketing	3	4	–	–	–	4
Fundaments of Accounting	4	3	–	–	–	3
International Economics	3	–	4	–	–	4
Internal Finance	5	–	5	–	–	5
Internal Business Law	3	–	–	4	–	4
Soft Skills und Sprachen	–	–	–	–	–	–
Introduction to Scientific Methology	2	2	–	–	–	2
Business Communication	3	3	–	–	–	3
Business English	2	3	–	–	–	3
Cross Cultural Behavior	3	–	–	4	–	4

Tab. 15.2 Fortsetzung Semesterplan: MBA International Business Management and Leadership

Studiengang: MBA International Business Management and Leadership	SWS	Semester (Credits)				Credits gesamt
Module mit den zugehörigen Fächern		1.	2.	3.	4.	
Managing People & Teams [3]	4	–	–	5	–	5
Project Communication [4]	3	–	–	4	–	4
Sonstige	–	–	–	–	–	–
Wahlpflichtfach 1 (Self Management 1 oder IT as Management Tool)	2	3	–	–	–	3
Wahlpflichtfach 2 (Self Management 2 oder Management Psychology)	2	–	4	–	–	4
Wahlpflichtfach 3 (IT for Marketing and Sales od. Business Ethics)	2	–	–	2	–	1
Projects	8	–	–	–	10	10
Abschlussarbeit	–	–	–	–	15	–
Credits pro Semester/über alle Semester	–	22	21	22	25	90

Die Teilnehmer müssen sich zwischen 4 Spezialisierungen entscheiden. Die zu einem Spezialisierungsblock gehörenden Fächer sind mit [1], [2], [3] und [4] gekennzeichnet.

Lehrmethoden, Lernmethoden und didaktische Konzepte zum effektiven Studium

Das didaktische Konzept wird im Dozentenleitfaden beschrieben. Es umfasst insbesondere die Abfolge von theoretischen und praktischen Lehrinhalten und den umfassende Einsatz von Case Studies und Gruppen- und Projektarbeiten. Dazu kommen Einzelaufgaben wie Selbstreflektionen, Präsentationen sowie Rollenspiele.

Als weiteres didaktisches Mittel werden in verschiedenen Seminaren Computersimulationen eingesetzt. Der Anteil des Frontalunterrichts sollte idealerweise 30 % der Seminardauer nicht überschreiten. Das Maximum liegt bei 50 %. Präsentationen sollten eine maximale Länge von 60 bis 90 Minuten haben. Auf eine solche Präsentation muss ein Block mit aktivierenden Lehrmethoden (z. B. Gruppenarbeit) folgen.

Der Dozentenleitfaden unterstützt einen einheitlichen Ansatz. Die tatsächliche Umsetzung der didaktischen Anforderungen wird durch die Evaluation der Lehrveranstaltungen sichergestellt. Vor und nach den Lehrveranstaltungen gibt es zudem ausführliche Einzelgespräche zwischen der Studiengangsleitung und den Dozenten. In Einzelgesprächen mit Studenten wird die Evaluation zusätzlich validiert.

Tab. 15.3 Studienschwerpunkte: MBA International Business Management and Leadership

Fachrichtung	Anteil
Betriebswirtschaftslehre	19 %
Volkswirtschaftslehre	0 %
Mathematik/Statistik	0 %
Recht (Zivilrecht, Unternehmensrecht, Steuerrecht ...)	4,4 %
Psychologie/Wirtschaftspsychologie	0 %
Informatik/Wirtschaftsinformatik	0 %
Unternehmensberatung	43,3 %, davon
Managementberatung	–
Personalberatung/HR-Beratung	–
IT-Beratung	–
Consulting-Methoden allgemein	–
Consulting-Projekte	–
Soft Skills	10 %
Sprachen	3,3 %, davon
Englisch	3,3 %
Sonstige	20 %

Der Punkte „Sonstiges" setzt sich aus 3 Wahlpflichtfächern zusammen von denen jedes Semester eines belegt werden muss. Die Wahlpflichtfächer sind im 1. Semester Self Management 1 oder IT as Management Tool, im 2. Semester Self Management 2 oder Management Psychology und im 3. Semester IT for Marketing and Sales oder Business Ethics. Weiterhin muss im 4. Semester ein Projekt absolviert werden.

Die Aufteilung der Unternehmensberatungsfächer richtet sich nach der Auswahl der jeweiligen Vertiefungsrichtung. Nähere Informationen sind im Semesterplan zu finden.

Prüfung

Übliche Prüfungsformen
schriftliche und mündliche Prüfungen, Hausarbeiten

Durchschnittliche Prüfungsanzahl pro Semester
4

Praktika

kein Praktikum da MBA

Internationale Aspekte

Auslandsstudium
2-wöchiger Aufenthalt in Kapstadt, Südafrika oder 8-wöchiger Aufenthalt in Brisbane, Australien

Art und Anzahl englischsprachiger Veranstaltungen
keine

Anteil ausländischer Studenten
ca. 30 %

Masterarbeit

Dauer
1 Semester

Studienentgelte

Studienentgelt pro Semester:
3.200 € Studienbeitrag
42 € Studentenwerk

Gegebenenfalls Langzeitstudienentgelte
keine

Gegebenenfalls finanzielle Unterstützungsmöglichkeiten in Form von verbilligten Krediten, Stipendien etc.
Zunächst sollte sich jeder Studierende beim Studentenwerk über einen BAföG-Anspruch beraten lassen. Wer sich in der zweiten Hälfte des Studiums befindet kann mit einem Studienabschlussdarlehen gut beraten sein. Für beides ist das Studentenwerk Augsburg zuständig. Dort finden Sie auch noch weitere Tipps und Informationen. Umfangreiche Informationen zur finanziellen Förderung eines Studiums finden Sie in den Internetseiten des Bayer. Staatsministeriums für Wissenschaft, Forschung und Kunst.

Studierende, die nicht in der Lage sind, die Studienbeiträge zu bezahlen, können ein Studienbeitragsdarlehen aufnehmen. Dazu stellt der Freistaat Bayern ein sozialverträgliches Studienbeitragsdarlehen bereit.

Ansprechpartner für Studienfinanzierung (BAföG-Amt, Studentenwerk)
BAföG:
Studentenwerk Augsburg
Eichleitnerstraße 30
86159 Augsburg
Tel.: + 49 (0) 821 598 4901
Fax: + 49 (0) 821 596 250
Web-Adresse: http://www.studentenwerk-augsburg.de/

Studiendarlehen:
KfW Förderbank
Web-Adresse: http://www.kfw.de/

Bewerbung

Fristen
jedes Jahr zum WS und SS

Freie Plätze pro Zulassungstermin
40

Bewerbungsunterlagen
Online Bewerbung unter
http://www.hochschule-kempten.de/weiterbildung/mba/aufbau-inhalte/anmeldung-gebuehren.html

Zulassungskriterien
Zulassungsbedingungen sind ein in Deutschland oder durch die Kultusministerkonferenz anerkannter ausländischer Bachelor-Degree oder ein Diplom- bzw. Mastertitel sowie ein BA-Abschluss (nur Baden-Württemberg). Die Bewerber müssen über eine mindestens zweijährige Berufserfahrung verfügen. Bei der Zusammensetzung des Kurses werden ausländische Bewerber und Frauen bevorzugt berücksichtigt. Ein Branchenmix und ein heterogenes Ausbildungsspektrum werden angestrebt.

Auswahlkriterien
Es wird kein Zulassungstest durchgeführt. Die formale Zulassung erfolgt durch den Weiterbildungsbereich der Hochschule Kempten.

Die endgültige Zulassung erfolgt durch die Studiengangsleitung. Bewerben sich mehr Interessenten als Studienplätze vorhanden sind, können diese Auswahlkriterien in der dargestellten Reihenfolge angewendet werden:

Motivation und persönliche Eignung für das MBA Studium (abgeleitet aus einem strukturierten Auswahlinterview), Nationalität (ausländische Bewerber werden bevorzugt), Geschlecht (weibliche Bewerber werden bevorzugt), erster Studienabschluss (Bewerber mit nicht-betriebswirtschaftlichen Abschlüssen werden bevorzugt), Managementerfahrung (Bewerber mit mehr als fünf Jahren Berufserfahrung werden bevorzugt), Notendurchschnitt des Erstabschlusses (Bewerber mit einem Notendurchschnitt unter 2,5 werden bevorzugt) angewendet. Dabei wird pro Kriterium ein Punkt verteilt und die Bewerber entsprechend gereiht.

Alle Bewerber durchlaufen ein Interview mit der Studiengangsleitung in der insbesondere die Motive für das MBA-Studium, die strukturellen Voraussetzungen für eine erfolgreiche Studiendurchführung und die englischen Sprachkenntnisse überprüft werden.

Die Studiengangsleitung führt mit allen Bewerbern ein persönliches Gespräch. Dabei wird auf das Profil des Studienganges, die Dozenten und Teilnehmer des Studienganges sowie insbesondere auf die persönliche und familiäre Belastung durch das Studium aufmerksam gemacht.

Die beruflichen und familiären Voraussetzungen für eine erfolgreiche Studiendurchführung werden erfragt und Bewerber ggf. aufgrund nicht optimaler Rahmenbedingungen auf eine erneute Bewerbung zu einem späteren Zeitpunkt verwiesen.

Das Auswahlgespräch wird anhand eines strukturierten Leitfadens geführt. Für bestimmte Antworten des Bewerbers, die in einem inhaltlichen Zusammenhang mit einem erfolgreichen MBA Studium stehen, werden Punkte vergeben. Bewerber mit einer Punktzahl unter den Mindestanforderungen werden abgelehnt. Die anderen Bewerber in eine Rangfolge sortiert.

15.3.3 Besonderheiten und weitere wichtige Infos

Die Teilnehmer des MBA-Programms haben vielfältige Wachstumsmöglichkeiten, die über eine rein berufsbezogene Anwendung hinausgehen:

- In den Seminaren Self-Management 1 & 2 wird gezielt die Fähigkeit zur persönlichen Selbstreflektion entwickelt. Diese äußert sich in einer größeren persönlichen Reife, die die Teilnehmer selbst empfinden und die durch ihre berufliche und private Umgebung positiv widergespiegelt wird
- Die interkulturelle Toleranz und Kommunikationsfähigkeit wird durch die spezifischen Lehrinhalte (Cross Cultural Behavior, Business Communication), durch die Interaktion mit ausländischen Teilnehmern und Dozenten
- Der Auslandsaufenthalt in Südafrika verschafft in besonderer Weise einen Einblick in gesellschaftliche Transformationsprozesse
- Die Reflektion ethischer Grundsätze prägt nicht nur das Verhalten am Arbeitsplatz, sondern auch das private und gesellschaftliche Verhalten

Hochschule Pforzheim University   16

16.1 Allgemeines

16.1.1 Allgemeine Strukturdaten

HOCHSCHULE PFORZHEIM UNIVERSITY

Bildrechte: Hochschule Pforzheim University

Fachhochschule in öffentlicher Trägerschaft

Adresse
Hochschule Pforzheim – Gestaltung, Technik, Wirtschaft und Recht
Tiefenbronner Straße 65
75175 Pforzheim
Tel. : +49 (0) 7231 285
Fax : +49 (0) 7231 28 6666

Organisatorische Einheit, der der Studiengang zugeordnet ist
Fakultät für Wirtschaft und Recht

Web-Adresse
http://www.hs-pforzheim.de/de-de/Seiten/Home.aspx

Gründungsjahr
1877

Tab. 16.1 Hochschulausstattung: Hochschule Pforzheim University

–	Nähere Informationen
Bibliothek	Online Katalog Montag – Freitag, 7.30 bis 22.00 Uhr Samstag, 14.00 bis 19.00 Uhr Sonntag, 14.00 bis 19.00 Uhr
Rechnerzugang, Pools	Mac-Labor mit Mac Arbeitsplätzen, Scannern, Farbdruckern und Plotter für alle Studenten zugänglich.
Wireless LAN	Kostenlos für alle Studenten
International Office/Auslandsamt	Akademisches Auslandsamt Tiefenbronner Straße 65 75175 Pforzheim Tel.: +49 (0) 7231 28 6141 Fax: +49 (0) 7231 28 6140 E-Mail: wolfgang.schoellhammer@hs-pforzheim.de
Frei zugängliche Sprachkurse	Sprachangebot: Englisch, Französisch, Spanisch, Chinesisch (Ferienkurs)
Career Center/Karriere-Service	Career Service Tiefenbronner Straße 65 75175 Pforzheim Tel.: +49 (0) 7231 28 6152 Fax: +49 (0) 7231 28 6666 E-Mail: career-service-wur@hs-pforzheim.de
Wohnen auf dem Campus	In der Nähe des Campus in Studentenwohnheimen
Semestertickets für ÖPNV/Deutsche Bahn	–
Cafeterien und Mensen	Täglich geöffnet
Besondere Veranstaltungen und „studium generale" für alle Studiengänge und alle Semester	Studium Generale, Personal Forum
Einführungsveranstaltungen/Tutorien durch ältere Studenten	–

Anzahl Studierende insgesamt

ca. 4600

16.1.2 Ausstattung der Hochschule

(siehe Tab. 16.1)

16.1.3 Beschreibung der Hochschule und des Hochschulstandortes

Die Hochschule Pforzheim ist mit über 4.600 Studierenden und über 160 Professoren die größte betriebswirtschaftliche Fachhochschule in Deutschland und bietet mit den Fakultäten Gestaltung, Technik und Wirtschaft die besten Voraussetzungen für eine interdisziplinäre Lehre.

Ziel der Lehre ist es die Studierenden zur Lösung praxisorientierter, interkultureller Aufgaben zu befähigen.

16.2 Consulting: Strukturdaten für Masterprogramm

16.2.1 Allgemeines

Abschluss
MBA in Human Resources Management and Consulting

Ausbildung für folgende Berufsfelder

- Managementberatung
    - Strategie
    - Organisation/Prozess- und Qualitätsmanagement
    - Führung

- Personalberatung/HR-Beratung
    - High-Potential-Development
    - Personal Konzepte
    - Coaching

Sonstige Berufsfelder:
HR-Business Partner
Das Profil dieses fachspezifischen MBA-Studiengangs richtet sich zum einen auf die strategische Dimension des Human Resources Management. Behandelt werden unter anderem unternehmerisches HRM, internationales Personalmanagement, interkulturelle Zusammenarbeit und strategische Personalentwicklung. Zum anderen werden zentrale Felder der Beratungsarbeit wie Change Management/Organisationsentwicklung, internationales Consulting und Unternehmensentwicklung bearbeitet. Die Entwicklung von Beratungskompetenz für strategisch ausgerichtete HR-Manager und HR Business Partner sowie für interne und externe Consultants stellt die konzeptionelle Klammer über die einzelnen Ausbildungsmodule dar und ist ein zentrales Studienziel. Eine enge Verzahnung von Seminarinhalten und praktischer Umsetzung wird durch Praxis-Transferprojekte gewährleistet, welche aus dem beruflichen Umfeld der Studierenden stammen.

Darüber hinaus ergänzen über 20 externe Dozenten aus der Praxis die Lehrinhalte durch Fallstudien und reale Projekte aus Unternehmen.

16.2.2 Lehre und Forschung

Anzahl der hauptamtlich Lehrenden
5 Professoren, 10 Lehrbeauftragte
Daraus ergibt sich eine Betreuungsintensität von einem hauptamtlich Lehrenden auf 9 bzw. 15 Studierende.

Anzahl von Studierenden in einer Lehrveranstaltung
15–20 Studenten

Anzahl Studenten und Absolventen im Bereich Consulting
Master: 15 Studenten   145 Absolventen

Kompetenzen und Schwerpunkte zentraler Lehrkräfte

Prof. Dr. Günther Bergmann
Studium der Psychologie, Völkerkunde und Soziologie an der Universität Marburg; Management-Trainer bei AEG, Frankfurt; Leiter Personalentwicklung bei einer Rückversicherung; selbständiger Berater und Mitgründer eines Beratungsinstituts in München; Beratungsprojekte im Bereich Personal- und Organisationsentwicklung sowie Qualitätsmanagement.

Prof. Heinz Fischer
Personaldirektor Europa bei Hewlett Packard, Genf; Bereichsvorstand Personal bei der Deutschen Bank; Mitglied der Hartz-Kommission; Vorstandsmitglied der DGFP; seit 2003 Honorarprofessor an der Hochschule Pforzheim; Schwerpunkte: Human Capital Management, Employabiltity, Unternehmenskultur.

Prof. Dr. Stephan Fischer
Studium der Soziologie, Politik und Rechtswissenschaften an der Universität Heidelberg; Promotion im Bereich BWL und VWL an der Universität Trier. Gründer, Vorstand und jetzt Aufsichtsrat der O&P Consult AG mit Beratungsprojekten in den Bereichen Personal- und Organisationsentwicklung. Von 2002–2005 als Firmenbeirat bei Bürkert Fluid Control Systems in Ingelfingen verantwortlich für die weltweite Personal- und Organisationsentwicklung; Lehrbeauftragter an der Universität Heidelberg im Master „berufs- und organisationsbezogener Beratungswissenschaft"; Beratungsschwerpunkte im Bereich Organisationsentwicklung, Kompetenzmanagement und Potenzialanalyse.

Prof. Dr. Fritz Gairing
Studium der Erziehungswissenschaften, Psychologie, Soziologie und Philosophie an der Technischen Universität Berlin; Fach- und Führungsfunktionen in den Bereichen Personal- und Organisationsentwicklung sowie Ausbildung bei Daimler, Konzernzentrale Stuttgart; Visiting Professor Karlstad University, Schweden; Beratungsschwerpunkte im Bereich Organisationsentwicklung und Veränderungsprozesse.

Prof. Dr. Jürgen Janovsky
Studium der Verwaltungswissenschaft und Sozialwissenschaft in Konstanz, London und Paris; Tätigkeit bei verschiedenen internationalen Consulting-Unternehmen, Beratungsprojekte unter anderem für die Europäische Kommission, die Weltbank, die OECD und zahlreiche Unternehmen; Visiting Professor für International Consulting an der ISCTE Lissabon.

Prof. Dr. Meinulf Kolb
Studium der Betriebswirtschaftslehre an der Universität Mannheim; Wissenschaftlicher Mitarbeiter an der Universität Mannheim; Hauptabteilungsleiter im Bereich Personal/Arbeitswirtschaft bei Villeroy & Boch, Mettlach; Forschungs- und Beratungsprojekte im Unternehmerischen Human Resources Management: Strategie – Organisation – Vergütungssysteme – Controlling.

Prof. Dr. Markus-Oliver Schwaab
Studium der Wirtschaftswissenschaften an der Universität Hohenheim; Konzernstab Personal bei der Dresdner Bank, Frankfurt; Leiter Personalentwicklung bei Kreissparkasse Ludwigsburg; Personaldirektor und Mitglied des Direktionskomitees in der Danone Gruppe; Visiting Professor an der ESC Lille; Beratungsschwerpunkte: Personalmarketing, Management von Fusionsprozessen.

Forschung
Die Kollegen des Human Resources Competence Center (HRCC) haben in diesem Wintersemester eine Forschungseinrichtung gegründet, die den Namen „TDS Institut für Personalforschung im HRCC der HS Pforzheim" führt. Dabei handelt es sich um eine wissenschaftliche Einrichtung der Hochschule Pforzheim im Sinne des § 15 (7) LHG. Die Einrichtung ist der Fakultät Wirtschaft und Recht zugeordnet.

Der Zweck des Instituts ist die Erforschung aktueller Fragestellungen des HRM, die einen klaren Anwendungsbezug für die Praxis aufweisen. Diese Fragestellungen sollen auf Basis einer fundierten organisationstheoretischen Grundlage empirisch untersucht werden. Ein Themenschwerpunkt dieser Forschungsarbeit wird sich mit der Frage der Nachhaltigkeit und der damit verbundenen (heutigen wie zukünftigen) Rolle des HRM sowie der sich daraus ergebenden Konsequenzen für die Unternehmen beschäftigen. Dabei wird mit interdisziplinären Methodenansätzen aus den Wirtschafts-, und Sozialwissenschaften gearbeitet.

Integration des Studiengangs Consulting

Das MBA Programm ist ein eigenständiges Programm, welches auf 3 Semester ausgelegt ist. Es gibt diverse Zulieferungen anderer Studiengänge (z. B. Wirtschaftsrecht, ABWL), die als fester Bestandteil in das Programm eingebaut sind.

Einbindung von Externen

Es gibt aktuell keinen Beirat, erste Überlegungen hinsichtlich einer Gründung sind aber bereit erfolgt. Dafür konnten auch erste Partner gewonnen werden.

Vertreter aus Unternehmen sind als externe Lehrbeauftragte an mehreren Stellen im Programm vertreten. Insgesamt tragen Vertreter von Kienbaum, Daimler, SAP, Alsus Consulting GmbH, Interprojects GmbH, Detecon International GmbH, Böhringer Ingelheim Pharma GmbH & Co. KG, Deutsche Telekom und Adoxin International Consulting GmbH zum Gelingen des Programms bei.

Studienberatung

Allgemeine Studienberatung
Frau Slava Markert
Tiefenbronner Straße 65
75175 Pforzheim
W3.1.04
Tel.: +49 (0) 7231 28 6312
Fax: +49 (0) 7231 28 6090
E-Mail: mba-hrmc@hs-pforzheim.de

Detailfragen
siehe Allgemeine Studienberatung

Verbesserung und Entwicklung der Studienprogramme

Es gibt eine regelmäßige Evaluation aller Lehrveranstaltungen, die jedes Semester zentral über die Hochschule stattfindet und entsprechend an die Lehrenden ausgeteilt wird. Darüber hinaus gibt es eine MBA spezifische Evaluation zum Ende jedes Semesters, die der Studiendekan zusammen mit den Studierenden durchführt. Die Ergebnisse werden anschließend im Kreis der Lehrenden besprochen und entsprechend verarbeitet.

Es gibt zweimal im Jahr eine Klausurtagung, auf der das MBA Programm ein zentrales Thema ist. Auf dieser Klausurtagung werden organisatorische und inhaltliche Themen zum MBA besprochen.

Im WS gibt es ein Praxistransferprojekt im Bereich Organisationsentwicklung, im SS gibt es ein Praxistransferprojekt im Bereich Personalentwicklung. Die Veranstaltungen sind in Kleingruppen von maximal 5 Studierenden zusammen mit einem Professor gestaltet. Als Beratungsformat ist die Methode der kollegialen Intervision gewählt.

Während des Studiums werden den Studenten die Funktionalitäten der Programme MS Project sowie und der Software von SAP näher gebracht.

16.3 Master-Programm Consulting

16.3.1 Allgemeines

Bezeichnung des Studiengangs
MBA in Human Resources Management and Consulting

Regelstudienzeit
3 Semester

Web-Adresse
www.mba-hrmc.de

Gegründet
2001

Akkreditierung
2008 AQAS   Re-Akkreditierung vorgesehen für das Jahr: 2013
http://www.aqas.de/downloads/Kurzberichte/MA/33_308_MA_HRMaC

„Mission" (Grundkonzept des Studiengangs)
Wir vermitteln mehr als nur Management-Basiswissen!
   Der Weiterbildungs-Studiengang MBA in Human Resources Management & Consulting bietet – aufbauend auf einem wirtschaftswissenschaftlichen Studium – eine akademische und professionelle Qualifikation im Bereich des Human Resources Management und Consulting.

16.3.2 Studium

Semesterplan
(siehe Tab. 16.2)

Inhalte, Schwerpunkte und Besonderheiten im Überblick

Wie hoch ist der Anteil der Disziplinen (bezogen auf die gesamte Studiendauer)?
(siehe Tab. 16.3)

Download der Studienbeschreibungen im Detail

Studienordnung und Prüfungsordnung
–

Unit- und Modulbeschreibung bzw. Veranstaltungsverzeichnis
http://www.hs-pforzheim.de/De-de/Wirtschaft-und-Recht/Master/HRM_C/Studieninhalte/Seiten/Inhaltseite.aspx

Tab. 16.2 Semesterplan: Human Resources Management and Consulting

Studiengang: Human Resources Management and Consulting	SWS	Semester (Credits)			Credits gesamt
Module mit den zugehörigen Fächern		1.	2.	3.	–
Unternehmensberatung und Praktikum	–	–	–	–	–
Grundlagen des Human Resouces Management (MK)	3	4	–	–	4
Strategisches Personalmarketing/Mitarbeiterbindung/ Diversity Management (OS)	2	2	–	–	2
E–HRM	1	1	–	–	1
International Consulting (JJ)	4	4	–	–	4
M&A Management/Due Diligence (GB)	2	2	–	–	2
Beratung im Mittelstand (SF)	1	1	–	–	1
Organisationstheorie/Organisationsentwicklung (SF)	3	3	–	–	3
Organizational Behavior (FG)	1	1	–	–	1
Geschäftsprozessoptimierung	2	2	–	–	2
Praxis-Transferprojekt: Change Management/ Organisationsentwicklung	3	10	–	–	10
Strategische und Internationale Personalentwicklung (SF)	3	–	3	–	3
Interkulturelle Zusammenarbeit	1	–	1	–	1
Unternehmerisches HRM (MK)	3	–	3	–	3
Service Delivery/HR Business Partner Modell	1	–	1	–	1
Anwendung von Consulting Methoden	2	–	2	–	2
Cross-cultural Project Design	2	–	2	–	2
Workshop-Design und -Moderation	2	–	1	–	1
Strategisches Management	2	–	2	–	2
Unternehmensentwicklung	2	–	1	–	1
Management Simulation	2	–	2	–	2
Unternehmensethik/Corporate Social Responsibility	2	–	2	–	2
Praxis Transferprojekt: Unternehmerische HRM	3	–	10	–	10
Personalforum/aktuelle Themen	1	–	–	1	1
Karriereplanung und -beratung	1	–	–	1	1
Teamsupervision	1	–	–	1	1
Fachkolloqium und Projektberatung	2	–	–	1	1
Abschlusspräsentation	1	–	–	2	2
Soft Skills und Sprachen	–	–	–	–	–
Präsentationstraining	1	–	–	1	1
Projektmanagement	1	–	–	1	1
Teamentwicklung	2	–	–	2	2
Abschlussarbeit	–	–	–	20	20
Credits pro Semester/über alle Semester	–	30	30	30	90

Tab. 16.3 Studienschwerpunkte: Human Resources Management and Consulting

Fachrichtung	Anteil
Betriebswirtschaftslehre	0 %
Volkswirtschaftslehre	0 %
Mathematik/Statistik	0 %
Recht (Zivilrecht, Unternehmensrecht, Steuerrecht ...)	0 %
Psychologie/Wirtschaftspsychologie	0 %
Informatik/Wirtschaftsinformatik	0 %
Unternehmensberatung	90 %, davon
Managementberatung	24,3 %
Personalberatung/HR-Beratung	29,7 %
IT-Beratung	0 %
Consulting-Methoden allgemein	29,7 %
Consulting-Projekte	6,3 %
Soft Skills	10 %
Sprachen	0 %

Soft Skills

Im Bereich Soft Skills bereiten wir unsere Studierenden vielfältig auf die späteren Anforderungen des Berufslebens vor.

Dazu gehören unter anderem Präsentationstraining, Projektmanagement und Teamentwicklung.

Lehrmethoden, Lernmethoden und didaktische Konzepte zum effektiven Studium

Die Lehrmethoden reichen von normalem Unterricht über Kleingruppenarbeit mit Reflexion und Selbststudium bis hin zu Fallstudienarbeit.

Prüfung

Übliche Prüfungsformen
Klausuren, mündliche Prüfungen, Referate, Hausarbeiten, Projekte, Präsentationen, Fallstudienbearbeitung

Durchschnittliche Prüfungsanzahl pro Semester
9

Möglichkeit, Prüfungen zu wiederholen bzw. Freiversuche anzumelden
Es besteht die Möglichkeit, Prüfungen zu wiederholen bzw. Freiversuche anzumelden.

Praktika

Unsere Studenten haben schon Berufserfahrung und die meisten arbeiten an den Tagen Montag bis Mittwoch und studieren an den Tagen Donnerstag bis Samstag.

Internationale Aspekte

Auslandsstudium
Ein Auslandsstudium ist möglich. Während des Studiums findet bei der ISCTE ein Case Study Seminar in Lissabon statt.

Art und Anzahl englischsprachiger Veranstaltungen
Je nach Bedarf, insb. im Bereich International Consulting, Intercultural Management und Strategic Management.

Anteil ausländischer Studenten
variiert je Semester von 0–25 %

Masterarbeit

Dauer
1 Semester

Studienentgelte

Insgesamt 6.400 € zzgl. 110 € (pro Semester) Studentenwerks- und Verwaltungskostenbeitrag. Vor der Immatrikulation bzw. mit der Rückmeldung ist jeweils für das 1. und 2. Semester die Studiengebühr von 2.900 € zu entrichten; für das 3. Semester fällt eine Studiengebühr von lediglich 600 € an.

Bewerbung

Fristen
bis 15. Juni

Freie Plätze pro Zulassungstermin
maximal 20

Bewerbungsunterlagen
Den Online-Bewerbungsbogen finden Sie im Internet unter www.mba-hrmc.de.

Zulassungskriterien
Es muss ein akademischer Hochschulabschluss mit einer Gesamtnote von mindestens „gut" (2,5) nachgewiesen werden. Zusätzlich sind zwei Jahre Berufserfahrung nachgewiesen, von denen mindestens ein Jahr eine einschlägige Berufspraxis im Tätigkeitsfeld des Personalmanagements, des internen oder externen Consulting oder einer verwandten Tätigkeit darstellt.

Bei der Vorauswahl der Bewerbungsunterlagen werden folgende Kriterien berücksichtigt: die Note des Hochschulabschlusses, das Motivationsschreiben, die Berufserfahrung/Referenzen sowie die Sprachkenntnisse.

Es findet ein Auswahlgespräch mit strukturierten Elementen einer Fallstudie statt, des Weiteren werden folgende Kriterien berücksichtigt: die Studienmotivation, die soziale Kompetenz und die Darstellungsfähigkeit, die Auslandserfahrung bzw. Berufserfahrung und die studienrelevanten Sprachkenntnisse.

Der/die Bewerber/in muss fortgeschrittene Kenntnisse der deutschen und der englischen Sprache belegen, sofern es sich dabei nicht um seine Muttersprache(n) handelt (Deutsch: DSH 2 oder TestDaF, Niveau 4; Englisch: Level B2 oder Äquivalent durch TOEFL). Kann der Nachweis nicht vor der Zulassung vorgelegt werden, kann dieser an der Hochschule Pforzheim zu Beginn des ersten Studiensemester nachgeholt werden. Ein Studium, eine Schulausbildung oder eine berufliche Tätigkeit in der jeweiligen Sprache kann diese Nachweise ersetzen.

Auswahlkriterien

–

16.3.3 Besonderheiten und weitere wichtige Infos

Das besondere Profil dieses MBA-Studiums ergibt sich aus der konsequenten Kombination von Human Resources Management Know-How und Beratungskompetenz. Dementsprechend liegt der Focus zum einen auf der strategischen Dimension des Human Resources Management (HRM). Thematisiert werden hier unter anderem unternehmerisches HRM, internationales Personalmanagement und strategische Aspekte der Personal- und Unternehmensentwicklung. Zum anderen werden im zweiten Schwerpunkt zentrale Felder der Beratungsarbeit wie Organisationsentwicklung, internationales Consulting sowie praxisbezogene Anwendungsformen und Instrumente des Consulting behandelt. Die Entwicklung der Prozessberatungs-Kompetenz für strategisch ausgerichtete HR-Manager und Consultants stellt ein zentrales Studienziel dar.

Die MBA Studierenden haben die Möglichkeit, am regulären Programm der Hochschule teilzunehmen und dort zusätzliche Lehrveranstaltungen aus der Fakultät Wirtschaft und Recht zu belegen. Darüber hinaus gibt es die Chance, in einem zusätzlichen vierten Semester Erfahrungen an einer ausländischen Hochschule zu sammeln.

17 Hochschule Wismar

17.1 Allgemeines

17.1.1 Allgemeine Strukturdaten

Bildrechte: Hochschule Wismar

Fachhochschule in öffentlicher Trägerschaft

Adresse
Wismar Business School
PF 1210
HS Wismar
23952 Wismar
Tel.: +49 (0) 3841753504
Fax: +49 (0) 3841753131

Organisatorische Einheit, der der Studiengang zugeordnet ist
Institut für Unternehmensberatung & Consulting (IFUC)

Web-Adresse
www.hs-wismar.de

Gründungsjahr
1908

Anzahl Studierende insgesamt
6.000 Studierende, davon mehr als 2.000 im Fernstudium

17.1.2 Ausstattung der Hochschule

(siehe Tab. 17.1)

17.1.3 Beschreibung der Hochschule und des Hochschulstandortes

Wismar wurde erstmals urkundlich im Jahre 1229 erwähnt. Vor allem die Lage an einer weiten Bucht, direkt an der Ostsee, begünstigte die schnelle Entwicklung zu einer blühenden Hansestadt. Robert Schmidt gründete im Jahre 1908 die „Ingenieur-Akademie Wismar". Seitdem ist Wismar Stätte praxisbezogener Ingenieurausbildung. 1969 entstand die Ingenieurhochschule Wismar, 1988 die Technische Hochschule. Mit der Hochschulerneuerung in Mecklenburg-Vorpommern wurde am 1. Oktober 1992 die Hochschule Wismar, Fachhochschule für Technik, Wirtschaft und Gestaltung gegründet. Zu den in Wismar bereits bestehenden Fachbereichen, Architektur, Bauingenieurwesen, Elektrotechnik und Informatik, Maschinenbau/Verfahrens- und Umwelttechnik sowie Wirtschaft kamen die Fachbereiche Seefahrt und Design/Innenarchitektur.

Die Hochschule Wismar – University of Applied Sciences: Technology, Business and Design ist eine international ausgerichtete Hochschule mit langjähriger akademischer Tradition. Für Berufstätige besteht neben der Möglichkeit eines Präsenzstudiums auch die Möglichkeit ein Fernstudium an der Hochschule Wismar zu absolvieren.

Die Hochschule definiert sich als Hochschule mittlerer Größe, die eine forschungs- und entwicklungsadäquate Größe anstrebt. Die Hochschule Wismar ist eine akademische, qualitätsorientierte Dienstleistungsinstitution, die allen ihren Stakeholdern (Studierende, Wissenschaftliche Institutionen, DAAD, DFG, Schulen, Alumni, Fördermittelgeber, Unternehmen, Kammern, Verbänden, Medien, Gebietskörperschaften und politische Institutionen) in gleicher Weise verpflichtet ist.

Die Hochschule Wismar vertritt die wissenschaftlichen Schwerpunkte: Ingenieurwissenschaften, Wirtschaftswissenschaften, Gestaltung. Die Vernetzung dieser wissenschaftlichen Schwerpunkte ist ein besonderes Markenzeichen der Hochschule Wismar. Die Vernetzung spiegelt sich in der curricularen Entwicklung der einzelnen Studiengänge und der Forschungstätigkeit wider.

Tab. 17.1 Hochschulausstattung: Hochschule Wismar

–	Nähere Informationen
Bibliothek	Täglich geöffnet
Rechnerzugang, Pools	Multimediazentrum, Terminalserver für Modemeinwahl und zentrale Server im Rechenzentrum
Wireless LAN	Kostenlos für alle Studenten, flächendeckend auf dem gesamten Campus
International Office/Auslandsamt	Frau Korinna Stubbe Tel.: +49 (0) 3841 753 240 E-Mail: korinna.stubbe@hs-wismar.de Frau Jutta Riecke Tel.: +49 (0) 3841 753 402 E-Mail: jutta.riecke@hs.-wismar.de
Frei zugängliche Sprachkurse	Englisch, Spanisch, Französisch, Russisch, Chinesisch, Italienisch, Schwedisch
Career Center/Karriere-Service	Career Service Hochschule Wismar University of Applied Sciences: Technology, Business and Design Philipp-Müller-Straße 14 23966 Wismar Tel.: +49 (0) 3841 753 460 Fax: +49 (0) 3841 753 579 E-Mail: career@hs-wismar.de
Cafeterien und Mensen	Täglich geöffnet
Kindergarten (Unterstützung von Studenten mit Kindern (z. B. durch das Studentenwerk))	Ja: auf dem Campus inkl. Spontanbetreuung von Kindern bei studienbedingtem Bedarf („familien- und kinderfreundliche Hochschule")

Die Lehre orientiert sich in Inhalt, Qualität und Struktur an den führenden internationalen Standards. Die Hochschule vertritt ein kritisch-humanistisch geprägtes Lehrkonzept gegenüber den Studierenden. In der Lehre wird neben rein akademischen Inhalten Berufsfähigkeit sowie unternehmerisches Denken und Handeln vermittelt. Die Hochschule unterstützt die Studierenden beim Übergang in die Berufstätigkeit. Während zahlreiche Fernstudiengänge durch ihren Weiterbildungscharakter ein hoher Praxisgehalt auszeichnet, werden im Präsenzstudium umfangreiche Praxisphasen in das Curriculum der Studiengänge aufgenommen.

17.2 Consulting: Strukturdaten für Bachelor- und Masterprogramm

17.2.1 Allgemeines

Abschlüsse
Bachelor: Bachelor of Arts
Master: Master of Arts (Präsenzstudium) und Master of Business Administration (Fernstudium)

Ausbildung für folgende Berufsfelder

- Managementberatung
  - Strategie
  - Organisation/Prozess- und Qualitätsmanagement
  - Führung
  - Marketing
  - Sanierungsberatung
  - Rechnungswesenberatung

- Personalberatung/HR-Beratung
  - Personal Konzepte
  - Coaching

Sonstige Berufsfelder:
Das Bachelor of Arts-Programm ist ein allgemeines betriebswirtschaftliches Studium, das durch die Wahl von jeweils 2 Kompetenzfeldern durch jeden Studierenden eine besondere inhaltliche Spezialisierung erfährt. Eines der wählbaren Kompetenzfelder stellt „Unternehmensbesteuerung & Consulting" dar. Es besteht aus insgesamt 3 Modulen. Diese bilden die Basis für eine spätere Vertiefung des erworbenen Wissens im Master-Studium (Tax and Business Consulting im Präsenzbereich, Business Consulting im Fernstudienbereich).

17.2.2 Lehre und Forschung

Anzahl der hauptamtlich Lehrenden
Fakultät: 40   IFUC: 7
Daraus ergibt sich eine Betreuungsintensität von einem hauptamtlich Lehrenden auf 200 Studierende/Jahr
Bachelor: ca. 1:5 (Fakultätslehrkräfte)
Master Tax and Business Consulting (Präsenz): ca. 1:4
MasterMBC: ca. 1:4

Anzahl von Studierenden in einer Lehrveranstaltung

Bachelor: 10–60
MTBC: 10–25
MBC: 10–25

Anzahl Studenten und Absolventen im Bereich Consulting

Bachelor:	200 Studenten/Jahr	>200 Absolventen
Master TBC:	25 Studenten/Jahr	15 Absolventen
Master MBC:	75 Studenten/Jahr	>100 Absolventen

Kompetenzen und Schwerpunkte zentraler Lehrkräfte

Prof. Dr. rer. oec. Olaf Bassus

Wissenschaftliche Aktivitäten

- 1991–1994 Mitarbeit am Forschungsprojekt „Spezielle Betriebswirtschaftslehre der Telekommunikation" mit dem Hamburger Institut für Telematik und der IFU – Dr. Niemeyer GmbH Strausberg
- 1996–1998 Deutscher Projektleiter des Finnisch – Schwedisch – Deutschen Gemeinschaftsprojektes „Young Entrepreneurs in Pärnu Region" Estland
- 1998–2003 Deutscher Projektleiter des EU – Leonardo – Projektes INTERSME Multilateral Training in International Trade in the SME – Sector
- seit 1999 Mitarbeit in verschiedenen Forschungsprojekten zur Bilanzierung und Entrepreneurship Education
- 2004–2005 Mitarbeit im BMBF – e-learning – Projekt „Content Sharing"

Fachgebiete
Rechnungswesen, Buchführung, Bilanzierung, Kostenrechnung, Investitionen und Finanzierung, DATEV, Existenzgründung, ABWL, Planspiele

Prof. Dr. jur. Frank Hardtke

Lehr- und Dozententätigkeit

- 1993–1996 – Wissenschaftlicher Mitarbeiter am Lehrstuhl „Strafrecht, insb. Wirtschafts- und Steuerstrafrecht" von Prof. Dr. Wolfgang Joecks an der „Ernst-Moritz-Arndt-Universität" in Greifswald
- 1996–2002 – Ehrenamtliches Mitglied des Justizprüfungsamtes beim Justizministerium des Landes Mecklenburg-Vorpommern
- 1997–2005 – Lehrbeauftragter an der „Ernst-Moritz-Arndt-Universität" in Greifswald
  seit 1996 – Dozent beim „Deutschen Anwaltsinstitut e. V. – Fachinstitut für Steuerrecht"

- seit 1997 – Dozent an der Bundesfinanzakademie im Bundesministerium der Finanzen
- 2001–2003 – Lehrbeauftragter an der Hochschule Wismar (bis 2003)
- 2003–Professur für Steuer- und Unternehmensrecht an der Hochschule Wismar, Fakultät für Wirtschaftswissenschaften
- seit 2005 – Honorarprofessor an der Ernst-Moritz-Arndt-Universität in Greifswald

Fachgebiete
Steuer- und Unternehmensrecht

Prof. Dr. Axel Mutscher

Lehr- und Dozententätigkeit

- 01/93–06/97: Tätigkeit als wissenschaftlicher Mitarbeiter am Institut für Betriebswirtschaftliche Steuerlehre an der Universität der Bundeswehr in Hamburg
- 03/98: Bestellung als Steuerberater
- seit 11/97: Mitarbeiter/Partner bei einer mittelständischen Steuerberatungs- und Wirtschaftsprüfungsgesellschaft in Hamburg
- seit 10/06: Berufung zum Professor für Allgemeine Betriebswirtschaftslehre und Betriebliche Steuerlehre an der Hochschule Wismar

Fachgebiete
Steuerlehre, Unternehmensbesteuerung, Besteuerung von Gesellschaften, Besteuerung der Umstrukturierung von Unternehmen, Besteuerung der Unternehmensnachfolge und des Unternehmensverkaufs, Internationale Steuerberatung

Prof. Dr. rer. pol. Kai Neumann

Lehr- und Dozententätigkeit

- 07/1991-06/1996 Wissenschaftlicher Mitarbeiter am Institut für Operations Research, Lehrstuhl für Allgemeine BWL an der Universität der Bundeswehr Hamburg
- 07/1999-06/2002 Wissenschaftlicher Assistent am Institut für Operations Research, Lehrstuhl für Allgemeine BWL der Universität der Bundeswehr Hamburg
- 07/2002-03/2003 Professor an der Wirtschaftsakademie Schleswig-Holstein (Berufsakademie) für Investition und Finanzierung
- seit 03/2004 Professor für Rechnungswesen und Controlling an der Hochschule Wismar, Fakultät für Wirtschaftswissenschaften

Fachgebiete
Rechnungswesen und Controlling

Prof. Dr. rer. pol. Andreas von Schubert, Dipl.-Ing. (FH), MBA

Lehr- und Dozententätigkeit

- 2004–2006 Manager MBA and Corporate Programmes an der Gesellschaft zur Förderung der Weiterbildung an der Universität der Bundeswehr München e. V.
- 2004–2006 Promotion am Institut für Personal- und Organisationsforschung, Universität der Bundeswehr München
- seit 2006 Professur für Human Ressource Management, Hochschule Wismar

Fachgebiete
Personalwirtschaft, Personalführung, Veränderungsmanagement, Personalberatung

Prof. Dr. rer. oec. Thomas Wilke

Lehr- und Dozententätigkeit

- 10/1996–03/1997 Aufenthalt an der University of Queensland (Brisbane) als Gastwissenschaftler
- 07/2000–10/2000 Aufenthalt an der Marriott School of Management (Brigham Young University) in Provo/Utah als Gastwissenschaftler
- 03/1997–03/2001 Wissenschaftlicher Mitarbeiter am Lehrstuhl für Allgemeine Wirtschaftspolitik an der Gerhard Mercator Universität
- 04/2001–04/2004 Unternehmensberater bei der Boston Consulting Group
  Seit 05/2004 Professor für Allgemeine Betriebswirtschaftslehre an der Hochschule Wismar
- Seit 2005 Geschäftsführender Direktor des Instituts für Pharmakoökonomie und Arzneimittellogistik (IPAM) an der Hochschule Wismar
- Seit 2005 Leiter des Fernstudien-Masterprogramms „Business Consulting"
- Seit 2010 Leiter des Präsenzmasterprogramms „Tax and Business Consulting"

Fachgebiete
Controlling, Strategieberatung, Gesundheits- und Pharmakoökonomie (www.ipam-wismar.de)

Prof. Dr. rer. pol. Jürgen Zeis

Lehr- und Dozententätigkeit

- 1991–1993 Wissenschaftlicher Mitarbeiter am Institut für Betriebswirtschaftliche Steuerlehre der Universität der Bundeswehr in Hamburg
- 1993 Promotion der zum Dr. rer. pol.
- seit November 1998 Professor für Betriebswirtschaftslehre, insbesondere Betriebliches Rechnungswesen an der Hochschule Wismar

Fachgebiete
Bilanzierung nach Handels- und Steuerrecht IFRS, Unternehmensanalyse, Unternehmensplanung, Unternehmensbewertung, Existenzgründungsberatung, Wirtschaftsprüfung

Die Mitglieder des IFUC publizieren hervorragende Arbeiten/Forschungsbeiträge im Consulting-Bereich in der Publikationsreihe: „Wismarer Beiträge zum Consulting"

Integration des Studiengangs Consulting
Gute Integration durch entsprechendes Bachelor-Kompetenzfeld „Unternehmensbesteuerung und Consulting".

Einbindung von Externen
Für die Praxisorientierung des Studienganges Master Business Consulting bestehen unter anderem sehr enge Kooperationen mit der ECOVIS Akademie und der Management Circle AG, die auch die teilweise gegenseitige Anerkennung von Modulen einschließt.
Einige der Veranstaltungen im Studiengang Master Tax and Business Consulting werden von externen Lehrbeauftragten, die für namhafte Wirtschaftsprüfungs- und Versicherungsgesellschaften tätig sind, gehalten. Außerdem besitzen beide Master-Studiengänge einen Beirat, der sich aus Vertretern der Consulting-Praxis zusammensetzt

Studienberatung
Allgemeine Studienberatung
Prof. Dr. Thomas Wilke
Tel.: +49 (0) 3841 - 753504
E-Mail: Thomas.wilke@hs-wismar.de

Verbesserung und Entwicklung der Studienprogramme
Nach jedem Semester wird eine modulgestützte Evaluation der Lehre durchgeführt. Die Ergebnisse dieser Evaluation haben direkten Einfluss auf die Gestaltung der Lehrveranstaltungen im folgenden Semester. Zusätzlich gibt es regelmäßige Dozentenkonferenzen, in denen Themen der Entwicklung der Programme diskutiert und koordiniert werden.

17.3 Bachelor-Programm Consulting (Bachelor BW)

17.3.1 Allgemeines

Bezeichnung des Studiengangs
Bachelor BW

Regelstudienzeit
7 Semester

Web-Adresse
http://www.wi.hs-wismar.de/de/bachelor_betriebswirtschaft

Gegründet
2007, Vorläufer Diplom seit 1995

Akkreditierung
2009 FIBAA   Re-Akkreditierung vorgesehen für das Jahr: 2014
http://www.fibaa.de/dokumente/progakkred_k2h/B_Wismar_H_212_KB.pdf

„Mission" (Grundkonzept des Studiengangs)
Angewandte BWL mit Fachstudium

17.3.2 Studium

Semesterplan (Studienablauf)
(siehe Tab. 17.2)

Inhalte, Schwerpunkte und Besonderheiten im Überblick

Wie hoch ist der Anteil der Disziplinen (bezogen auf die gesamte Studiendauer)? (siehe Tab. 17.3)

Download der Studienbeschreibungen im Detail

Studienordnung und Prüfungsordnung
http://www.wi.hs-wismar.de/fbw/studium/bw/bw-ba-po.pdf

Unit- und Modulbeschreibung bzw. Veranstaltungsverzeichnis
Enthalten in der Studienordnung:
http://www.wi.hs-wismar.de/fbw/studium/bw/bw-ba-po.pdf

Selbstdokumentation
http://www.wi.hs-wismar.de/de/bachelor_betriebswirtschaft

Soft Skills
Werden in separaten Softskill-Modulen gelehrt.

Tab. 17.2 Semesterplan: Bachelor BW

Studiengang: Betriebswirtschaft (B.A.) Module mit den zugehörigen Fächern	SWS	Semester (Credits)							Credits gesamt
		1.	2.	3.	4.	5.	6.	7.	
Unternehmensberatung und Praktikum	–	–	–	–	–	–	–	–	–
Marketing-Vertrieb	4	5	–	–	–	–	–	–	5
Unternehmensführung	4	–	5	–	–	–	–	–	5
Personalwirtschaft	4	–	–	5	–	–	–	–	5
Projekt-, Prozess- und Innovationsmanagement	4	–	–	–	–	5	–	–	5
Unternehmenssimulation	6	–	–	–	–	5	–	–	5
Praktisches Studiensemester/Praktikumsarbeit	–	–	–	–	–	–	30	–	30
Informatik und Wirtschaftsinformatik	–	–	–	–	–	–	–	–	–
Wirtschaftsinformatik	4	–	–	–	5	–	–	–	5
ERP/Betrieblich Softwarepakete	4	–	–	–	5	–	–	–	5
Wirtschafts- und Rechtswissenschaften	–	–	–	–	–	–	–	–	–
Einführung in die Betriebswirtschaftslehre	4	5	–	–	–	–	–	–	–
Finanzierung	4	–	5	–	–	–	–	–	–
Investition	4	–	–	5	–	–	–	–	–
Buchführung und Bilanzierung	4	5	–	–	–	–	–	–	–
Kosten- und Leistungsrechnung	4	–	5	–	–	–	–	–	–
Steuerlehre	4	–	5	–	–	–	–	–	–
Controlling	4	–	–	5	–	–	–	–	–
Bilanzanalyse und Bilanzpolitik, Internationale Rechnungslegung IFRS	4	–	–	–	–	–	5	–	–
Mikroökonomie	4	–	5	–	–	–	–	–	–
Makroökonomie	4	–	–	5	–	–	–	–	–
Europäische Wirtschaftspolitik	4	–	–	–	–	5	–	–	–
Material- und Produktionswirtschaft und Logistik	4	–	–	5	–	–	–	–	–
Wirtschaftsrecht	4	5	–	–	–	–	–	–	–
Grundlagen (z. B. Mathematik)	–	–	–	–	–	–	–	–	–
Lineare Algebra/Lineare Optimierung	4	5	–	–	–	–	–	–	5
Analysis	4	–	5	–	–	–	–	–	5

Tab. 17.2 Fortsetzung Semesterplan: Bachelor BW

Studiengang: Betriebswirtschaft (B.A.) Module mit den zugehörigen Fächern	SWS	Semester (Credits)							Credits gesamt
		1.	2.	3.	4.	5.	6.	7.	
Operation Research/Entscheidungstheorie	4	–	–	5	–	–	–	–	5
Statistik	4	–	–	–	5	–	–	–	5
Soft Skills und Sprachen	–	–	–	–	–	–	–	–	–
Soft Skills 1	6	5	–	–	–	–	–	–	5
Soft Skills 2	2	–	–	–	–	–	–	3	3
Sonstige	–	–	–	–	–	–	–	–	–
Wahlpflichtmodul 1 (Wirtschaftswissenschaften, Allgemeine Wissenschaften oder Projekte und Praxispartner)	4	–	–	–	5	–	–	–	5
Wahlpflichtmodul 2 (Wirtschaftswissenschaften, Allgemeine Wissenschaften oder Projekte und Praxispartner)	4	–	–	–	–	5	–	–	5
Kompetenzfeld I	4	–	–	–	5	–	–	–	5
Kompetenzfeld I	4	–	–	–	–	5	–	–	5
Kompetenzfeld I	4	–	–	–	–	–	5	–	5
Kompetenzfeld II	4	–	–	–	5	–	–	–	5
Kompetenzfeld II	4	–	–	–	–	5	–	–	5
Kompetenzfeld II	4	–	–	–	–	–	5	–	5
Abschlussarbeit	–	–	–	–	–	–	–	12	12
Credits pro Semester/über alle Semester	138	30	30	30	30	30	30	30	210

Lehrmethoden, Lernmethoden und didaktische Konzepte zum effektiven Studium

Sämtliche gängige Konzepte werden eingesetzt – allerdings mit einem Fokus auf die Vermittlung von Inhalten in Vor-Ort-Veranstaltungen. Das Studium zeichnet sich in seinem zweiten Teil durch eine starke Projektorientierung, auch und insbesondere bei Erstellung der Prüfungsleistungen, aus.

Prüfung

Übliche Prüfungsformen
Klausuren, Projektarbeiten

Durchschnittliche Prüfungsanzahl pro Semester
6

Tab. 17.3 Studienschwerpunkte: Bachelor BW

Fachrichtung	Anteil
Betriebswirtschaftslehre	80 %
Volkswirtschaftslehre	4–5 %
Mathematik/Statistik	4–5 %
Recht (Zivilrecht, Unternehmensrecht, Steuerrecht ...)	4–5 %
Psychologie/Wirtschaftspsychologie	0 %
Informatik/Wirtschaftsinformatik	0 %
Unternehmensberatung	5 %, davon
Managementberatung	5 %
Personalberatung/HR-Beratung	0 %
IT-Beratung	0 %
Consulting-Methoden allgemein	0 %
Consulting-Projekte	0 %
Soft Skills	0 %
Sprachen	0 %

Im Bachelorstudiengang Betriebswirtschaftslehre werden 3 Semestermodule Consulting angeboten. In diesen werden unter anderem Consulting Projekte durchgeführt.

Durchschnittliche Dauer des Prüfungszeitraumes
3 Wochen für Klausuren

Möglichkeit, Prüfungen zu wiederholen bzw. Freiversuche anzumelden
1 Freiversuch, zusätzlich 2 Prüfungen als reguläre Prüfungen

Praktika

Zeitpunkt
6. Semester: volles Praktikumssemester

Dauer
1 Semester, Ausland erwünscht

Unterstützung
Prof. Dr. Thomas Wilke
Tel.: 03841 - 753504
E-Mail: Thomas.wilke@hs-wismar.de

Internationale Aspekte

Auslandsstudium
ca. 5 bis 10 %

Art und Anzahl englischsprachiger Veranstaltungen
2

Anteil ausländischer Studenten
< 5 %

Bachelorarbeit

Dauer
8 Wochen

Typische Inhalte
Praxisprojekte – Aufbau von Controllingsystemen für KMU (Klein-/Mittelständische Unternehmen)
Einführung CRM in Unternehmen

Studienentgelte

Studienentgelt pro Semester
keine

Langzeitstudienentgelte
keine

Finanzielle Unterstützungsmöglichkeiten in Form von verbilligten Krediten, Stipendien etc.
Für alle Studierenden besteht die Möglichkeit BAföG zu beantragen.

Ansprechpartner für Studienfinanzierung (BAföG-Amt, Studentenwerk)
Der Ansprechpartner für BAföG ist das Studentenwerk Rostock.
St.-Georg-Straße 104-107
18055 Rostock
Tel.: +49 (0) 3814 592 600
www.studentenwerk-rostock.de

Bewerbung

Fristen
zum Wintersemester (01.10.)

Freie Plätze pro Zulassungstermin
ca. 200

Bewerbungsunterlagen
Onlinebewerbung

Zulassungskriterien
Die Bewerber sollten über die allgemeine Hochschul- bzw. Fachhochschulreife oder über einen als gleichwertig anerkannten Abschluss verfügen. Sollte keine der beiden Voraussetzungen gegeben sein gibt es noch die Möglichkeit einer Zugangsprüfung nach abgeschlossener Berufsausbildung und mindestens dreijähriger Berufstätigkeit bzw. eine Zugangsprüfung nach mindestens fünfjähriger Berufstätigkeit.

Auswahlkriterien
Wenn eine Zulassungsbeschränkung besteht (aktuell keine Beschränkung), wird eine Auswahl anhand der Abiturnote durchgeführt.

17.4 Master-Programm Consulting (MTBC)

17.4.1 Allgemeines

Bezeichnung des Studiengangs
Master of Arts (Tax and Business Consulting)

Regelstudienzeit
3 Semester

Web-Adresse
http://www.wi.hs-wismar.de/de/master_tax_and_business_consulting

Gegründet
2008

Akkreditierung
2009 FIBAA   Re-Akkreditierung vorgesehen für das Jahr: 2013
http://www.fibaa.de/dokumente/progakkred_k2h/M_Wismar_H_507_KB.pdf

„Mission" (Grundkonzept des Studiengangs)
„Ausbildung von Steuerberatern und Projektprofis"

17.4.2 Studium

Semesterplan (Studienablauf)
(siehe Tab. 17.4)

Tab. 17.4 Semesterplan: Master of Arts Tax and Business Consulting

Studiengang: Tax and Business Consulting	SWS	Semester (Credits)			Credits gesamt
Module mit den zugehörigen Fächern		1.	2.	3.	–
Unternehmensberatung und Praktikum	–	–	–	–	–
Strategische Unternehmensberatung	4	5	–	–	5
Investitions- und Finanzberatung/Corporate Finance	4	5	–	–	5
Besteuerung der Gesellschaften	4	6	–	–	6
KMU-Controlling	4	6	–	–	6
Betriebliches Prüfungswesen	4	–	6	–	6
Simulationsgestützte Unternehmensführung und Beratung	4	–	–	4	4
Existenzgründungsberatung	4	–	–	4	4
Systematische Beratungslehre	2	–	2	–	2
Wirtschafts- und Rechtswissenschaften	–	–	–	–	–
Bilanzierung nach nationalen und internationalen Rechnungslegungsvorschriften	4	6	–	–	6
Besteuerung der Umstrukturierung von Unternehmen	4	–	5	–	5
Besteuerung der Unternehmensnachfolge und des Unternehmensverkaufs	4	–	5	–	5
Sonstige	–	–	–	–	–
Wahlpflichtmodul I (Personalberatung, Internationale Steuerberatung, Sanierungsberatung, Sonstiges Wahlpflichtmodul)	4	–	6	–	6
Wahlpflichtmodul II (Personalberatung, Internationale Steuerberatung, Sanierungsberatung, Sonstiges Wahlpflichtmodul)	4	–	6	–	6
Logik und Methodik wissenschaftlicher Forschung	2	2	–	–	2
Abschlussarbeit	–	–	–	22	22
Credits pro Semester/über alle Semester	–	30	30	30	90

Inhalte, Schwerpunkte und Besonderheiten im Überblick

Wie hoch ist der Anteil der Disziplinen (bezogen auf die gesamte Studiendauer)? (siehe Tab. 17.5)

Tab. 17.5 Studienschwerpunkte: Master of Arts Tax and Business Consulting

Fachrichtung	Anteil
Betriebswirtschaftslehre	0 %
Volkswirtschaftslehre	0 %
Mathematik/Statistik	0 %
Recht (Zivilrecht, Unternehmensrecht, Steuerrecht …)	30 %
Psychologie/Wirtschaftspsychologie	0 %
Informatik/Wirtschaftsinformatik	0 %
Unternehmensberatung	50 %, davon
Managementberatung	20 %
Personalberatung/HR-Beratung	5 %
IT-Beratung	0 %
Consulting-Methoden allgemein	10 %
Consulting-Projekte	15 %
Soft Skills	20 %
Sprachen	0 %

Die Studierenden haben die Möglichkeit, über die Auswahl von 2 Wahlpflichtmodulen das Studium stärker in die Richtung „Unternehmensbesteuerung" oder „Consulting" zu prägen.

Download der Studienbeschreibungen im Detail

Studienordnung und Prüfungsordnung
http://www.wi.hs-wismar.de/de/master_tax_and_business_consulting/studieninhalte_und_curriculum/ordnungen

Unit- und Modulbeschreibung bzw. Veranstaltungsverzeichnis
Enthalten in der Studienordnung:
http://www.wi.hs-wismar.de/de/master_tax_and_business_consulting/studieninhalte_und_curriculum/ordnungen

Soft Skills

Den Studenten werden während des Studiums Methoden des Consulting und wissenschaftliche Methoden näher gebracht.

Lehrmethoden, Lernmethoden und didaktische Konzepte zum effektiven Studium

Zum effektiven Studium werden alle aktuellen Lehrmethoden eingesetzt. Primär besteht der Untersicht aus dem Seminarunterricht und intensiver Projektarbeit unter Einbindung von Praxispartnern.

Prüfung

Übliche Prüfungsformen
Projektarbeit, Klausur

Durchschnittliche Prüfungsanzahl pro Semester
5

Durchschnittliche Dauer des Prüfungszeitraumes
3 Wochen

Möglichkeit, Prüfungen zu wiederholen bzw. Freiversuche anzumelden
1 Freiversuch, 2 reguläre Prüfungen

Praktika

Keine Praktika vorgesehen, Auslandssemester werden gefördert

Internationale Aspekte

Kein Auslandssemester vorgesehen, jedoch Unterstützung wenn gewünscht; aktuell nutzen diese Möglichkeit ca. 20–30 % der Studierenden

Masterarbeit

Dauer
4 Monate

Typische Inhalte (Beispiele)
Beratungsprojekte in Zusammenarbeit mit Praxispartnern

Studienentgelte

Studienentgelt pro Semester
keine

Langzeitstudienentgelte
keine
Für alle Studierenden besteht die Möglichkeit BAföG zu beantragen.

Ansprechpartner für Studienfinanzierung (BAföG-Amt, Studentenwerk)
Der Ansprechpartner für BAföG ist das Studentenwerk Rostock.
St.-Georg-Straße 104–107
18055 Rostock
Tel.: + 49 (0) 3814 592 600
www.studentenwerk-rostock.de

Bewerbung

Fristen
Jeweils zum SS; Bewerbung in der Regel bis Ende Januar

Freie Plätze pro Zulassungstermin
25

Bewerbungsunterlagen
Onlinebewerbung

Zulassungskriterien
Bachelor Abschluss mit Note > 2,5

Auswahlkriterien
Note und Praxiserfahrung

17.4.3 Besonderheiten und weitere wichtige Infos

Enge Kooperation mit Steuerberatungs- und Unternehmensberatungskanzleien.

17.5 Master-Programm Consulting (MBC)

17.5.1 Allgemeines

Bezeichnung des Studiengangs
Master of Business Consulting

Regelstudienzeit
4 Semester

Web-Adresse
www.consulting-master.de

Gegründet
2005

Tab. 17.6 Semesterplan: Master of Business Consulting

Studiengang: Master of Business Consulting	SWS	Semester (Credits)				Credits gesamt
Module mit den zugehörigen Fächern		1.	2.	3.	4.	
Unternehmensberatung und Praktikum	–	–	–	–	–	–
Grundlagen der Unternehmensberatung	–	4	–	–	–	4
Personalberatung und Coaching	–	4	–	–	–	4
Investitions- und Finanzierungsberatung	–	4	–	–	–	4
Existenzgründungsberatung	–	4	–	–	–	4
Fallstudie zur Existenzgründungsberatung	–	4	–	–	–	4
Strategische Unternehmensberatung	–	–	4	–	–	4
KMU-Controlling	–	–	4	–	–	4
Unternehmens- und Bilanzanalyse	–	–	4	–	–	4
Marketing- und Vertriebsberatung	–	–	4	–	–	4
Fallstudie zum operativen und strategischen Controlling	–	–	4	–	–	4
Corporate Finance Beratung	–	–	–	4	–	4
Prozess- und Organisationsberatung	–	–	–	4	–	4
Sanierungsberatung	–	–	–	4	–	4
Fallstudie zur Sanierungs-/Prozessberatung	–	–	–	4	–	4
Unternehmensplanspiel	–	–	–	4	–	4
Abschlussarbeit	–	–	–	–	30	30
Credits pro Semester/über alle Semester	–	20	20	20	30	90

Akkreditierung
2006 FIBAA
http://www.fibaa.de/fileadmin/dokumente/progakkred_k2h/FH-Wismar-MA-Business-Consulting-2006-Kurz-2006-end.pdf

„Mission" (Grundkonzept des Studiengangs)
Postgraduale Ausbildung von „Unternehmensberatern und Projektprofis: Ausbildung in berufsbegleitender Form in 4 Semestern"

17.5.2 Studium

Semesterplan (Studienablauf)
(siehe Tab. 17.6)

Tab. 17.7 Studienschwerpunkte: Master of Business Consulting

Fachrichtung	Anteil
Betriebswirtschaftslehre	0 %
Volkswirtschaftslehre	0 %
Mathematik/Statistik	0 %
Recht (Zivilrecht, Unternehmensrecht, Steuerrecht …)	0 %
Psychologie/Wirtschaftspsychologie	0 %
Informatik/Wirtschaftsinformatik	0 %
Unternehmensberatung	100 %, davon
Managementberatung	66,7 %
Personalberatung/HR-Beratung	6,7 %
IT-Beratung	0 %
Consulting-Methoden allgemein	6,7 %
Consulting-Projekte	20 %
Soft Skills	0 %
Sprachen	0 %

Inhalte, Schwerpunkte und Besonderheiten im Überblick

Wie hoch ist der Anteil der Disziplinen (bezogen auf die gesamte Studiendauer)? (siehe Tab. 17.7)

Download der Studienbeschreibungen im Detail

Studienordnung und Prüfungsordnung: im internen Bereich des Studiengangs: Modulbeschreibungen auf www.consulting-master.de verfügbar

Soft Skills

Den Studierenden wird Team- und Projektarbeit durch Gruppenarbeit in insgesamt 7 von 15 Modulen näher gebracht.

Lehrmethoden, Lernmethoden und didaktische Konzepte zum effektiven Studium

Um den Studenten das nötige Fachwissen zu vermitteln, werden neben Präsenzveranstaltungen auch Planspiele, Fallstudien, Telefonkonferenzen und DVD-Onlinemodule eingesetzt.

Prüfung

Übliche Prüfungsformen
5 Klausuren, 10 Projektarbeiten

Durchschnittliche Prüfungsanzahl pro Semester
5

Durchschnittliche Dauer des Prüfungszeitraumes
über Semester verteilt

Möglichkeit, Prüfungen zu wiederholen bzw. Freiversuche anzumelden
1 Freiversuch und 2 reguläre Prüfungen

Praktika
Keine Praktika, da Fernstudium in berufsbegleitender Form

Internationale Aspekte
Keine internationalen Aspekte, da Fernstudium in berufsbegleitender Form

Bachelorarbeit

Dauer
1 Semester (5 Monate)

Typische Inhalte
Beratungsprojekte

Studienentgelte

Studienentgelt pro Semester
2.700€ pro Semester

Langzeitstudienentgelte
Keine

Finanzielle Unterstützungsmöglichkeiten in Form von verbilligten Krediten, Stipendien etc.
auf individueller Basis

Ansprechpartner für Studienfinanzierung (BAföG-Amt, Studentenwerk)
auf individueller Basis

Bewerbung

Fristen
bis 31.08.

Freie Plätze pro Zulassungstermin
100 an 4 Standorten (Wismar, Frankfurt am Main, München, Wien)

Bewerbungsunterlagen
Onlinebewerbung, schriftliche Bewerbung; telefonische Beratung unter 03841-753-473

Zulassungskriterien
Abgeschlossenes Hochschulstudium sowie mindestens ein Jahr Berufserfahrung

Auswahlkriterien
Auswahlsystem an Hand der Note (50 %) und der Berufserfahrung (50 %)

17.5.3 Besonderheiten und weitere wichtige Infos

Betreuung der Studierenden in einer hochschuleigenen Fernstudien-GmbH (www.wings.hs-wismar.de)

Teil IV

Die Hochschulen im Detail – Vertiefungsrichtungen

Cologne Business School 18

18.1 Allgemeines

18.1.1 Allgemeine Strukturdaten

Bildrechte: Cologne Business School

Fachhochschule in privater Trägerschaft

Adresse
Cologne Business School (CBS)
Hardefuststraße 1
50677 Köln
Tel.: +49 (0) 221 931809 31
Fax: +49 (0) 221 931809 30

Organisatorische Einheit, der der Studiengang zugeordnet ist
International Business

Web-Adresse
www.cbs-edu.de

Gründungsjahr
1993

Anzahl Studierende insgesamt
ca. 500

18.1.2 Beschreibung der Hochschule und des Hochschulstandortes

Die Cologne Business School (CBS) ist international ausgerichtet, staatlich anerkannt und zählt zu den deutschen Top-Wirtschafts-Hochschulen. Die CBS bietet die Bachelorstudiengänge „International Business", „International Culture and Management" und „General Management" sowie „International Tourism Management" und die Masterstudiengänge „International Business", „International Culture and Management", „International Tourism Management" (alle englischsprachig), „Media Management" und „Internationales Management"(deutschsprachig) an. Neben einer Grundausbildung kommt noch eine Spezialisierung hinzu, wobei hier die Bereiche European Management, East Asia Management, Latin America Management, Tourism Event Hospitality Management, Arts and Culture Management, Media Management, Management Consulting, International Trade, Financial Management, Wirtschaftspsychologie, Marketingmanagement, Unternehmensführung, Personalmanagement, Internationales Management, Logistikmanagement und Handelsmanagement zur Auswahl stehen. Wer sich für ein Studium an der CBS entscheidet, befindet sich mit Köln in einer lebendigen Metropole im Herzen Europas.

18.2 Informationen zum Studiengang

18.2.1 Allgemeines

Name des Studiengangs
International Business mit Schwerpunkt Management Consulting

Abschluss
Bachelor of Arts oder Master of Arts in International Business

Regelstudienzeit
drei Jahre (BA); zwei Jahre (MA)

Akkreditierung
2004

18.2.2 Lehre und Forschung

Anzahl der Studenten des Studiengangs
ca. 50 bis 60 (MA + BA)

Web-Adresse
http://www2.cbs-edu.net/studienangebot/bachelorprogramme/international-business/studienschwerpunkte/#c240

Bewerbung

Fristen
ganzjährig

Freie Plätze pro Zulassungstermin
ca. 50–60

Bewerbungsunterlagen
Den Anmeldebogen finden Sie auf unserer Webseite unter www.cbs-edu.de
Für eventuelle Fragen steht Ihnen nach vorheriger Terminvereinbarung Frau Eich zur Verfügung.
Admissions Office
Frau Dipl.-Volksw. Terézia Eich
Tel.: +49 (221) 93 18 09 64
Fax: +49 (221) 93 18 09 30
E-Mail: info@cbs-edu.de

Zulassungskriterien
Bachelor: Allgemeine Hochschulreife oder die volle Fachhochschulreife. Gleichwertige Abschlüsse ausländischer Schulen werden entsprechend anerkannt.

Master: Bachelor-, Diplom-, oder Magisterabschluss mit mindestens 90 ECTS-Punkten aus wirtschaftswissenschaftlichen Fächern. Insgesamt mindestens 180 ECTS-Punkten. Englischkenntnisse erforderlich.

Auswahlkriterien
Bachelor: Auswahlverfahren
Master: Auswahlverfahren

Studienberatung

Allgemeine Studienberatung
Studienberatung
Daniela Wellens
Tel.: +49 (0) 221 93 18 09 31
Fax: +49 (0) 221 93 18 09 30
E-Mail: d.wellens@cbs-edu.de

Alternativ: Besuch der Studieninformationstage (Termine unter www.cbs-edu.de), Infoabende (Termine unter www.cbs-edu.de) oder die Teilnahme als Gasthörer (nach Anmeldung)

Studienentgelte

Studienentgelt pro Semester
Gebühren der Bachelorprogramme:
EU-Bürger:

BA International Business:	695 €/36 Monate
BA International Culture and Management:	695 €/36 Monate
BA General Management:	595 €/36 Monate

Nicht EU-Bürger:

BA International Business	795 €/36 Monate
BA International Culture and Management:	795 €/36 Monate
BA General Management:	695 €/36 Monate
Einschreibegebühr/Betreuungsgebühr Bachelorarbeit:	300 €

Gebühren der Masterstudiengänge:
CBS-Absolventen BA:

MA International Business:	695 €/18 Monate
MA International Culture and Management:	695 €/18 Monate
MA Internationales Management:	695 €/18 Monate

Externe Bewerber:

MA International Business:	875 €/18 Monate
MA International Culture and Management:	875 €/18 Monate
MA Internationales Management:	795 €/18 Monate

Betreuungsgebühr Masterarbeit: 1500 €

Langzeitstudienentgelte
keine

Finanzielle Unterstützungsmöglichkeiten in Form von verbilligten Krediten, Stipendien
Die CBS bietet detaillierte Finanzierungsangebote an. Es besteht bspw. die Möglichkeit zur Aufnahme eines Studienbeitragsdarlehens. Weiterhin gibt es die Möglichkeit BAföG zu beantragen.

Ansprechpartner für Studienfinanzierung (BAföG-Amt, Studentenwerk)
CBS Köln
Jan-Peter Jansen
Tel.: 0221/93 18 09-27
E-Mail: j.jansen@cbs-edu.de

BAföG:
Studentenwerk Köln Servicehaus
Universitätsstraße16
50937 Köln
Tel.: + 49 (0) 0221 94265/177
Fax: + 49 (0) 0221 94265/134
Web-Adresse: www.kstw.de

Download der Studienbeschreibungen im Detail

Studienordnung und Prüfungsordnung
nur für eingeschriebene Studenten

Selbstdokumentation
Master:
http://www.cbs-edu.de/de/studienangebot/masterprogramme/international-business/studienschwerpunkte/

Bachelor:
http://www.cbs-edu.de/studienangebot/bachelorprogramme/international-business/studienschwerpunkte/

18.3 Informationen zur Vertiefungsrichtung

18.3.1 Allgemeines

Bezeichnung der Vertiefungsrichtung
Management Consulting

Erstmals angeboten
2007

Anzahl der Lehrveranstaltungen und prozentualer Anteil am Gesamtstudium
8 (30 % Consulting, 70 % sonstige)

Web-Adresse
http://www.cbs-edu.de/studienangebot/bachelorprogramme/international-business/studienschwerpunkte/#c227

Ausbildung für folgende Berufsfelder

- Managementberatung
  - Strategie
  - Organisation/Prozess- und Qualitätsmanagement
  - Führung
  - Marketing
  - Gründungsberatung

Anzahl der Studierenden in einer Lehrveranstaltung
25 bis 35 Studierende

Inhalte, Schwerpunkte und Besonderheiten im Überblick
Inhaltliche Schwerpunkte:

- Kurs Introduction to Consulting: Begriffliche Abgrenzung, historischer Abriss, Consulting-Märkte und ihre Eigenschaften, Art der Beratungsleistungen, aktuelle Markt-Trends sowie Beispiele aus der Beratungspraxis.
- Kurs Methods of Consulting: Einführung in den Problemlösungsprozess, ausgewählte Methoden und Techniken der Problem-Diagnose, der Zielformulierung, der Analyse und Synthese, der Entscheidungsfindung und des Projekt-Management.
- Kurs Consulting Process: Operatives Beratungsmarketing: Kontaktphase, Akquisitionsphase, Angebotsphase, Vertragsgestaltung; typische Phasen eines Consulting-Projektes und das Projekt-Phasen-Management; Kommunikationsverhalten zwischen Consultants und Mandanten.
- Kurs Organizational Behavior: Kernthemen in Zusammenhang mit menschlichem Verhalten in Organisationen, Grundlagen der Organisation und organisationstheoretische Ansätze, Gestaltung von Organisationsstrukturen, Leadership und Change Management.
- Kurs Business Process Management: Phasen eines BPM-Projektes, Methoden und -Techniken zur Begleitung von Change Management-Prozessen, Methoden der Prozess-Aufnahme und -Modellierung, Praxis-Beispiele von BPM-Projekten.
- Kurs International Consulting Issues: Ausgewählte politische, wirtschaftliche und rechtliche Rahmenbedingungen internationaler Consulting-Projekte; Bedeutung von Kultur im internationalen Kontext; Beratungsleistungen für die international tätigen Auftraggeber; Kommunikations- und Verhandlungsstrategien; Fallstudien aus dem internationalen Consulting.
- Kurs Entrepreneurship: Grundlagen der Unternehmensgründung, Gründung von Consulting-Unternehmen, ausgewählte Aspekte der Gründungsberatung, Chancen- und Risiko-Management bei Gründungen, Business- und Marketing-Planung, Gründungsfinanzierung.

Tab. 18.1 Schwerpunkte: International Business mit Schwerpunkt Management Consulting

Fachrichtung	Anteil
Managementberatung	45 %
Personalberatung/HR-Beratung	0 %
IT-Beratung	0 %
Consulting-Methoden allgemein	30 %
Consulting-Projekte	25 %

- Kurs Operations Management: Vertiefung des Moduls „Consulting-Methoden", Vermittlung von grundlegenden Prinzipien des Operations Management und wissenschaftlicher Techniken des Produktionsmanagements, ausgewählte quantitative Ansätze zur Produktionsplanung und Losgrößenoptimierung, Methoden des Bestandsmanagement und der Ablaufplanung, Supply Chain Management, Operations Management als Beratungsleistung

Die Studentische Unternehmensberatung der CBS „co:brix" bietet Möglichkeiten zur praxisnahen Vertiefung.

Wie hoch ist der Anteil der Themenschwerpunkte? (siehe Tab. 18.1)

Einbindung von Externen
Seit ihrer Gründung arbeitet die Cologne Business School eng mit Unternehmen und Organisationen verschiedenster Wirtschaftsbereiche zusammen. Einerseits vergeben Unternehmen die für unsere Studierenden wichtigen Praktikumsstellen und Themen für Bachelorarbeiten, finden andererseits aber auch Nachwuchskräfte oder studentische Mitarbeiter. Auch bei der Bearbeitung von Projekten und Case Studies profitieren beide Seiten gleichermaßen: die Studenten gewinnen einen Einblick in die Unternehmensaktivitäten, diese wieder können das Wissen und die frische Sichtweise der Studenten zu spezifischen Themenstellungen nutzen.

Im Cologne Business Network e. V. (CBN e. V.) engagieren sich namhafte Unternehmen aller Branchen – aus dem Großraum Köln und darüber hinaus. Das grundlegende Ziel des CBN e. V., die Förderung von Wissenschaft und Bildung, wird beispielsweise durch die Kontaktpflege zwischen Wirtschaft, den Studierenden und Hochschule, die Durchführung von Bildungsveranstaltungen und Praxisevents oder durch die Gewährung von Stipendien an Studierende umgesetzt. CBN e. V. ermöglicht und fördert einen engen Praxiskontakt von Studierenden und der Wirtschaft, die in vielfältiger Weise, etwa durch die Bereitstellung von Praktikums-Plätzen, realisiert wird.

Das Studium generale: Unsere Studierenden erreichen Wissen nicht nur durch Vorlesungen, Seminare und Übungen, sondern auch durch regelmäßige Exkursionen, Vorträge und Teilnahmen an Workshops. Das Studium generale an der Cologne Business

School orientiert sich an den Inhalten der Studiengänge, hat darüber hinaus aber auch allgemeinbildenden Charakter. Aktuelle Wirtschaftsthemen sollen aus Sicht der Experten erfahren werden. Denkanstöße werden vermittelt, die schon oft dazu geführt haben, dass Studierende nach einer Studium generale-Veranstaltung plötzlich das Thema ihrer Bachelor Thesis gefunden hatten. Regelmäßig während des Semesters halten Persönlichkeiten aus der Wirtschaftswelt – Unternehmenslenker, Politiker oder Wissenschaftler – zeitaktuelle Vorträge und beleuchten komplexe Problematiken aus Sicht der Fachleute. Firmenbesuche vermitteln den Studierenden Einblicke in Produktionsabläufe, Prozessmanagement und Unternehmensentwicklungen. Teil der internationalen Ausrichtung der CBS ist der Kontakt zu ausländischen Hochschulen. Neben dem wissenschaftlichen Austausch bieten diese Kooperationen auch ein solides Netzwerk, das unsere Studierenden bei der Suche nach einer geeigneten Hochschule für ihr Auslandssemester unterstützt. Unsere Partnerhochschulen sind dabei Teil unseres Qualitätsmanagements. So ist sichergestellt, dass während eines Auslandssemesters durchgehend hochwertige Lehrveranstaltungen besucht werden. Die CBS kooperiert mit renommierten Partnerhochschulen in der ganzen Welt. Dieses Netz wird kontinuierlich ausgebaut.

- Japan: Konan University, Kobe; Sophia University, Tokyo; Ritsumeikan Daigaku Kyoto
- Neuseeland: University of Canterbury, Christchurch; University of Otago, Dunedin
- Niederlande: Maastricht School of Management, NHTV Breda, Breda University of Applied Sciences; Fontys Hogeschool Management Economie en Recht, Eindhoven; Fontys Internationale Hogeschool Economie, Venlo; Hoogeschool Utrecht; Universiteit Groningen; Tilburg University
- Spanien: Estudios Universitarios y Superiores de Andalucia (EUSA), Sevilla; Universidad de Cádiz, Campus Jerez de la Frontera; Universidad de Navarra – School of Management Assistants, San Sebastián; Universidad Carlos III, Madrid; Universidad Antonio de Nebrija, Madrid; Universidad Autónoma de Barcelona; Universidad de Alicante, International Business Program
- UK: Oxford Brookes University, Middlesex University, London; University of Hertfordshire, Manchester Metropolitan University, Cheshire
- USA: Baylor University, Waco, Texas; Boston University Metropolitan College; Hamline University, St. Paul, Minnesota; University of California, Riverside; Hawaii Pacific University, San Diego State University

Verbesserung und Entwicklung der Vertiefungsrichtungsveranstaltung
Einmal pro Semester erfolgt eine Evaluation der Lehre. Außerdem gibt es jeden Monat Gesprächsrunden mit Studenten im Rahmen der Student Staff Meetings. Außerdem gibt es während des Semesters gibt es drei Professorien und Fakultätsrunden.

Neben der Kooperationen mit externen Unternehmensberatungen und Industrieunternehmen bieten wir den Studenten die Möglichkeit ihr theoretisches Wissen in der studentische Unternehmensberatung co:brix praktisch anzuwenden.

Den Studenten werden während des Studiums die Funktionalitäten von SAP, MS Visio, MS Project und MS Office (Excel, PowerPoint, Word) näher gebracht.

18.3.2 Besonderheiten und weitere wichtige Infos

Unterrichtssprache: Englisch
In Kooperation mit der Fontys Hochschule, School of Management, Economie en Recht in Eindhoven, Niederlande gibt es eine einzigartige Möglichkeit, zwei Bachelor Abschlüsse innerhalb von drei Jahren zu erwerben. Das Programm entspricht höchsten akademischen Standards, setzt ein einjähriges Auslandsstudium in Eindhoven voraus, und richtet sich an Studierende mit hohen Studienleistungen, die an der CBS bzw. Fontys eingeschrieben sind. Bewerber/innen müssen ihr 1. Studienjahr in der Spezialisierungsrichtung Management Consulting an der CBS erfolgreich abgeschlossen haben. Die besten Studierenden aus dem Auswahlverfahren erhalten ein Stipendium, das einen Teil der Studiengebühren für das Programm abdeckt.

Duale Hochschule Baden-Württemberg Ravensburg

19

19.1 Allgemeines

19.1.1 Allgemeine Strukturdaten

Bildrechte: Duale Hochschule Baden-Württemberg Ravensburg

Duale Hochschule in öffentlicher Trägerschaft

Adresse
Duale Hochschule Baden-Württemberg Ravensburg
Campus Ravensburg
Marienplatz 2
88212 Ravensburg
Tel.: +49 (0) 751 98999 2700
Fax: +49 (0) 751 18999 2701
E-Mail: info@dhbw-ravensburg.de

Organisatorische Einheit, der der Studiengang zugeordnet ist
Fakultät Wirtschaft

Web-Adresse
http://www.dhbw-ravensburg.de/

Gründungsjahr
2009, Vorgänger-Institution: Berufsakademie Ravensburg: 1978

Anzahl Studierende insgesamt
2712

19.1.2 Beschreibung der Hochschule und des Hochschulstandortes

Studienangebot
Die Duale Hochschule Ravensburg gliedert sich räumlich in den Campus Ravensburg und den Campus Friedrichshafen, inhaltlich in die Fakultät für Wirtschaft und die Fakultät für Technik. Am Campus Friedrichshafen werden 12 Studiengänge, am Campus Ravensburg 24 Studiengänge angeboten.

Lehre
In den Fakultäten Wirtschaft und Technik lehren rund 70 Professorinnen und Professoren sowie 1.150 Lehrbeauftragte aus anderen Hochschulen und der beruflichen Praxis. Die Duale Hochschule Ravensburg kooperiert bundesweit mit 1.380 Partnerunternehmen (Stand: Oktober 2010).

Studierende
An der Dualen Hochschule Ravensburg studieren derzeit insgesamt 2.712 Studierende, davon rund 30 % in den ingenieurwissenschaftlichen Studiengängen am Campus Friedrichshafen. Zum Studienjahr 2010/2011 haben sich 910 Studienanfänger eingeschrieben.

19.2 Informationen zum Studiengang

19.2.1 Allgemeines

Name des Studiengangs
Wirtschaftsinformatik

Abschluss
Bachelor of Science

Regelstudienzeit
6 Semester

Akkreditierung
2006 durch ZEVA
http://www.zeva.org/de/programmakkreditierung/akkreditierte-studiengaenge/detail/50/

19.2.2 Lehre und Forschung

Anzahl der Studenten des Studiengangs
122

Web-Adresse
http://www.dhbw-ravensburg.de/de/fakultaet-studiengang/wirtschaft/wirtschaftsinformatik/

Bewerbung

Fristen
jährlich zum WS (01.10.)

Freie Plätze pro Zulassungstermin
60

Bewerbungsunterlagen
Die Bewerbung um einen Studienplatz erfolgt direkt bei unseren Dualen Partnern (Unternehmen). Eine Liste unserer aktuellen Partner finden Sie auf unserer Internetseite unter
http://www.dhbw-ravensburg.de/de/duale-partner/fakultaet-studiengang/wirtschaft/

Zulassungskriterien
Neben der allgemeinen oder fachgebundenen Hochschulreife können sich unter bestimmten Voraussetzungen auch Interessenten mit der Fachhochschulreife oder besonders qualifizierte Berufstätige ohne Hochschulzugangsberechtigung bewerben.

Auswahlkriterien
Die Auswahl erfolgt durch die Dualen Partner (d. h. die Partner-Unternehmen). Die Auswahlkriterien bzw. -verfahren unterscheiden sich von Unternehmen zu Unternehmen. Bitte beachten Sie, dass die Auswahl der Bewerber von den Partnerunternehmen häufig bereits 12 Monate, in vereinzelten Fällen sogar 18 Monate, vor Studienbeginn vorgenommen. Dies sollten Sie bei Ihrer Bewerbung berücksichtigen. Grundsätzlich bieten sich sowohl IT-Unternehmen als auch Anwenderunternehmen als Partnerunternehmen an.

Studienberatung

Allgemeine Studienberatung
Prof. Dr. Michael Bächle
Studiengangleiter Wirtschaftsinformatik
Marienplatz 2
88121 Ravensburg
Tel.: +49 (0) 751 18999 2730
Fax: +49 (0) 751 18999 2701
E-Mail: baechle@dhbw-ravensburg.de

Prof. Dr. Frank Lehmann
Studiengangleiter Wirtschaftsinformatik
Marienplatz 2
88121 Ravensburg
Tel.: +49 (0) 751 18999 2716
Fax: +49 (0) 751 18999 2701
E-Mail: lehmann@dhbw-ravensburg.de
Sprechzeiten jeweils nach Vereinbarung

Detailfragen
siehe Allgemeine Studienberatung

Studienentgelte

Studienentgelt pro Semester
500€ Studiengebühren

Gegebenenfalls Langzeitstudienentgelte
keine

Gegebenenfalls finanzielle Unterstützungsmöglichkeiten in Form von verbilligten Krediten, Stipendien
DHBW-Studierende sind vom ersten Studientag an finanziell unabhängig. Als Angestellte des Partnerunternehmens erhalten sie für die gesamte Studiendauer, in der Regel gestaffelt nach Ausbildungsstand, eine monatliche Vergütung. Soziale Absicherung und Anspruch auf Bafög-Leistungen inklusive.

Gegebenenfalls Ansprechpartner für Studienfinanzierung (BAföG-Amt, Studentenwerk)
Seezeit Studentenwerk Bodensee
Universitätsstraße 10
D-78464 Konstanz
Tel.: +49 7531 - 88 7400
Fax: +49 7531 - 88 7444
E-Mail: welcome@seezeit.com

Download der Studienbeschreibungen im Detail

Studienordnung und Prüfungsordnung
http://www.dhbw-ravensburg.de/de/fakultaet-studiengang/wirtschaft/wirtschaftsinformatik/downloads-links/

Unit- und Modulbeschreibung bzw. Veranstaltungsverzeichnis
http://www.dhbw-ravensburg.de/de/fakultaet-studiengang/wirtschaft/wirtschaftsinformatik/downloads-links/

Selbstdokumentation
http://www.dhbw-ravensburg.de/fileadmin/global/zentrale%20downloads/standortuebergreifend/flyer/studienfuehrer_wirtschaft_2012/DHBW_RV_Wirtschaftsinformatik.pdf

19.3 Informationen zur Vertiefungsrichtung

19.3.1 Allgemeines

Bezeichnung der Vertiefungsrichtung
Informationsmanagement & Consulting

Erstmals angeboten
2011 als Erweiterung des bisherigen Angebots an Lehrveranstaltungen im Bereich Consulting

Anzahl der Lehrveranstaltungen und prozentualer Anteil am Gesamtstudium
4/20 %

Ausbildung für folgende Berufsfelder

- Managementberatung
  - Organisation/Prozess- und Qualitätsmanagement

- IT-Beratung
  - IT-Consulting
  - IT-Integration/IT-Technik
  - ERP-Systeme

Anzahl der Studierenden in einer Lehrveranstaltung
25

Tab. 19.1 Schwerpunkte: Informationsmanagement und Consulting

Fachrichtung	Anteil
Managementberatung	30 %
Personalberatung/HR-Beratung	0 %
IT-Beratung	45 %
Consulting-Methoden allgemein	15 %
Consulting-Projekte	10 %

Inhalte, Schwerpunkte und Besonderheiten im Überblick

Aufeinander aufbauende Inhalte

Consulting i. e. S.
- Einführung Consulting
- Consulting Ethics

Management Consulting
- ARIS
- Geschäftsprozessmanagement
- Unternehmensführung
- Business Engineering

ERP
- ERP-Grundlagen
- ERP Module/Business Processes
- ERP Customizing + Development
- ERP Case Study

Weitere Angebote
- Business English
- Projektmanagement
- Wissensmanagement
- Schlüsselqualifikationen wie Rhetorik, Business Theatre, Verhandlungsmanagement

Wie hoch ist der Anteil der Themenschwerpunkte? (siehe Tab. 19.1)

Einbindung von Externen
Mitglieder, stellvertretende Mitglieder und kooptierte Mitglieder des Hochschulrates der Dualen Hochschule Baden-Württemberg Ravensburg sind
Vertreter der beteiligten Ausbildungsstätten

- Rektor
- Prorektoren

- Dekanin Wirtschaft
- Verwaltungsdirektorin
- Gleichstellungsbeauftragte
- Mitglieder des Lehrkörpers Wirtschaft
- Mitglieder des Lehrkörpers Technik
- Studierendenvertreter

In der Zusammensetzung des Hochschulrates der DHBW Ravensburg spiegelt sich in besonderem Maße der duale Charakter der Dualen Hochschule wider. Dieser bietet unseren Partnerunternehmen die institutionelle Plattform, sich aktiv in die Konzeption und Gestaltung des dualen Studiums einzubringen. Die Aufgaben des Hochschulrats lassen sich im Überblick wie folgt skizzieren: Der Hochschulrat legt die standortspezifischen Inhalte der Studien- und Ausbildungspläne sowie der zugehörigen Prüfungsordnungen innerhalb des von den zentralen Organen vorgegebenen Rahmens fest. Des Weiteren schlägt er die Einrichtung, Änderung oder Aufhebung von Studiengängen am jeweiligen Standort vor, er entscheidet über Fragen des Zulassungswesens (Zulassung von Ausbildungsstätten und Studierenden) und regelt die Zusammenarbeit zwischen der Studienakademie und den Ausbildungsstätten (z. B. Prüfung der Eignung von Ausbildungsstätten, Koordinierung von Studium und Ausbildung). Er gibt Vorschläge für die Ernennung von Ehrensenatoren ab und wählt den Rektor, die Prorektoren, die Außenstellenleiter und die Studienbereichsleiter (Dekane). Der Hochschulrat kann außerdem Persönlichkeiten, die sich in besonderer Weise um die Duale Hochschule verdient gemacht haben, dem Vorstand zur Verleihung der Bezeichnung „Senator ehrenhalber (e. h.)" oder „Senatorin ehrenhalber (e. h.)" vorschlagen.

Die Duale Hochschule Ravensburg pflegt Kontakte zu zahlreichen Hochschulen im Ausland. Dieses Netzwerk internationaler Beziehungen bietet Studierenden die Möglichkeit, einen Teil ihres Studiums bzw. ihrer Praxisphasen im Ausland zu verbringen. Im Rahmen dieser weltweiten Kontakte kommen Studierende und Professoren unserer Partnerhochschulen an die Duale Hochschule Ravensburg und bereichern das Studien- und Arbeitsklima durch internationale Impulse. Die DHBW Ravensburg unterhält außerdem Beziehungen zu über 100 Unternehmen, die Studierende der Fachrichtung Wirtschaftsinformatik während des dreijährigen Studiums begleiten. Das Duale Prinzip stellt sicher, dass die Studierenden zu gleichen Teilen in Ihrem Unternehmen und an der Hochschule ausgebildet werden. Wir verantworten den wissenschaftlich theoretischen Teil, die Dualen Partner gestalten den berufspraktischen Teil des dreijährigen Studiums. Das wissenschaftlich fundierte Fachwissen und die betrieblichen Praxiskenntnisse sind die beiden tragenden Säulen der Dualen Hochschule.

Verbesserung und Entwicklung der Vertiefungsrichtungsveranstaltung

Nach jedem Semester erfolgt eine anonymisierte Online-Evaluation der Lehre. Als Konsequenz der Evaluation finden bei Bedarf individuelle Gespräche mit Dozenten sowie Hinweise auf entsprechende Weiterbildungsveranstaltungen des Zentrums für Hochschuldidaktik der DHBW.

Während des 5. und 6. Semesters gibt es für alle Studenten während der Theoriephasen Praxisprojekte. Außerdem können nach Möglichkeit Praxisphasen vom 1. bis 6. Semester durchgeführt werden.

Während des Studiums werden den Studierenden die Funktionalitäten der Anwendungssysteme SAP ERP und ARIS näher gebracht.

19.3.2 Besonderheiten und weitere wichtige Infos

Dualer Charakter des Studiums
Während des Studiums absolvieren die Studierenden abwechselnd Theorie- und Praxisphasen. Die Vermittlung theoretischer Kenntnisse übernimmt dabei die DHBW während die Praxisphasen direkt in den jeweiligen Unternehmen absolviert werden.

Nationale und internationale Anerkennung
Alle Bachelorstudiengänge sind akkreditiert und als Intensivstudiengänge mit 210 ECTS-Punkten international anerkannt. Im Jahr 2001 hat der Open University Validation Service (OUVS), London, den Studiengängen der Hochschule eine internationale Akkreditierung verliehen. Durch den Erhalt von 210 ECTS-Punkten verkürzt sich für die Studierenden die Dauer eines weiterführenden Studiums zum Master.

20 Fachhochschule Hannover – University of Applied Science & Arts Hannover

20.1 Allgemeines

20.1.1 Allgemeine Strukturdaten

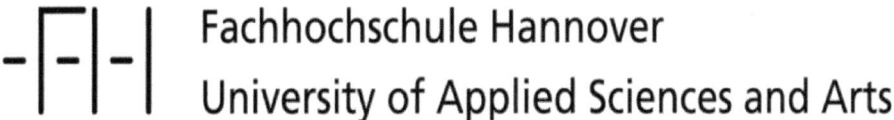

Bildrechte: Fachhochschule Hannover – University of Applied Science & Arts Hannover

Fachhochschule

Adresse
Ricklinger Stadtweg 120
30459 Hannover
Tel.: +49 (0) 511 9296 1502
Fax: +49 (0) 511 9296 1510

Organisatorische Einheit, der der Studiengang zugeordnet ist
Fakultät IV Wirtschaft und Informatik
Abteilung Wirtschaft – Department of Business Administration

Web-Adresse
www.fakultaet4.fh-hannover.de
www.fh-hannover.de

Gründungsjahr

1971

Anzahl Studierende insgesamt

ca. 7.000

20.1.2 Beschreibung der Hochschule und des Hochschulstandortes

Die Fachhochschule Hannover (FHH) mit ihren derzeit 54 akkreditierten Studiengängen in fünf Fakultäten ist an mehreren Standorten in Hannover untergebracht. Durch Hannover Messe und CeBit ist die Stadt Hannover für potenzielle Studierende und Kooperationspartner weltweit präsent. Über den zentralen Campus am Ricklinger Stadtweg hinaus, auf dem drei Fakultäten angesiedelt sind, gibt es noch drei weitere Standorte. Fakultät IV Wirtschaft und Informatik – Abteilung Wirtschaft ist am zentralen Campus im Ricklinger Stadtweg 120, Neubau, angesiedelt.

20.2 Informationen zum Studiengang

20.2.1 Allgemeines

Name des Studiengangs

Studiengang Betriebswirtschaftslehre (BBA)

Abschluss

Bachelor of Arts

Regelstudienzeit

8 Semester (240 ECTS)

Akkreditierung

2005 (ACQUIN)   Re-Akkreditierung für das Jahr: 2012
http://www.acquin.org/de/akkreditiert/studiengang.php?titel_studiengang=Betriebswirtschaftslehre&id=1162

20.2.2 Lehre und Forschung

Anzahl der Studenten des Studiengangs

ca. 150 p. a.

Web-Adresse

http://www.fakultaet4.fh-hannover.de/studium/bachelor-studiengaenge/betriebswirtschaftslehre-bba/index.html

Bewerbung

Fristen
Zulassung jedes Semester
Bewerbungsschluss für Studiengänge mit Zulassungsbeschränkung (Poststempel):

- zum Sommersemester 15. Januar
- zum Wintersemester 15. Juli

Freie Plätze pro Zulassungstermin: ca. 75

Bewerbungsunterlagen

- Neben dem Ausfüllen des Bewerbungsbogens, den Sie auf unserer Webseite finden,
- benötigen wir folgenden Unterlagen von Ihnen:
- beglaubigte Kopie der Hochschulzugangsberechtigung, Fachhochschulreife (Anerkennung der Fachhochschulreife u. das Schulzeugnis)
- Kopie des Personalausweises oder der Geburtsurkunde
- Tabellarischer Lebenslauf
- Wehr- oder Zivildienstbescheinigung (falls vorhanden)
- Nachweis einer abgeschlossenen Berufsausbildung (falls vorhanden)
- Nachweis über Praktika (falls vorhanden)
- für die dualen Studiengänge ist die Vorlage eines Ausbildungsvertrages (Rahmenvertrag) notwendig
- für die künstlerischen Studiengänge ist eine Eignungsprüfung zwingend erforderlich

Ansprechpartner
Frau Cornelia Andan
Tel.: +49 (0) 511 9296 1122
E-Mail: Cornelia.Andan@fh-hannover.de

Frau Christine Cramer
Tel.: +49 (0) 511 9296 1122
E-Mail: Christine.Cramer@fh-hannover.de

Zulassungskriterien
Die Bewerber sollten über die allgemeine Hochschulreifen, die Fachhochschulreife oder eine als gleichwertig anerkannte Ausbildung verfügen.

Auswahlkriterien
Die Bewerber werden gemäß § 6 Hochschul-Vergabeordnung NHG ausgewählt.

Studienberatung

Allgemeine Studienberatung
Frau Dr. Elke Fahl (Leiterin)
Tel.: +49 (0) 511 9296 1077
E-Mail: beratung@fh-hannover.de

Frau Petra Meyer
Tel.: +49 (0) 511 9296 1118
E-Mail: petra.meyer@fh-hannover.de.
Offene Sprechstunde: Montag–Donnerstag, 9–12 Uhr und Donnerstag, 14–17 Uhr (zu diesen Zeiten ohne Anmeldung oder Terminabsprache).

Detailfragen
Abteilung Wirtschaft
Ricklinger Stadtweg 120
30459 Hannover:

Alle Studiengänge
Herr Prof. Dr. rer. pol. Klaus Kairies
Raum: 331
Tel.: +49 (0) 511 9296 1558
E-Mail: klaus.kairies@fh-hannover.de

Allgemeine Studienberatung Abteilung Wirtschaft
Herr Jens Lichte
Raum: 210
Tel.: +49 (0) 511 9296 1501
E-Mail: jens.lichte@fh-hannover.de
Sprechzeiten: nach Vereinbarung

Studienfachberatung Betriebswirtschaftslehre:
Frau Dr. Irina von Kempski
Raum: 321
Tel.: +49 (0) 511 9296 1577
E-Mail: irina-von.kempski@fh-hannover.de

Studienentgelte

Studienentgelt pro Semester
500,00 € Studienbeitrag
288,48 € Semesterbeitrag

Langzeitstudienentgelte
Nach Ablauf der Regelstudienzeit zzgl. 4 Semestern sind Langzeitstudiengebühren in Höhe von 600 € je Semester im ersten und zweiten Semester, 700 € im dritten und vierten Semester und 800 € ab dem fünften Semester zu entrichten.

Finanzielle Unterstützungsmöglichkeiten in Form von verbilligten Krediten, Stipendien Finanzielle Unterstützungsmöglichkeiten gibt es in Form von verbilligten Krediten und Stipendien. Nähere Informationen finden Sie auf unserer Webseite unter http://www.fh-hannover.de/pp/service/fakten/studienfoerderung/index.html

Neben diesen Finanzierungsmöglichkeiten gibt es selbstverständlich auch die Möglichkeit BAföG zu beantragen. Für nähere Informationen wenden Sie sich bitte an das Studentenwerk Hannover.

Studentenwerk Hannover
BAföG-Abteilung
Callinstraße 30a
30167 Hannover
Tel.: +49 (0) 511 76 88 126
Web-Adresse: http://www.studentenwerk-hannover.de/

Download der Studienbeschreibungen im Detail

Studienordnung und Prüfungsordnung
http://www.fakultaet4.fh-hannover.de/studium/bachelor-studiengaenge/betriebswirtschaftslehre-bba/index.html

Unit- und Modulbeschreibung bzw. Veranstaltungsverzeichnis
http://www.fakultaet4.fh-hannover.de/service/studium-service/vorlesungsverzeichnis/index.html

Selbstdokumentation
http://www.fakultaet4.fh-hannover.de/service/studium-service/vorlesungsverzeichnis/index.html

20.3 Informationen zur Vertiefungsrichtung

20.3.1 Allgemeines

Bezeichnung der Vertiefungsrichtung
Unternehmensgründung und Consulting (UUC)

Erstmals angeboten
2007, unter neuer Zuständigkeit neu überarbeitet mit Prüfungsordnung 2009

Anzahl der Lehrveranstaltungen und prozentualer Anteil am Gesamtstudium
5/22 %

Web-Adresse

http://www.fakultaet4.fh-hannover.de/studium/bachelor-studiengaenge/betriebswirtschaftslehre-bba/index.html

Ausbildung für folgende Berufsfelder

- Managementberatung
  - Strategie
  - Organisation/Prozess- und Qualitätsmanagement
  - Führung
  - Ganzheitliche Managementsysteme

- Personalberatung/HR-Beratung

- IT-Beratung (nur in Ansätzen)

- Sonstige Berufsfelder
  - Internes Consulting
  - Methodenkenntnisse für Interne Revisoren

Anzahl der Studierenden in einer Lehrveranstaltung
25

Inhalte, Schwerpunkte und Besonderheiten im Überblick

Vorausgesetzt werden die Module des 1. Studienabschnitts, die neben breiten Grundlagen der allgemeinen Betriebswirtschaftslehre unter anderem Projektmanagement, Grundlagen der Kommunikation, Businessplan, ERP-Systeme und Wirtschaftsenglisch umfassen.

Die Vertiefung UUC Unternehmensgründung und Consulting im 2. Studienabschnitt umfasst ein Modul UUC Unternehmensgründung, ein Modul UUC Consulting sowie nach Wahl zwei Projekte und ein Ergänzungsmodul zu ausgewählten Themen

Das Modul UUC Consulting (BBA-251) im Detail:
Lernziel: Aufbau einer allgemeinen Beratungskompetenz mit dem Schwerpunkt auf internes Consulting und Mittelstandsberatung. Die Teilnehmer verstehen die Grundlagen des projekt-orientierten Beratungsgeschäftes bzgl. der Gestaltung des Beratungsprozesses, Anwendung von Methoden und Interaktion von Beratern und Kunden. Unterschiedlichste Kundenanforderungen können korrekt erfasst und mit Hilfe ausgewählter Strategien und Methoden in erfolgreiche Projekte überführt werden.

Dies wird ergänzt um das Modul UUC Unternehmensgründung (BBA-250) mit folgendem Inhalt:

- Formen der Selbstständigkeit
- Phasen des Gründungsmanagements
- Persönliche Grundsatzentscheidungen der Gründer
- Rahmenbedingungen für Unternehmensgründungen und Unternehmer
- Adressaten, Funktionen und Aufbau des Geschäftsplans (business plan)(Aufbau)
- Fallstudien und Übungen

Tab. 20.1 Schwerpunkte: Unternehmensgründung und Consulting (UUC)

Fachrichtung	Anteil
Managementberatung	30 %
Personalberatung/HR-Beratung	5 %
IT-Beratung	5 %
Consulting-Methoden allgemein	30 %
Consulting-Projekte	bis zu 30 %

Zusätzlich können folgende Module mit Themenorientierung Consulting belegt werden:

Modul UUC Ausgewählte Themen der Unternehmensgründung und des Consulting (BBA-268)
Lernziel: Die Studierenden können das jeweils passende Instrumentarium aus dem Bereich Consulting und/oder Unternehmensgründung in Bezug auf aktuelle Themen, Projekte und Aufgabenstellungen auswählen und anwenden. Sie vertiefen so ihre in den anderen Modulen der Vertiefung erworbenen Kenntnisse und Fertigkeiten.
Inhalt: Anwendung projektorientierter Beratungs- bzw. Gründungsmethodik an ausgewählten Beispielen oder Fragestellungen. Transfer von Grundlagenwissen, Kenntnissen und Fertigkeiten auf spezielle Fragestellungen und Anwendungen.

Modul Projekt 1 (BBA-205) und/oder Projekt 2 (BBA-206)
Lernziel: Weitgehend eigenständige Bearbeitung einer praxisorientierten Projektfragestellung in einem Team von ca. 412 Studierenden, unter Betreuung eines Hochschullehrers/einer Hochschullehrerin. Ziel ist die Umsetzung des Erlernten aus Themenbereichen der Schwerpunkte oder Vertiefungen unter Anwendung von Verfahren des Projektmanagements und i. d. R. in Zusammenarbeit mit externen Projektpartnern. Inhalte werden je nach Projekt ausgestaltet.
In der Vertiefung Unternehmensführung werden zudem ausführlich die Methoden der Organisationsgestaltung behandelt. Diese Methoden werden auch von (Inhouse) Consultants zur Bearbeitung von Consulting-Projekten verwendet.

Wie hoch ist der Anteil der Themenschwerpunkte? (siehe Tab. 20.1)

Einbindung von Externen
Von der Idee, ein Gremium aus Vertretern der Wirtschaft und Wissenschaft zu bilden, das dem BBA-Studiengang in regelmäßigen Sitzungen beratend zur Seite steht, wurde nach eingehender Diskussion Abstand genommen. Insbesondere aus der Wirtschaft kamen Signale, dass die Abteilung Wirtschaft der FHH über häufige und intensive bilaterale Kontakte zwischen den einzelnen Lehrenden und Vertretern der Wirtschaft im Rahmen von gemeinsamen Forschungsprojekten und/oder Praktika und praxisorientierten Bachelor-Arbeiten verfügt. Dies ist ein kontinuierlicher und differenzierter In-

formationsaustausch im Interesse des BBA-Studiengangs als im Rahmen von zwei bis drei relativ formalisierten Beirats-Sitzungen pro Jahr. Ergänzt wird dies um Wirtschaftskontakte im Rahmen der FAWuI – der Fördergemeinschaft und Alumni-Vereinigung der Fakultät IV – Wirtschaft und Informatik in der Fachhochschule Hannover e. V. FAWuI ist das Netzwerk für alle an der Fakultät IV interessierten Personen. Der Verein fördert sowohl wissenschaftliche Zielsetzungen als auch Bildungsziele, finanziert sich aus Spenden und ist als gemeinnützig anerkannt. Mitglieder sind Freunde und Förderer aus Praxis, Forschung und Politik, Studierende und ehemalige Studierende (Alumni) sowie Professoren und Angestellte der Fakultät. Mindestens zweimal pro Semester organisiert die FAWuI die Veranstaltungsreihe „FHH meets economy" mit Vorträgen mit und für Wirtschaftsvertreter und weitere Interessierte.

Verbesserung und Entwicklung der Vertiefungsrichtungsveranstaltung
Jede Veranstaltung wird in jedem Semester evaluiert (evasys-Fragebögen) und die Informationen den Studierenden zurück gemeldet. Zudem wird Feedback direkt im Rahmen der Lehrveranstaltungen eingeholt. Die Evaluationen sind Grundlage für die W-Besoldung. Die für UUC Consulting verantwortliche Professorin Prof. Dr. Patricia Adam ist ausgebildete Trainerin und hat das Zertifikat der Weiterbildungsstelle für Hochschuldidaktik erworben (WindH). Die Vorlesung wird semesterweise überarbeitet, aktualisiert und auf Basis der Rückmeldungen der Studierenden ggf. umgestaltet.

Die Lehrenden treffen sich jede Woche Dienstag von 12:30 Uhr bis 14:00 Uhr in unterschiedlichen Runden (Dienstags-Runde, BWL-Runde) um Themen der Lehre und der Weiterentwicklung der Fakultät zu besprechen. Dies wird ergänzt um weitere Arbeitsgruppen.

Zwei Praxisprojekte sind Pflichtbestandteil des Studiums. Zudem gehören zum Studium zwei durch Reflektion begleitete Praxisphasen (i. d. R. im 5. Semester, mindestens 19 Wochen, und im 8. Semester, i. d. R. in Verbindung mit der Bachelor-Arbeit, mindestens 13 Wochen).

Es gibt Vorlesungen und Übungen zu SAP ERP und MS Project (Pflichtkanon des 1. Studienabschnitts). MS Visio bzw. ARIS können ggf. in Ergänzungsmodulen belegt werden. MS Office Produkte werden vorausgesetzt, es besteht jedoch die Möglichkeit für unsere Studierenden, diese gesondert (ohne Credits) zu erlernen.

20.3.2 Besonderheiten und weitere wichtige Infos

Nach Erarbeitung einer neuen Prüfungsordnung kann es zu einer Neuausrichtung der Vertiefungen kommen. Die aktuelle Version kann den angegebenen Webseiten entnommen werden.

21 International School of Management Dortmund

21.1 Allgemeines

21.1.1 Allgemeine Strukturdaten

Bildrechte: International School of Management Dortmund

Fachhochschule in privater Trägerschaft

Adresse
International School of Management (ISM)
Campus Dortmund
Otto-Hahn-Straße 19
44227 Dortmund
Tel.: +49(0) 231/975139-0
Fax: +49(0) 231/97513939

Campus Frankfurt
Mörfelder Landstraße 55
60598 Frankfurt
Tel.: +49(0) 69/66059367-0
Fax: +49(0) 69/66059367-39

Campus München
Karlstraße 35
80333 München
Telefon +49(0) 89/2000350-0
Telefax +49(0) 89/2000350-39

Campus Hamburg
Brooktorkai 22
20457 Hamburg
Tel.: +49 (0) 40/3199339-0
Fax: +49 (0) 40/3199339-39

Organisatorische Einheit, der der Studiengang zugeordnet ist
Consulting ist Pflichtmodul im B.A. Studiengang Psychology & Management.
Studiengangsleitung: Prof. Dr. Julia Frohne

Web-Adresse
www.ism.de

Gründungsjahr
1990

Anzahl Studierende insgesamt
ca. 1300

21.1.2 Beschreibung der Hochschule und des Hochschulstandortes

Die ISM – eine private staatlich anerkannte Hochschule in Dortmund, Frankfurt/Main, München und Hamburg – bildet seit 1990 Nachwuchsführungskräfte für die globale Wirtschaft aus. Während der Ausbildung wird dabei besonders auf Internationalität und Praxisorientierung Wert gelegt. Neben fachlichen Kompetenzen sollen den Studierenden auch Soft Skills vermittelt werden. Das Studienangebot umfasst fünf Bachelor-, fünf Master- und zwei MBA-Studiengänge.

21.2 Informationen zum Studiengang

21.2.1 Allgemeines

Name des Studiengangs
Psychology & Management

Abschluss
Bachelor of Arts

Regelstudienzeit
6 Semester im European Track – ein integriertes Auslandssemester
7 Semester im Global Track – zwei integrierte Auslandssemester

Akkreditierung
2009 (FIBAA)   Re-Akkreditierung für das Jahr: 2014
http://www.fibaa.de/fileadmin/dokumente/progakkred_k2h/B_Dortmund_ISM_740_KB.pdf

21.2.2 Lehre und Forschung

Anzahl der Studenten des Studiengangs
61

Web-Adresse
http://www.ism.de/de/psychologie-und-management-bachelor.php

Bewerbung

Fristen
Das Studium kann zum Winter- und zum Sommersemester aufgenommen werden. Es finden ganzjährig Aufnahmetests statt. Aktuelle Termine finden Sie unter:
www.aufnahmetesttermine.ism.de

Bewerbungsunterlagen
Neben der Online-Anmeldung zu einem der Aufnahmetesttermine sind folgende Unterlagen vor der Teilnahme einzureichen:

- Ausgefüllte Application Form
- Lebenslauf als Anlage
- Zwei Passfotos
- Letter of Motivation als Anlage
- Zeugnis der „Allgemeinen Hochschulreife" oder der „Fachhochschulreife"

- Arbeits-/Praktikazeugnisse (falls vorhanden)
- Externe Nachweise über Fremdsprachenkenntnisse (falls vorhanden)
- Anmeldeformular unter: http://www.ism.de/downloads/anmeldeformular_BA.pdf

Ansprechpartner der Studierendensekretariate:
Campus Dortmund:
Tanja Vox
Otto-Hahn-Straße 19
44227 Dortmund
Tel.: +49 (0) 231 975139 27
E-Mail: tanja.vox@ism.de

Campus Frankfurt/Main (Adresse siehe oben):
Dana Ciupka
Tel.: +49 (0) 69 66059367 27
E-Mail: dana.ciupka@ism.de

Campus München
Anna-Maria Geßner
Tel.: +49 (0) 89 2000350 26
E-Mail: anna-maria.gessner@ism.de

Campus Hamburg
Gudrun Wiegmann
Tel.: +49 (0)40 3199339 26
E-Mail: gudrun.wiegmann@ism.de

Zulassungskriterien
Für die Aufnahme des Studiums ist

- die allgemeine Hochschulreife oder Fachhochschulreife oder
- eine durch die zuständigen staatlichen Stellen als gleichwertig anerkannte Zugangsberechtigung, und die Teilnahme an einem mehrstufigen Aufnahmetest (schriftlich und mündlich) erforderlich.

Auswahlkriterien
Voraussetzung für ein Studium an der ISM ist die erfolgreiche Teilnahme an einem mehrstufigen Auswahlverfahren. Dessen Ziel ist die Auswahl derjenigen Studienbewerber, die sowohl von ihren Fähigkeiten als auch von ihrer Motivation und Persönlichkeitsstruktur her am besten für ein ISM-Studium geeignet sind. Das Auswahlverfahren findet an einem Tag statt und gliedert sich in vier Teile:

- PC-Tests
- Leistungseinstufungen in Mathematik, Englisch und einer zweiten Fremdsprache (Französisch, Spanisch oder Chinesisch)
- Gruppenübung
- Persönliches Gespräch

Studienberatung

Allgemeine Studienberatung
Campus Dortmund
Katinka Ott
Tel.: +49(0) 231 975139 43
E-Mail: katinka.ott@ism.de

Campus Frankfurt
Bernhard Fischer
Tel.: +49(0) 69 66059367 43
E-Mail: bernhard.fischer@ism.de

Campus Hamburg
Maxie Strate
Tel.: +49(0) 40 3199339 43
E-Mail: maxie.strate@ism.de

Campus München
Bernadette Thieme
Tel.: +49 (0) 89 2000350 43
E-Mail: bernadette.thieme@ism.de
Sprechzeiten: jeweils Montag–Freitag von 09:00 bis 17:30 Uhr
Web-Adresse: www.beratung.ism.de

Detailfragen
siehe allgemeine Studienberatung

Studienentgelte

Studienentgelt pro Semester
Dortmund: 3.900 €; Immatrikulationsgebühr: 390 €
Frankfurt/Main und Hamburg: 4.300 €; Immatrikulationsgebühr: 430 €
München: 4.700 €; immatrikulationsgebühr: 470 €
Gebühren für Bachelorarbeit (an allen Campi): 300 €

Langzeitstudienentgelte
keine

Finanzielle Unterstützungsmöglichkeiten in Form von verbilligten Krediten, Stipendien
Grundsätzlich möchte die ISM jedem geeigneten Bewerber unabhängig von der individuellen finanziellen Situation ein Studium an der ISM ermöglichen. Daher werden einzelne Studierende von der ISM während des Studiums durch Stipendien, Gebührenreduzierungen und die Gewährung von zinslosen Darlehen gefördert. Eine darlehensbasierte Finanzierung der Studiengebühren im Hauptstudium wurde mit der Dortmunder

Volksbank e. G. vereinbart. Zudem kann auch die Finanzierung nach dem Bundesausbildungsförderungsgesetz (BAföG) in Anspruch genommen werden. Darüber hinaus können ISM-Studierenden finanzielle Unterstützung bei Förderinstitutionen oder Stiftungen beantragen.

Ansprechpartner für Studienfinanzierung
Prof. Dr. Julia Frohne
Tel.: +49 (0) 231 975139 88
E-Mail: julia.frohne@ism.de

Download der Studienbeschreibungen im Detail

Studienordnung und Prüfungsordnung
im Intranet der ISM verfügbar, nur für angemeldete Benutzer.

Unit- und Modulbeschreibung bzw. Veranstaltungsverzeichnis
http://www.ism.de/de/psychologie-und-management-bachelor-downloads.php
(ISM-Studienprogramm Bachelor-Studiengänge, Seiten 19-21)

21.3 Informationen zur Vertiefungsrichtung

21.3.1 Allgemeines

Bezeichnung der Vertiefungsrichtung
Consulting

Erstmals angeboten
2009

Anzahl der Lehrveranstaltungen und prozentualer Anteil am Gesamtstudium
4/36 %

- Ausbildung für folgende Berufsfelder
    - Managementberatung
    - Strategie
    - Organisation/Prozess- und Qualitätsmanagement
    - Führung
    - Marketing

Tab. 21.1 Schwerpunkte: Psychology and Management

Fachrichtung	Anteil	
Managementberatung	55 %	der Pflichtmodule
Personalberatung/HR-Beratung	55 %	der Wahlmodule
IT-Beratung	0 %	–
Consulting-Methoden allgemein	36 %	der Pflichtmodule
Consulting-Projekte	9 %	der Pflichtmodule

- Personalberatung/HR-Beratung
  - Personal-Recruitment
  - High-Potential-Development
  - Personal Konzepte
  - Coaching
- Sonstige Berufsfelder
  - Marktforschung und Werbung

Anzahl der Studierenden in einer Lehrveranstaltung
ca. 30

Inhalte, Schwerpunkte und Besonderheiten im Überblick
Mit dem B.A. Psychology & Management bietet die ISM eine Verknüpfung der Studienschwerpunkte Betriebswirtschaft und Psychologie an und ermöglicht es den Absolventen, sich auf Personalmanagement, Marketing und Marktforschung oder Managementberatung zu spezialisieren. Dabei werden nicht nur unternehmensinterne Experten ausgebildet. Durch das Pflichtmodul „Consulting" können die ISM'ler auch als Personal- oder Marketingexperten in die Unternehmensberatung einsteigen. Wer sich für die Wahlmodule „Human Resource Management" und „Organisationspsychologie" entscheidet, wird für anspruchsvolle Aufgaben im Personalbereich geschult. Alternativ ist eine Kombination der Consultingveranstaltungen mit den Wahlmodulen „Marketing" und „Markt- und Werbepsychologie" möglich.

Wie hoch ist der Anteil der Themenschwerpunkte? (siehe Tab. 21.1)

Einbindung von Externen
Zur Intensivierung des Hochschul-Praxis-Dialogs konnte die Hochschulleitung hochrangige Vertreter aus international tätigen Unternehmen, Verbänden und Institutionen als Kuratoriumsmitglieder der ISM gewinnen. Das Kooperationsnetzwerk zwischen den Mitgliedsunternehmen und der ISM ermöglicht die Realisierung vielfältiger praxisbezogener Projekte. Darüber hinaus greift die ISM auf ein breites Netzwerk an externen Do-

zenten zurück, die praxisnah relevante Fachthemen aufgreifen und darstellen. Die Lehrenden an der ISM verfügen selbst über jahrelange Berufserfahrung und bringen ihre Kenntnisse in die Lehre mit ein.

Verbesserung und Entwicklung der Vertiefungsrichtungsveranstaltung
An der ISM erfolgt eine Evaluation der Veranstaltungen am Ende des Semesters in Form von Fragebögen. Die Evaluationsergebnisse fließen in die Optimierung der Veranstaltungen ein. Außerdem stimmen sich die Dozenten ständig über die Inhalte und Lehrmethode untereinander ab. Weiterhin finden alljährliche Gesprächsrunden von Studierenden mit der Hochschulleitung und der Studiengangsleitung statt.

Der Studiengang umfasst neben einem Planspiel drei integrierte Beratungsprojekte, in denen Studierende ihre theoretischen Kenntnisse für die Bearbeitung praktischer Fragestellungen von Unternehmen anwenden.

Während des gesamten Studiums werden den Studenten die Funktionalitäten von SAP ERP, SPSS, MS Visio und MS Project näher gebracht.

Technische Universität Ilmenau   22

22.1 Allgemeines

22.1.1 Allgemeine Strukturdaten

Bildrechte: Technische Universität Ilmenau

Universität in öffentlicher Trägerschaft

Adresse
Technische Universität Ilmenau
Ehrenbergerstraße 29
98693 Ilmenau
Postfach 100565
Tel.: +49 (0) 3677 69 0
Fax: +49 (0) 3677 69 1701

Organisatorische Einheit, der der Studiengang zugeordnet ist
Fakultät für Wirtschaftswissenschaften
Fachgebiet Wirtschaftsinformatik für Dienstleistungen

Web-Adresse
www.tu-ilmenau.de

Gründungsjahr
1894

Anzahl Studierende insgesamt
ca. 7.000

22.1.2 Beschreibung der Hochschule und des Hochschulstandortes

Die Technische Universität Ilmenau, gelegen in der 25.000-Einwohner-Stadt Ilmenau am Nordhang des Thüringer Waldes, zählt mit ihren ca. 7.000 Studenten eher zu den kleineren Universitäten. Dadurch besteht jedoch die Möglichkeit für alle Studierenden direkt mit den Dozenten ins Gespräch zu kommen. Auf Grund der kompakten Lage aller Universitätseinrichtungen müssen die Studierenden nur kurze Wege zwischen den Vorlesungen zurücklegen.

Besonderen Wert wird an der Technischen Universität Ilmenau auf die Vereinbarkeit von Forschung und Lehre gelegt. Neben den theoretischen Grundlagen werden den Studierenden auch Soft Skills wie beispielsweise Kommunikations- und Teamfähigkeit sowie praktisches Methodenwissen vermittelt.

22.2 Informationen zum Studiengang

22.2.1 Allgemeines

Name des Studiengangs
Wirtschaftsinformatik

Abschluss
Master of Science (M.Sc.)

Regelstudienzeit
4 Semester (120 ECTS)

Akkreditierung
2008 (ACQUIN) Re-Akkreditierung für das Jahr: 2013
http://www.acquin.org/de/akkreditiert/studiengang.php?hochschule=Ilmenau %20TU &id=95

22.2.2 Lehre und Forschung

Anzahl der Studenten des Studiengangs
ca. 15–20 p. a.

Web-Adresse
www.tu-ilmenau.de/wid

Bewerbung

Fristen
jährlich zum WS (01.10.)

Freie Plätze pro Zulassungstermin
keine Beschränkung

Bewerbungsunterlagen
Online Bewerbung unter http://www.tu-ilmenau.de/index.php?id=14878
Bei Fragen zum Bewerbungsprozess steht Ihnen unser Akademisches Service Center gern zur Verfügung.

Technische Universität Ilmenau
Akademisches Service Center
Studentensekretariat/WB
Postfach 10 05 65
98684 Ilmenau
Tel.: + 49 (0) 3677 69 2030 (Montag–Donnerstag, 9:00–15:00 Uhr)

Zulassungskriterien
Um zum Studium zugelassen zu werden sollten Sie einen der nachfolgenden Studiengänge erfolgreich abgeschlossen haben.
Bachelor- oder Diplomstudium der Wirtschaftsinformatik
Studium der Betriebswirtschaftslehre
Studium der Informatik mit Schwerpunkt Wirtschaft
verwandter Studiengang mit guten Leistungen

Auswahlkriterien
Bei Erfüllung der formalen Voraussetzungen wird die fachliche Eignung durch den Prüfungsausschuss Wirtschaftsinformatik festgestellt. Ist die Eignungsfeststellung nach Aktenlage nicht möglich, wird der Bewerber mündlich geprüft.

Studienberatung

Allgemeine Studienberatung
Technische Universität Ilmenau
Referat Akademisches Service Center
Zentrale Studien- und Studentenberatung
Postfach 10 05 65
98694 Ilmenau

Irene Peter
Tel.: +49 (0) 3677 69 2021
E-Mail: irene.peter@tu-ilmenau.de

Detailfragen
Technische Universität Ilmenau
Institut für Wirtschaftsinformatik
Fachgebiet Wirtschaftsinformatik für Dienstleistungen
Postfach 10 05 65
98684 Ilmenau
Tel.: +49 (0) 3677 69 4047
Fax: +49 (0) 3677 69 4219
E-Mail: wid-ww@tu-ilmenau.de

Studienentgelte

Studienentgelt pro Semester
Semesterbeitrag 82,40 €

Langzeitstudienentgelte
500 €/Semester wenn die Regelstudienzeit um 4 Semester überschritten wird (gemäß Thüringer Hochschulgesetz)

Finanzielle Unterstützungsmöglichkeiten in Form von verbilligten Krediten, Stipendien
Finanzielle Unterstützungsmöglichkeiten bestehen unter anderem durch das BAföG oder die Aufnahme in ein Stipendienprogramm.

Ansprechpartner für Studienfinanzierung (BAföG-Amt, Studentenwerk)
Für Informationen zum Thema BAföG wenden Sie sich bitte an das Studentenwerk Thüringen.

Studentenwerk Thüringen
Amt für Ausbildungsförderung (BAföG)
PF 800243
99028 Erfurt
Tel.: +49 (0) 361 7371 853
Fax: +49 (0) 361 7371 992
Web-Adresse: www.stw-thueringen.de

Download der Studienbeschreibungen im Detail

Studienordnung und Prüfungsordnung
http://www.tu-ilmenau.de/fileadmin/public/universitaet/media/Satzungen/6_Pruefungs-_und_Studienordnung/MPO-AB/MPO-AB.pdf

Unit- und Modulbeschreibung bzw. Veranstaltungsverzeichnis
http://www.tu-ilmenau.de/fileadmin/media/studierende/QM_Modulhandbuecher/Master/WI_MA_2009.pdf

Selbstdokumentation
http://www.tu-ilmenau.de/fileadmin/public/universitaet/media/Satzungen/6_Pruefungs-_und_Studienordnung/Fak_WW/Profilbeschreibung_WI_Ma.pdf

22.3 Informationen zur Vertiefungsrichtung

22.3.1 Allgemeines

Bezeichnung der Vertiefungsrichtung
IV-orientierte Unternehmensberatung

Erstmals angeboten
WS 2007/08
Anzahl der Lehrveranstaltungen und prozentualer Anteil am Gesamtstudium
8/45 % (inkl. Masterarbeit)

Web-Adresse
www.tu-ilmenau.de/wid

Ausbildung für folgende Berufsfelder

- Managementberatung
  - Organisation/Prozess- und Qualitätsmanagement
  - Führung
- IT-Beratung
  - IT-Consulting
  - IT-Integration/IT-Technik
  - IT-Service-Provider (Hosting, ASP etc.)

Anzahl der Studierenden in einer Lehrveranstaltung
ca. 10–12

Tab. 22.1 Schwerpunkte: IV-orientierte Unternehmensberatung

Fachrichtung	Anteil
Managementberatung	10 %
Personalberatung/HR-Beratung	0 %
IT-Beratung	60 %
Consulting-Methoden allgemein	20 %
Consulting-Projekte	10 %

Inhalte, Schwerpunkte und Besonderheiten im Überblick

Die Vertiefungsrichtung IV-orientierte Unternehmensberatung bietet zunächst einen Überblick zum Beratungsmarkt, den Formen und Feldern der Unternehmensberatung sowie zur Historie des Consulting. Sodann geht es um die Struktur und Kernprozesse von Beratungsunternehmen mit Fokus auf Themen wie Führung, Beratungsvertrieb und Abläufe im Beratungsprojekt beim Klienten. In der Übung werden die spezifischen Herausforderungen, Methoden und Techniken der Unternehmensberatung vertieft. Weitere Themen betreffen die konzeptionellen Grundlagen und Spezifika der IT-Beratung sowie Strategie- und Inhouseberatung. Dabei werden auch wissenschaftliche Forschungsergebnisse im Kontext der Unternehmensberatung (Consulting Research) einbezogen.

Wie hoch ist der Anteil der Themenschwerpunkte? (siehe Tab. 22.1)

Einbindung von Externen

Um den Studenten die Praxisrelevanz der theoretischen Grundlagen zu verdeutlichen, arbeitet das Fachgebiet Wirtschaftsinformatik für Dienstleistungen mit Vertretern aus der Wirtschaft zusammen. Eine langjährige Kooperation besteht beispielsweise im Rahmen des freiwilligen Projektseminars PROBAS mit der in Ilmenau ansässigen X-CASE GmbH, die hauptsächlich in den Bereichen SAP-Consulting, Business Intelligence, System Integration und Software Engineering aktiv ist. Im Mittelpunkt des anwendungsnahen Projektseminars steht, neben dem Erwerb von Soft Skills durch Teamarbeit, das Erlernen von Kernkompetenzen im ERP-Bereich am Beispiel SAP sowie von fachbezogenem Wissen angrenzender Themen wie Business Intelligence (SAP BI), Systemintegration (SAP-PI) oder Anwendungsentwicklung auf Basis der SAP-Netweaver-Technologieplattform.

Verbesserung und Entwicklung der Vertiefungsrichtungsveranstaltung

Zum Ende jeden Semesters findet eine Evaluation der Lehre statt, deren Ergebnisse direkten Einfluss auf die Planung der folgenden Lehrveranstaltungen haben. Zur Abstimmung existieren unter den Lehrenden verschiedene Gremien, so z. B. das Professorium und der Studien- und Prüfungsausschuss, in denen unter anderem über Verbesserungen in der Lehre beraten wird. Im Verlauf des Studiums werden verschiedene Softwareprodukte eingesetzt, z. B. SAP ERP, SAP BI, DHC Vision, Microsoft Visio, Microsoft Project und das ARIS Toolset.

22.3.2 Besonderheiten und weitere wichtige Infos

Das Masterstudium setzt Kenntnisse und Fähigkeiten voraus, wie in der Regel in einem mindestens 6-semestrigen grundlagen- und methodenorientierten Hochschulstudium vermittelt werden.
Als Mindestanforderungen werden erwartet:

- breite Kenntnisse der Wirtschaftsinformatik
- solide Kenntnisse der Betriebswirtschaftslehre und Informatik,
- Grundkenntnisse der Volkswirtschaftslehre und der Rechtswissenschaft,
- Beherrschung der Mathematik und der Statistik für wirtschaftswissenschaftliche Anwendungen,
- Fähigkeit zur Kommunikation und Präsentation wissenschaftlicher Ergebnisse in deutscher Sprache,
- Fähigkeit zur schnellen und vertiefenden Wissensaneignung.

Nach erfolgreicher Teilnahme am freiwilligen Projektseminar PROBAS erhalten die Studierenden einen Nachweis über die erlernten Fähigkeiten und Kenntnisse.

Sachverzeichnis

C
Carl von Ossietzky Universität Oldenburg
 61
 Besonderheiten (Master) 80
 Hochschulausstattung 62
 Hochschulbeschreibung 67
 Hochschulstrukturdaten 61
 Lehre und Forschung 69
 Master Studiengang 73
 Studiengangsstrukturdaten 68
 Studium (Master) 74
Cologne Business School 259
 Besonderheiten (Vertiefungsrichtung) 267
 Hochschulbeschreibung 260
 Hochschulstrukturdaten 259
 Lehre und Forschung 261
 Studiengangsstrukturdaten 260
 Vertiefungsrichtungsstrukturdaten 263

D
Detecon 20
Donau-Universität Krems 81
 Hochschulausstattung 82
 Hochschulbeschreibung 82
 Hochschulstrukturdaten 81
 Lehre und Forschung 85
 Masterstudiengang 91
 Studiengangsstrukturdaten 84
 Studium (Master) 92
Duale Hochschule Baden Württemberg Ravensburg 269
 Besonderheiten (Vertiefungsrichtung) 276
 Hochschulbeschreibung 270
 Hochschulstrukturdaten 269
 Lehre und Forschung 271
 Studiengangsstrukturdaten 270
 Vertiefungsrichtungsstrukturdaten 273
Duale Hochschule Baden-Württemberg Villingen-Schwenningen 101
 Bachelorstudiengang 105
 Besonderheiten (Bachelor) 111
 Hochschulausstattung 102
 Hochschulbeschreibung 102
 Hochschulstrukturdaten 101
 Lehre und Forschung 103
 Studiengangsstrukturdaten 103
 Studium (Bachelor) 106

E
Expertenberatung 14, 15

F
Fachhochschule Hannover – University of Applied Science & Arts Hannover 277
 Besonderheiten (Vertiefungsrichtung) 284
 Hochschulbeschreibung 278
 Hochschulstrukturdaten 277
 Lehre und Forschung 278
 Studiengangsstrukturdaten 278
 Vertiefungsrichtungsstrukturdaten 281
Fachhochschule Ludwigshafen am Rhein 113
 Hochschulausstattung 113
 Hochschulbeschreibung 114–15
 Hochschulstrukturdaten 113

Lehre und Forschung 116
Masterstudiengang 120
Studiengangsstrukturdaten 115
Studium (Master) 120
Fachhochschule Nordschweiz 127
Hochschulausstattung 127
Hochschulbeschreibung 128
Hochschulstrukturdaten 127
Lehre und Forschung 130
Masterstudiengang 134
Studiengangsstrukturdaten 129
Studium (Master) 134
Fachhochschule Wiener Neustadt für
Wirtschaft und Technik GesmbH 141
Bachelorstudiengang Business Consultancy International 158
Bachelorstudiengang Wirtschaftsberatung 151
Besonderheiten (Bachelor Business Consultancy International) 164
Besonderheiten (Bachelor Wirtschaftsberatung) 158
Besonderheiten (Master Business Consultancy International) 169
Besonderheiten (Master Wirtschaftsberatung und Unternehmensführung) 176
Hochschulausstattung 141
Hochschulbeschreibung 143
Hochschulstrukturdaten 141
Lehre und Forschung 145
Masterstudiengang Business Consultancy International 164
Masterstudiengang Wirtschaftsberatung und Unternehmensführung 170
Studiengangsstrukturdaten 144
Studium (Bachelor Business Consultancy International) 160
Studium (Bachelor Wirtschaftsberatung) 152
Studium (Master Business Consultancy International) 166
Studium (Master Wirtschaftsberatung und Unternehmensführung) 170

G
Gutachterliche Beratungstätigkeit 14

H
Hochschule Emden/Leer *siehe* Carl von Ossietzky Universität Oldenburg
Hochschule für Wirtschaft und Umwelt Nürtingen-Geislingen 177
Besonderheiten (Master Prozessmanagement) 192
Besonderheiten (Master Unternehmensrestrukturierung und Insolvenzmanagement) 198
Hochschulausstattung (Master Prozessmanagement) 178
Hochschulausstattung (Master Unternehmensrestrukturierung und Insolvenzmanagement) 177
Hochschulbeschreibung 178
Hochschulstrukturdaten (Master Prozessmanagement) 177
Hochschulstrukturdaten (Master Unternehmensrestrukturierung und Insolvenzmanagement) 178
Lehre und Forschung (Master Prozessmanagement) 181
Lehre und Forschung (Master Unternehmensrestrukturierung und Insolvenzmanagement) 184
Masterstudiengang Prozessmanagement 186
Masterstudiengang Unternehmensrestrukturierung und Insolvenzmanagement 192
Studiengangsstrukturdaten (Master Prozessmangement) 180
Studiengangsstrukturdaten (Master Unternehmensrestrukturierung und Insolvenzmanagement 181
Studium (Master Prozessmanagement) 186
Studium (Master Unternehmensrestrukturierung und Insolvenzmanagement) 192
Hochschule für Wirtschaft Zürich 199
Hochschulausstattung 199
Hochschulbeschreibung 200
Hochschulbstrukturdaten 199
Lehre und Forschung 201
Masterstudiengang 203
Studiengangsstrukturdaten 201
Studium (Master) 204

Hochschule Kempten 209
    Besonderheiten (Master) 221
    Hochschulausstattung 209
    Hochschulbeschreibung 210–11
    Hochschulstrukturdaten 209
    Lehre und Forschung 212
    Masterstudiengang 215
    Studiengangsstrukturdaten 211
    Studium (Master) 215
Hochschule Pforzheim University 223
    Besonderheiten (Master) 233
    Hochschulausstattung 224
    Hochschulbeschreibung 224–25
    Hochschulstrukturdaten 223
    Lehre und Forschung 226
    Masterstudiengang 229
    Studiengangsstrukturdaten 225
    Studium (Master) 229
Hochschule Wismar 235
    Bachelorstudiengang (Betriebswirtschaftsleher) 242
    Besonderheiten (Master of Business Consulting) 256
    Besonderheiten (Master Tax and Business Consulting) 252
    Hochschulausstattung 236
    Hochschulbeschreibung 236
    Hochschulstrukturdaten 235
    Lehre und Forschung 238
    Masterstudiengang (Master of Business Consulting) 252
    Masterstudiengang (Master Tax and Business Consulting) 248
    Studiengangsstrukturdaten 238
    Studium (Bachelor Betriebswirtschaft) 243
    Studium (Master of Business Consulting) 253
    Studium (Master Tax and Business Constulting) 248
Hochschulstandorte 51
HR-Consulting 37
    Personalauswahl 41
    Personalbeschaffung 39
    Personalentwicklung 43
    Personalfreisetzung 46
    Personalhaltung 41
    Personalplanung 38
    Personalverwaltung 45
    Schlüsselthemen 47

I
IDS Scheer 21
Informationsverarbeitungsorientierte Unternehmensberatung 27
    Allgemeines 27
    Aufgabenkategorisierung nach Komplexität 31
    Berufsprofile 32
    Typische Aufgabenstellungen 29
    Vorgehensmodelle 34
    Wissenschaftliche Forschung 34
International School of Management Dortmund 285
    Hochschulbeschreibung 286
    Hochschulstrukturdaten 285
    Lehre und Forschung 287
    Studiengangsstrukturdaten 287
    Vertiefungsrichtungsstrukturdaten 290
IV-Beratung *siehe* Informationsverarbeitungsorientierte Unternehmensberatung

K
KPMG 20

O
Organisations- und Prozessberatung 11
    Abgrenzung und Markt 12
    Beratungsansätze 13
    Expertise, Aufgabenstellung und Werkzeuge 18
    Karrierepfade 15
    Rollenmodelle 17
    Studienempfehlung 22
Organisationsentwicklung 14

P
Personalberater 39
Personalberatung 37
Prozessberatung *siehe* Organisations- und Prozessberatung

R
Reiss 22

S
Strategieberatung
    Arbeitskultur und Karriere 8
    Beratungsunternehmen 5
    Definition 4
    Geschäftsmodell 5
    Konturen 4
    Merkmale 7
    Rekrutierung 7
Studiengänge 59
Studiengänge (Überblick) 57
Systemische Beratung 14

T
Technische Universität Ilmenau 293
    Besonderheiten (Vertiefungsrichtung) 299
    Hochschulbeschreibung 294
    Hochschulstrukturdaten 293
    Lehre und Forschung 295
    Studiengangsstrukturdaten 294
    Vertiefungsrichtungsstrukturdaten 297

V
Vertiefungsrichtungen 257

MIX
Papier aus verantwortungsvollen Quellen
Paper from responsible sources
FSC® C105338

If you have any concerns about our products,
you can contact us on
ProductSafety@springernature.com

In case Publisher is established outside the EU,
the EU authorized representative is:
**Springer Nature Customer Service Center GmbH
Europaplatz 3, 69115 Heidelberg, Germany**

Printed by Libri Plureos GmbH
in Hamburg, Germany